Corte el Salame
CONSEJOS
PARA LA VIDA
Y
EL LIDERAZGO
una rebanada cada vez

por Artie Lynnworth

INFINITY
PUBLISHING

Derechos de autor © 2013 por Arthur Lynnworth
Ilustraciones originales y diseño de portada de Kate Johnson
Traducido al español por Mónica Santander C.

ISBN 978-1-4958-0127-3 Softcover
ISBN 978-1-4958-0128-0 eBook

Impreso en los Estados Unidos de Norte América

Publicado noviembre 2014

INFINITY PUBLISHING
1094 New DeHaven Street, Suite 100
West Conshohocken, PA 19428-2713
Toll-free (877) BUY BOOK
Teléfono (610) 941-9999
Fax (610) 941-9959
Info@buybooksontheweb.com
www.buybooksontheweb.com

Dedicatoria

Este libro está dedicado a Margy, mi querida esposa por más de 40 años, por sus décadas de apoyo y aliento para seguir mis pasiones. Ella es mi mejor amiga y aliada. Casi todo este libro fue escrito en su compañía como hacemos la mayoría de las cosas divertidas en nuestras vidas.

Contenido

iii

Corte el Salame
Consejos para la vida y el liderazgo, una rebanada a la vez

Prólogo

Este libro trata sobre técnicas para ser exitoso en la vida y en el liderazgo, siempre que sea en pequeños bocados, fáciles de saborear y digerir. De hecho, el extraño título, "Corte el Salame", se centra en la idea de que podría ahogarse con un salame si intentara comerlo entero, pero una pequeña porción cada vez, hace excelentes sándwiches que, finalmente, le permiten consumirlo totalmente. Del mismo modo, el realizar cambios en su vida, en la carrera por el liderazgo o por la satisfacción en el hogar, se pueden ejecutar paso a paso.

Este libro se basa en mi carrera de 40 años en una exigente industria, con lecciones aprendidas en la vida real que se condensan aquí en capítulos cortos pero de profundo contenido que proporcionan indicaciones concretas para el éxito. Los temas son fáciles de leer, con divertidos y memorables ejemplos, gráficos y ejercicios. Sin embargo, estos temas se basan en los desafíos típicos que todos enfrentamos. Las soluciones son proporcionadas con enfoques pasos a paso, que usted puede implementar para lograr los resultados esperados a largo plazo.

¿Cómo sé que va a funcionar? Debido a que ha funcionado para mí y para decenas de profesionales, amigos y miembros de la familia que he entrenado para ser exitosos. Partiendo en un puesto de ingeniería, tuve la suerte de ascender rápidamente en la escala corporativa, desde gerente de planta (el más joven en mi empresa) a vicepresidente sénior, responsable de medio billón de dólares en ventas anuales, además de una misión internacional como gerente general en Chile, América del Sur. Las técnicas que permitieron mi reconocimiento y recompensa son las que comparto en estos capítulos. He presentado gran parte de este material mediante talleres en diferentes empresas, con mi personal cuando cambiaba de un puesto de responsabilidad a otro, e incluso a nivel universitario, donde diseñé, desarrollé y enseñé un plan de estudios de un semestre de duración para estudiantes de una escuela de negocios. Las técnicas funcionan.

Léalo en su tiempo libre, de principio a fin, o escoja capítulos que le llamen la atención. Pruebe los métodos que se explican aquí para lograr el éxito. La participación activa, más que la lectura pasiva, refuerza las habilidades. Disfrute de los beneficios que prosiguen logrando presencia ejecutiva, equilibrio trabajo-vida, y control de su vida a través del manejo del tiempo, mientras al mismo tiempo toma decisiones éticas y rejuvenece la pasión en lo que hace.

De hecho, hay varios capítulos sobre cómo prepararse para las entrevistas (la forma de enfrentar una entrevista, como postulante a un trabajo, o como cualquiera de los entrevistadores en el proceso de selección y contratación) y cómo mejorar su currículo, incluso si ha estado fuera del mercado de trabajo por un tiempo.

Además, muchos de los capítulos ofrecen técnicas para situaciones que no están funcionando bien, en la familia o entre amigos, incluyendo cómo modificar el comportamiento de los que no están haciendo lo que usted desea (como los niños, vecinos, o tal vez incluso su cónyuge), y a relajarse para disfrutar de su vida con el aprendizaje continuo, una actitud positiva y reducción de la ansiedad. El objetivo de las lecciones de mis experiencias está resumido en capítulos rápidos de leer que cubren los siguientes temas:

Capítulo 1 – Corte el Salame: La importancia de aplicar los cambios paso a paso ganando impulso y motivación en el camino.

Capítulo 2 – Vea las Llamas, Huela el Humo: Las comunicaciones fundamentales, y como implementar cambios con urgencia, cuando no tiene tiempo para cortar el salame.

Capítulo 3 – Si Sólo Tuviera el Tiempo: Técnicas de manejo del tiempo para el éxito a corto y largo plazo en casa y en el trabajo.

Capítulo 4 – No Usan Zapatos: Todo es cuestión de actitud.

Capítulo 5 – Sea un Agente del Cambio: Cómo ser líder del cambio en su vida, trabajo, organización, familia y comunidad.

Capítulo 6 – El Poder del Reforzamiento Positivo: Técnicas de comportamiento que funcionan.

Capítulo 7 – Aprendizaje Continuo: La importancia de esta práctica, y cómo aplicarla para crecer y tener éxito.

Capítulo 8 – Trabajo en Equipo Una habilidad vital para el éxito de cualquier grupo.

Capítulo 9 – La Regla de Cuatro a Uno: Cómo, ayudar a los demás, le ayudará.

Tuve la suerte de haber trabajado con mentores y jefes modelo, con equipos de apoyo que se dedicaron a los resultados, y de haber tenido una variedad de experiencias que ofrecen muchas oportunidades de aprendizaje. Por supuesto, también trabajé con gente difícil, subordinados tercos y desafíos bajo fuerte presión. Este libro es un compendio de claves de habilidades de liderazgo que puede ayudarle a obtener éxito, con muchos consejos acerca de cómo anticiparse y hacerle frente a potenciales amenazas. Algunos de nosotros aprendemos de manera difícil, y algunos se benefician de la experiencia de los demás. Le deseo lo mejor con el camino más rápido y más productivo para su propio éxito.

¡A veces ganamos, a veces aprendemos! Este libro le da la oportunidad de aprender, de modo que usted pueda ganar!

¿Por qué debería creer todo lo que digo? Porque lo que he aprendido y aplicado dentro y fuera del trabajo, tuvo éxito. Lo que enseñé a otros, les permitió alcanzar el éxito. Lo que comparto aquí le ayudará a ser exitoso. Es así de simple, y funciona. Permítame compartir algunos momentos culminantes de mi carrera como trasfondo, y reforzamiento de que estos poderosos conceptos son funcionales, fáciles de entender y dan resultado.

Mi carrera y mi vida personal me proporcionaron un fantástico campo de entrenamiento, con una amplia gama de experiencias interpersonales y desafíos. Estas lecciones de trabajo y de vida le servirán a usted también. Como se verá más adelante, fui premiado por varios éxitos a través de mi carrera con una mayor responsabilidad y más oportunidades de aprendizaje. Dos destacadas empresas, Allied Chemical y Occidental Chemical Corporation me proporcionaron un caudal de capacitación en liderazgo y apoyo durante mis 40 años con ellos (12 con Allied y 28 en OxyChem). Afortunadamente, las técnicas detalladas a través de este libro para el éxito empresarial se traducen en situaciones de falta de trabajo también, y por ende, ofrecen excelentes modelos para su propio progreso, ya sea dentro o fuera de la oficina,

Empecé mi carrera como ingeniero eléctrico. Después de empezar como estudiante de verano en un gran complejo químico. Me gradué al año siguiente y empecé a trabajar en el mismo lugar ¿Quién pensaría entonces que éste sería el inicio de una carrera de cuatro décadas en la industria química? Durante mis primeros tres años, trabajé durante el día y estudié en jornada vespertina, obtuve mi maestría en ingeniería en administración, ganando con ello credibilidad y responsabilidad en el trabajo gracias al conocimiento y las credenciales de mi educación formal. Mi buena suerte y dedicación a la excelencia en liderazgo permitieron un crecimiento profesional constante y coherente de la siguiente manera:

- Desde mi ingreso en trabajos de ingeniería, ascendí rápidamente a jefe de departamento de un grupo de mantenimiento y construcción industrial con varios cientos de empleados, y luego rápidamente a superintendente de operaciones de una unidad de procesamiento químico. A lo largo de los primeros años de mi carrera, logré nuevos estándares de fiabilidad en mantenimiento y rendimiento operativo, lo cual me posicionó para un ascenso a gerente de la planta y más. Mis primeros años de carrera me entregaron *una segunda educación*, es decir, una experiencia de vida más allá de las aulas, libros y exámenes, que enriquecieron mi aprecio por las relaciones humanas, motivación y comunicación. Los capítulos de este libro sobre gestión del tiempo, "Cruce el Umbral" y actitud incluyen varios de los consejos que reforzaron mi precoz y rápido ascenso en la corporación. Estas ideas pueden funcionar para usted.

- Como gerente de la planta en cuatro diferentes lugares de EE.UU., que van desde pequeñas plantas, con cerca de 100 trabajadores, a una planta grande, con más de 700 en un solo lugar (incluidos dos sindicatos diferentes y una fuerza laboral no sindicalizada), además perfeccioné mis prácticas y rendimiento. El reconocimiento incluyó recibir premios corporativos globales por el mejor Programa de Mejoramiento de Beneficios de la compañía (incluso premios anuales consecutivos en dos plantas diferentes, ambos logrados durante mi gestión), mientras los equipos de trabajo se inspiraron para un rendimiento sin precedentes. Los capítulos que se ocupan de la visibilidad, el trabajo en equipo y las comunicaciones, así como la creación del sentido de urgencia en una organización, pueden servirle de claros modelos de cómo inspirar excelencia y dedicación similar en su propio grupo. Del mismo modo, las técnicas de liderazgo explicadas en este libro fueron la base para la obtención de los principales galardones corporativos mundiales por desempeño ambiental y sustantivas mejoras en la seguridad del empleado.

* Al cambiar desde el grupo de producción a la responsabilidad de grupos de negocios, más o menos en la mitad del camino en mi carrera, me desempeñé como vicepresidente y gerente general de una división de plásticos que, antes de mi nombramiento, tenía siete años consecutivos de pérdidas. En mi primer año, se produjeron ganancias, con el consiguiente crecimiento del 40% de beneficios año tras año, y se recuperó la penetración en el mercado a medida que recapturábamos a los clientes previamente desanimados por el anterior desempeño mediocre de esta división. Un nuevo sentido de urgencia y cambio estimularon el desarrollo de futuros negocios. Los dos primeros capítulos de este libro le llevan a cómo hacer cambios con éxito, ya sea un paso a la vez o con mayor rapidez, dependiendo de las circunstancias. Además, temas como la *regla de los cuatro-a-uno*, para ayudar a los de-

más, le entregarán más claves para desbloquear los secretos del éxito.

- Con la posterior promoción a vicepresidente sénior, responsable por la mitad del grupo de especialidad en sustancias químicas de mi corporación, tuve la responsabilidad de ventas por medio billón de dólares anuales con cinco grupos de negocios mundiales independientes a través de Japón, Europa y América del Norte. Generamos el lanzamiento de un nuevo producto al mes, por más de un año, negociamos con éxito la unión con una nueva empresa japonesa, y construimos la más moderna planta de compuestos plásticos fenólicos para molduras en América del Norte para aplicaciones automotrices de alta tecnología. Tanto las perspectivas mundiales como las diferencias culturales añaden otra dimensión a los mensajes contenidos en este libro. Con responsabilidades adicionales vienen obligaciones adicionales de cómo manejar su vida y su negocio. Temas tales como ética y valores, así como conceptos básicos de comportamiento, ofrecen temas adicionales para su éxito.

- Durante la última década de mi carrera, mientras me desempeñaba como gerente general de nuestra empresa para las operaciones en Chile, América del Sur, logramos los mayores beneficios y ventas récord para este grupo de negocios, obteniendo una respetable posición entre las 20 "Mejores Empresas para Trabajar en Chile" y recibimos premios nacionales de seguridad y medio ambiente. El liderazgo remoto independiente tiene su propio conjunto de demandas, y las técnicas del capítulo "Tres Ojos" le mostrarán rutas adicionales para un mayor éxito.

Los consejos de este libro se aplican a la parte personal de la vida también. No se trata sólo de la satisfacción laboral y el crecimiento. Temas tales como las comunicaciones, el reforzamiento positivo, el aprendizaje continuo, la ética y como "Ser Feliz", han fortalecido mis relaciones con la familia y los amigos. La información contenida en los próximos capítulos puede hacer lo mismo por usted.

Tengo la suerte de haber estado casado por más de cuatro décadas con mi amada y comprensiva esposa, Margy. Estoy seguro de que las experiencias que compartimos y las lecciones que aprendimos juntos durante este período, reflejadas en estas páginas, pueden sumar a sus propias satisfacciones en la vida, el amor, aficiones y trabajo.

A lo largo de esta vertiginosa carrera, mi mayor satisfacción ha sido el desarrollo de las personas. Aparte de haber contribuido a orientar las carreras de cientos de empleados a mi cargo, antes de retirarme, sigo sirviendo como mentor voluntario, ahora por más de 15 años (al momento de escribir estas líneas), con el programa mundial de la Corporación de Mentores de la asociación anual de mentores (vea www.Menttium.com). También me he desempeñado en su Consejo Asesor. Además, he sido un miembro del panel de expertos para el Instituto de Capital Humano enfocado en tutoría, lo que incluyó mi participación en sus transmisiones en línea. El Instituto es un grupo de reflexión en Washington DC. Me encanta ser mentor y entrenador, y este libro es otra oportunidad para hacerlo.

Estas experiencias, además de décadas en deportes de equipo (Capitán del equipo gimnástico del Liceo Técnico Superior de Brooklyn en la ciudad de Nueva York, capitán del equipo gimnástico en la Universidad Siracusa y asistente entrenador de gimnasia en el Liceo de Siracusa del Norte) me entregaron nuevas oportunidades de aprender y perfeccionar las técnicas de motivación, el trabajo en equipo, comunicación y liderazgo. Mi pasión por compartir tales técnicas ha dado lugar a la creación de este libro.

Espero sinceramente que encuentre estos capítulos esclarecedores, entretenidos y gratificantes. Hago llegar a usted mis mejores deseos para el éxito en su liderazgo en el trabajo y su satisfacción con la vida cotidiana, fuera de la oficina. Ahora, por favor de vuelta la página para comenzar con su primera rebanada.

¡Disfrute!

Artie Lynnworth

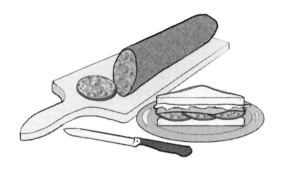

Capítulo 1
Corte el Salame

Consejos para la vida y el liderazgo, una rebanada cada vez

Este libro le ayudará en su vida y en su trabajo, e incluso le ayudará a separar ambos. Puede comenzar aquí, o en cualquier capítulo. No importa. Al final del libro, habrá aprendido prácticos consejos para ahorrar tiempo, aumentar las alegrías en su vida, e incluso tener uno o más ascensos en el trabajo con los prácticos consejos que puede asimilar con la misma facilidad que su sándwich favorito. Pero aquí me estoy adelantando un poco.

Obtendrá el máximo provecho de este libro al intentar algo nuevo. Si todo lo que quiere hacer es leer, ahorre un poco de dinero y ponga este libro de vuelta en el estante. Si ya lo compró, ¡lo siento! Supongo que tendrá que probar algunas cosas para sacar provecho del dinero que gastó. Si realmente desea aprender cómo hacer mejor las cosas, de forma más inteligente, rápida y fácilmente y conseguir que otros hagan lo mismo, entonces siga leyendo y pruebe.

Después de todo, ¿De qué se trata el liderazgo? Se trata de cambio. Los líderes nos sacan adelante en la competencia y nos inspiran a la grandeza. Usted no puede cambiar, si continúa haciendo lo mismo de siempre. Para sacar el máximo provecho a la vida y al trabajo, para dirigirse usted mismo y a los demás, para sobresalir, hay que ser bueno en el proceso del cambio, así como en una variedad de otras prácticas técnicas que faciliten ese proceso.

Cubriremos estos elementos a través de historias, lecciones de vida y una docena de ejercicios. Sí, probará cosas, al menos mientras lea el libro, y luego con la práctica por su cuenta cuando sea necesario: en el hogar y en el trabajo. Aprenderá pensando y haciendo. Usará formas y formatos que pueden marcar una diferencia en su éxito y en el de sus seres queridos: familia, amigos y el equipo que le observa para el liderazgo. Y todo esto, con sólo una rebanada a la vez.

He aquí una de esas historias de las que recién hablaba.

¿Quiere deshacerse de 20 kilos rápidamente?

Cuando mi esposa, Margy, y yo vivíamos cerca de Houston, Texas, vimos un cartel publicitario, junto a una de las principales autopistas de la ciudad, que nos llamó la atención. Tenía una gran bicicleta estática de entrenamiento y un mensaje gigante que decía: "¿Quiere deshacerse rápidamente de 20 kilos?"

Como sabe, a toda velocidad por la carretera no hay mucho tiempo para leer un mensaje detalladamente. Vi el anuncio y me dije a mí mismo (como probablemente miles de personas lo habían hecho también): "Me pregunto, ¿cómo pueden ayudar a alguien a bajar rápidamente tanto peso? Debe ser un fantástico programa de ejercicio". Su explicación fue clara, concisa y humorística. En la segunda parte de su anuncio explicaban: "Use nuestros anuncios clasificados para vender su máquina usada". ¡Ah! 20 kilos era el peso de la máquina, no 20 kilos de peso corporal. Este inteligente mensaje, probablemente significa algo para muchos de nosotros.

El aviso nos dio en el blanco a mi mujer y a mí, ya que siempre bromeábamos acerca de una de nuestras propias bicicletas estáticas, que al parecer nos hacía quemar más calorías al cambiarla de un lugar a otro, que nuestro tiempo haciendo ejercicio en ella. Sin embargo, este simple aviso sirve como una buena referencia para lo que este capítulo y este libro tratan: cómo producir el cambio en su propia vida, o ayudar a otros a cambiar la suya cuando necesita que las cosas se hagan de manera diferente. La necesidad de cambio puede estar en su ambiente de trabajo, o en cualquier otra situación. El cambio es fundamental para el progreso. Ser un buen líder y tener satisfacción en su vida personal normalmente implica probar cosas nuevas, hacer cambios y crecer. Con demasiada frecuencia, es más fácil decirlo que hacerlo.

Al igual que con una bicicleta estática, podemos entusiasmarnos con hacer cambios drásticos para perder peso o comenzar un nuevo programa, sólo para descubrir, días después, que dejamos de hacerlo y regresamos a nuestros viejos hábitos. ¿Por qué sucede esto, y cómo podemos lograr los mejoramientos que buscamos a largo plazo? Lo podemos hacer de una rebanada a la vez. Déjeme explicarle.

El ciclo normal

Al igual que en la historia de la bicicleta, el ciclo normal en la mayor parte de nuestras vidas consiste en que nos inspiramos en hacer algún cambio. Algo provoca nuestra motivación y nos decimos, "Hoy es el primer día del resto de mi vida, y hoy va a ser diferente!" Compramos la bicicleta de ejercicios, toda la parafernalia asociada y la ropa *apropiada*, y luego creamos nuestro nuevo plan:

3

media hora cada mañana. Además, nos decimos, "Probablemente también cambie mis pobres hábitos alimenticios, y elimine las galletas después de las comidas, mi bocadillo entre comidas, y la comida chatarra que tanto disfruto". Ejercicio, mejores hábitos alimenticios, y un estilo de vida sano. ¡Estoy listo!

¿Cuánto dura? Quizás el tiempo que tardamos en tener el primer calambre y los músculos adoloridos después de ejercitar. Unos días más tarde, el malestar le gana a la inspiración y volvemos a nuestros viejos hábitos. ¿Cómo podemos romper este ciclo improductivo?

Una rebanada cada vez

El concepto de "Corte el Salame" es simple. No sólo se refiere a una nueva rutina de ejercicio para usted, sino que puede ser muy efectivo para cambiar sus patrones de comportamiento y prácticas en el trabajo. La propuesta de cortar el salame también puede influir en los demás, con positivos cambios en un miembro de su familia o en el equipo de trabajo. Para entender el concepto, visualice lo siguiente.

Si trata de comerse el salame de una vez, se puede atragantar. Es demasiado. Sin embargo, si se hace un buen sándwich, poniendo una o más rebanadas de salame entre dos trozos de su pan favorito, tal vez mejorando el sabor con la más sabrosa mostaza, o cualquier otra cosa que le guste como agregado, el sándwich pasa fácilmente. Aún la idea de hacer el sándwich inicia el proceso como anticipo de la sabrosa comida. Si usted es vegetariano, el concepto todavía es válido. Sólo piense salame de *soya* u otro –equivalente sin carne, en lugar de distraerse con el ingrediente específico. Por otro lado, ¡quién sabe realmente lo que hay dentro del salame! *Una rebanada cada vez* es lo importante.

No se atragante con un salame entero.
El sándwich pasa fácilmente.

Al día siguiente usted come otra rebanada y otro sándwich. Antes que se dé cuenta se habrá comido todo el salame. Es igual que el esfuerzo para bajar de peso: medio kilo cada vez es lo importante. Lento pero seguro es mejor que, sobre exigirse, frustrarse luego y finalmente rendirse.

Cambie, un paso cada vez

El proceso del cambio exitoso depende de muchos factores. La principal motivación debe ser el deseo de cambiar. Ese paso del comportamiento a continuación, debe entonces, ser reforzado de manera positiva por nosotros para seguir haciendo lo que al principio puede aparecer como un sacrificio, renunciar a las cómodas rutinas que han funcionado para nosotros en el pasado. Hacer algo nuevo o diferente no siempre es fácil. Sin embargo, pequeños pasos, exitosos, fomentan la motivación para dar un paso más e intentar un poco más.

Con la rutina de ejercicios a modo de ejemplo, es mucho más fácil comenzar de forma gradual. En mi experiencia personal, esta manera lenta de empezar, en general, tiene una mayor probabilidad de éxito que a toda marcha desde el principio. Tal vez una secuencia de cinco o diez minutos de ejercicio consigue que el cuerpo y los hábitos comiencen, con menos conmoción y más recompensa. Puede aumentar el nivel de intensidad y dedicación a medida que pasa el tiempo, mientras que los nuevos hábitos se afianzan. Roma no se construyó en un día, como tampoco lo son los cambios de vida. ¿Cómo no puede usted permitirse el lujo de cinco o diez minutos al día para tratar de establecer una nueva rutina que esperamos se convierta en un nuevo hábito saludable e importante?

¿Qué pasa con el desorden? Cortar el salame puede funcionar de la misma manera. A veces, cuando sabe que debe limpiar un lugar, como su área de trabajo en la oficina o en casa en el garaje o cuarto de juegos, la tarea general puede aparecer abrumadora. Parece que es demasiado trabajo para siquiera comenzar, así que lo deja de lado, y el desorden sigue creciendo. Por otra parte, es posible que se inspire un día y se diga: "Voy a dedicarle a esto una hora una por día y estará listo en pocos días". Desafortunadamente, el segundo día parece no haber una hora de tiempo disponible, y por el tercer día ha perdido el impulso y el espíritu para cumplir el desafío. Así el desorden permanece y sigue acumulándose.

Sin embargo, si se promete a sí mismo, "Voy a destinar sólo diez minutos todos los días para ordenar este lugar". ¿Cómo no puede hacer un esfuerzo por dedicar esos diez minutos a esa tarea? La barrera para dar este paso es pequeña. Puede verse a sí mismo arreglándoselas para efectuar una corta tarea de diez minutos y luego seguir adelante. Puede repetir esto todos los días. En lugar de orientarse a hacer toda la limpieza de una vez, póngase una meta razonable y alcanzable para ordenar unos 30 centímetros de su escritorio, o una esquina, un estante o los rincones de la sala de juegos. Un poco cada vez, funciona. En una semana de trabajo, su dedicación constante aunque breve va a generar un metro y medio cuadrado de espacio libre o una pared ordenada. Puede retroceder un paso, disfrutar de su progreso, y quedar motivado para continuar la próxima semana con más éxito. Poco a poco puede inspirarse para dedicar más tiempo cada día a la tarea, mejorar sus sistemas para eliminar el desorden del amontonamiento de cosas (por ejemplo, crear nuevas carpetas de archivos para recoger información de manera ordenada, u ofrecer nuevos espacios para las cosas que se guardan en casa).

Próximos capítulos de este libro tratarán más profundamente el asunto de la fijación de metas (Capítulo 14), Manejo del tiempo (Capítulo 3) y modificación del comportamiento (Capítulo 6), todos los cuales además le ayudarán a tener el tiempo y la capacidad de reemplazar el caos por el orden. Por ahora, dediquémonos a lo fundamental, que es dar pequeños pasos antes de correr.

El mismo principio de cortar el salame se aplica también en cómo puede acercarse a tratar de obtener la aprobación de su supervisor (¿o su cónyuge?) para un proyecto o concepto que necesita un acuerdo para continuar.

¡Grandes ideas!

En el ambiente de trabajo, muchos de nosotros tenemos grandes ideas. El problema es que a menudo nuestros puestos de trabajo no permiten la implementación independiente. Necesitamos la aprobación de nuestro jefe o alguien que permita que se efectúen los cambios ¿Qué hacemos con frecuencia para convencer a quienes tienen autoridad para aprobar nuestro plan? Queremos decirles que nuestra idea es maravillosa, y que debería aplicarse ahora. Pero primero queremos estar preparados para cuando les hablemos sobre nuestra gran idea.

Normalmente, por lo tanto, deberíamos asegurarnos de que no hemos pasado nada por alto y abordado la toma de decisiones antes de tiempo. Nos organizamos, a medida que nos entusiasmamos más y más con que nuestra idea tiene mérito, y no puede fallar. Empezamos a imaginar el resultado final, la alabanza que recibiremos por el nuevo enfoque, y estamos muy contentos de comenzar. Viene el supervisor. Nos tomamos un momento y lanzamos, el plan maestro de una sola vez, sólo para ser abatidos cuando el miope y negativo sobre controlador dice "De ninguna manera!"

¿Cuál fue el error? ¡Atragantamos al jefe con el salame! ¿Cuándo comenzamos a dejar al jefe oler el salame o ver los ingredientes especiales? ¿Cuándo fue que sentamos las bases para comer un bocado? ¿Cuándo fue que activamos las glándulas salivales del supervisor para querer probar ese sándwich?

Una vez más, el proceso del cambio es más exitoso con un paso cada vez. Por supuesto, que necesita organizarse, pero el tema es cuándo y cómo. Puede comenzar educando, gradualmente, al jefe sobre la necesidad de cambio, y luego plantar las semillas para su solución. Ésta es la parte donde se crea la motivación para el cambio, estableciendo en el jefe la comprensión de que no todo está bien y es posible una solución.

Tal vez empezar explicándole que tiene algunas ideas básicas de cómo resolver el problema y que apreciaría la retroalimentación y pericia del supervisor para ayudar en la posible nueva dirección. Aceptar también ayuda, de manera que consiguiendo esa participación por adelantado, pero sin tener que tomar todavía la decisión final, agrega más factores de éxito a la ecuación.

De hecho, el supervisor puede realmente tener algunas ideas para complementar mejor sus ideas originales y, de aplicarse, pueden incluso generar un mejor resultado. Además, teniendo en cuenta que las ideas de su supervisor son parte de la solución, probablemente aumentará la probabilidad de que él o ella, acepte sus recomendaciones finales.

En casa o con amigos, se aplica el mismo concepto. Tal vez usted está pensando en la mejor forma de pasar sus vacaciones. Piense en el salame, y comparta. Comience temprano el proceso de la comunicación, discutiendo cómo relajarse juntos, aportando ideas y perspectivas sobre los beneficios de su destino vacacional propuesto. No deje todo planeado y haga un plan de participación de los otros participantes aún antes de que hayan empezado a ver los beneficios de su propuesta. Quizá pueda comenzar con la recopilación de unos cuantos folletos y pedir retroalimentación, a medida que intercambia comentarios para alinear las expectativas. Lance unas pocas ideas cada vez, y compártalas con entusiasmo.

Un lento sí, en lugar de un rápido no

Cierto, el proceso del sándwich en lugar del salame completo lleva más tiempo. Pero yo prefiero conseguir un lento sí en lugar de un rápido no. En otras palabras, prefiero invertir tiempo para cultivar una idea y, que finalmente sea aceptada, que forzar una decisión rápida y conseguir que sea derribada de inmediato.

Una vez que la decisión de no hacerlo ha sido tomada, a menudo es imposible siquiera discutir el tema de nuevo. Mantener viva su idea con la interacción, el desarrollo y ajustes permite oportunidades adicionales para conseguir lo que finalmente está después. Este movimiento constante en la dirección correcta, hacia su objetivo final, es el mismo que el progreso constante de perder peso, de despejar un área de su trabajo o de su casa, tener unas divertidas vacaciones o ver sus progresos constantes en acabar con el resto de ese largo salame.

Este libro fue creado para compartir más de una docena de técnicas prácticas para el éxito y el liderazgo en la vida. Cortar el salame es sólo una de ellas. No es necesario leer cada capítulo en orden, aunque a veces hay enlaces relevantes relacionados con los temas sucesivos. Las ideas no son ninguna ciencia, sino simples conceptos que usted puede captar y usar de inmediato para una mayor satisfacción en su trabajo y en casa. Puede tener más éxito al conseguir que sus ideas sean aceptadas, y puede divertirse con el desarrollo personal y el cambio.

Este libro está diseñado para ser fácil de digerir, un breve capítulo a la vez, una rebanada a la vez. Lea un poco, y digiéralo. Lea un poco más y pruébelo en su entorno personal y profesional. Lea un poco más y piense en cómo podría aplicar otra técnica para el éxito. No tiene que ahogarse con el salame entero, leyendo el libro de principio a fin en una sola sesión. En cambio, tome tanto como disfrute para captar plenamente su interés y motivación.

Algunos de ustedes pueden ahora estar diciéndose a sí mismos que la técnica de "Corte el Salame" de este capítulo es fantástica si hay tiempo, pero "no se puede esperar eternamente en algunos temas". Tal vez tengan razón. Algunas cosas son mejor cultivadas con el tiempo, y otras necesitan un cambio inmediato. Por ejemplo, puede tener un trabajo que, para sobrevivir, le exige que haga cambios drásticos y rápidos en el rendimiento de su grupo. Usted no puede darse el lujo de trabajar el *proceso del sándwich*, generando interés, participación, y gradual aceptación para tomar una decisión con tiempo. Un *lento si* puede implicar la muerte antes de la decisión. Si no puede esperar, ¿entonces qué?

Ese es el tema para el próximo capítulo: "¡Vea las llamas, huela el humo!"

Cuando esté listo para otro bocado de liderazgo o fragmento de vida, por favor dé otro mordisco y siga leyendo.

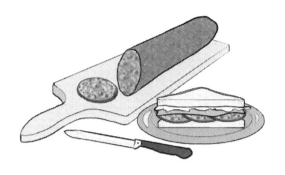

Capítulo 2
¡Vea las Llamas, Huela el Humo!

Imaginemos que tiene un gran desafío por delante. Usted ha recibido el mandato de lograr que su grupo cambie de manera drástica y rápida lo que están haciendo ahora. El desafío puede requerir la reestructuración de su organización por un dictamen de la corporación con el propósito de reducir la planta, puede obligar a grandes recortes en el gasto que sabe que son importantes para ser más competitivos, o puede obligar a rápidos cambios porque le han pedido lanzar un producto o proyecto a mayor velocidad de lo que nunca se había hecho antes en su localidad.

En casa, puede representar la realidad de un difícil momento económico y la pérdida del trabajo de una de las fuentes de ingreso, con la drástica necesidad para los miembros de la familia de hacer su parte, con un control inmediato de gastos. Por alguna razón, no puede darse el lujo de "Cortar el Salame" lenta y constantemente para conseguir su meta (véase el Capítulo 1). ¡Tiene que hacer realidad el cambio ahora!

Este tipo de desafíos puede demandar manejo de crisis. Las condiciones indican que se necesita urgencia, el

11

compromiso total y la unidad del propósito son esenciales por parte del equipo, y el éxito de la tarea depende de comunicaciones claras y cristalinas. La crisis puede ser inmediata, como responder a un peligro inminente, o más prolongada, como uno de los ejemplos antes mencionados, (reestructuraciones, reducciones de costos o de lanzamiento del proyecto) donde la solución puede extenderse por días, semanas o meses. Sin embargo, en todos estos casos no puede darse el lujo de no hacer nada. Las decisiones deben tomarse rápidamente, deben establecerse los planes y adoptarse acciones unificadas.

Durante esos momentos críticos las comunicaciones eficaces son vitales. Del mismo modo, el trabajo en equipo es esencial. Vamos a abordar el trabajo en equipo en el Capítulo 8, pero por ahora al menos, admitir que la forma de compartir el mensaje y sentido de urgencia, y el esfuerzo de cómo movilizar a un grupo, puede hacer la diferencia entre el éxito y el desastre. ¿Cómo se puede inculcar ese sentido de importancia, velocidad, propósito común y enfoque para la acción?

¡Cambio, Enfoque, Velocidad!

Una vez tuve un jefe que había trabajado para la compañía internacional BASF. Ellos usaban el eslogan "¡Cambio, Enfoque, Velocidad!" para obtener internamente el concepto, a través de todos sus empleados, de que el cambio es necesario para el mejoramiento continuo, la atención a la tarea en cuestión es crítica, y que todo esto debe hacerse lo más rápidamente posible. La velocidad era un elemento clave para el proceso.

Por otro lado, he conocido ingenieros que me han explicado que hay tres variables que restringen sus niveles de libertad para hacer que las cosas sucedan en cualquier tarea: velocidad, calidad, costo. Puede elegir dos de las variables pero no las tres.

Por ejemplo, usted puede obtener algo rápido y de alta calidad, pero no puede esperar que sea barato. Tal vez, puede obtenerlo rápido y barato, pero la calidad sufrirá. O quizás puede obtenerlo con gran calidad y bajo costo, pero no piense que se hará rápidamente. En consecuencia, si la velocidad es su prioridad, tenga en cuenta que este énfasis puede afectar otras características de su proyecto (tales como el costo o calidad), y por lo tanto hay que considerarlo al momento de planificar la estrategia adecuada para sus propósitos.

Su rol como líder y agente de cambio en el trabajo o en casa es combinar los desafíos de *cambio-enfoque-velocidad* con la realidad de las limitaciones de *velocidad-calidad-costo*, para obtener el resultado deseado. La pregunta clave es a menudo, "¿Cómo puedo conseguir que la gente entienda que esto es fundamental para nuestra supervivencia, y que tienen que ayudarnos a tener éxito?"

El enfoque de este capítulo aborda la manera de despertar el grupo, generar un sentido de urgencia e inspirar a cada individuo a tomar parte activa en la solución del problema. La comprensión de cómo compartir la visión, utilizando técnicas de comunicación efectivas, así como el desmantelamiento de los obstáculos comunes para el éxito, le permitirán cumplir su desafío con la fuerza del equipo.

13

Enseñando a bailar al elefante

¡Los líderes efectivos pueden enseñar casi todo!

Algunas personas han dicho que las organizaciones son similares a los elefantes – lentos para cambiar. Este tema se trata en profundidad en un libro que se ocupa de cómo tener éxito en el proceso de cambio corporativo. "Teaching the Elephant to Dance – Empowering Change in Your Organization" ("Enseñando a Bailar al Elefante – Potenciando el Cambio en su Organización"), por James A. Belasco, Doctor en Filosofía, aborda inmediatamente el problema en el Capítulo 2 del libro. El Dr. Belasco escribe:

"Recuerde la parábola del entrenamiento de elefantes. Los entrenadores engrillan a los elefantes jóvenes con pesadas cadenas a estacas profundamente enterradas. De esta forma el elefante aprende a permanecer en el lugar. Los elefantes más viejos nunca tratan de salir a pesar de que tienen la fuerza para tirar de la estaca e ir más allá. Su acondicionamiento limita su movimiento con sólo un brazalete metálico alrededor de su pie - atado a nada.

"Al igual que los poderosos elefantes, muchas empresas son obligadas por las limitaciones del acondicionamiento anterior. "Siempre lo hemos hecho así" es tan limitante para el progreso de una organización como la cadena suelta alrededor del pie del elefante.

"Sin embargo cuando la carpa del circo se incendia – y el elefante ve las llamas con sus propios ojos y huele el humo con su propia nariz se olvida de sus viejos acondicionamientos y cambios. Su tarea: hacer un fuego para que su gente vea las llamas con sus propios ojos y huela el humo con su propia nariz, antes que se queme la carpa. Y cualquiera puede hacer fuego en cualquier nivel de la organización".

Aprenda cómo hacer fuego con un liderazgo inspirador de manera que se haga personal para cada miembro de su grupo, su equipo de trabajo o su familia, de tal manera que cada uno de ellos vea las llamas y huela el humo. Ese es el punto de este capítulo. Esa es la idea de este capítulo.

Haciendo llegar su mensaje

¿Cómo hacer que la gente entienda el problema y se ponga en marcha para ayudar con la solución? Aunque tenga una idea clara de la situación que necesita cambiar es necesario encontrar los medios para comunicar el problema e involucrar a su grupo para descubrir las posibles soluciones y aplicar los mejoramientos.

Para entender mejor cómo, vamos a tomar unos momentos para discutir conceptos básicos de comunicación, reconocer las diferentes herramientas que podemos utilizar, y luego afinar el mensaje para dar en el blanco y hacer el desafío personal. Además, vamos a ver un error común y la forma de atacar este posible obstáculo que es la sensación de que el esfuerzo de una persona no marcará una diferencia.

Los fundamentos de la Comunicación

Queremos que nuestro mensaje sea entendido por otra persona o un grupo de individuos. Podemos ver el proceso de hacer llegar el mensaje como parte de un sistema de comunicación, que consiste en una fuente, una señal, un receptor, un canal de comunicación y los filtros. También hay un circuito de retroalimentación, que nos permite evaluar la fuerza de la señal en el receptor de modo que podamos entonces hacer los ajustes, según sea necesario, para mejorar la recepción de la señal.

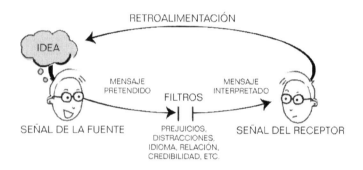

Un sistema de comunicación

En pocas palabras, nosotros (la fuente) tenemos una señal (el mensaje) que queremos que alguien reciba (el receptor) con la mayor claridad posible. Podemos elegir entre una variedad de opciones para enviar el mensaje, como el correo electrónico, teléfono, cara a cara o muchas otras maneras (los canales de comunicación). Entre el receptor y nosotros hay diferentes elementos que pueden hacer que el mensaje no sea claro (filtros). Por último, tratamos de interpretar que tan bien se recibe el mensaje (a través de comentarios) y trabajamos para mejorar la retransmisión del mensaje en sí (seguimiento con un comunicado aclaratorio).

Probablemente suena un poco técnico, similar a un ingeniero eléctrico que explica cómo funciona la radio, pero los fundamentos de la comunicación efectiva, de hecho, dependen de asegurar que podemos mejorar cada parte de este sistema con el fin de maximizar el potencial para que nuestro mensaje sea comprendido. Si el elefante no puede ver las llamas, porque es ciego, es un gran filtro que le impide la motivación para moverse

Por lo tanto, tenemos que anticiparnos a los posibles filtros entre el receptor y nosotros mismos y seleccionar los mejores canales de comunicación posibles. Además, nuestro propio mensaje, la señal, debe ser clara, nítida y de fácil comprensión. Podemos estar usando las palabras correctas, pero si están en el idioma equivocado, el receptor será tan bueno como un sordo.

Mensajes, memos y mimos

Escoja su canal de comunicación. Algunos son mejores que otros, y al seleccionar el mejor método para su propósito mejora sus probabilidades de éxito. Durante un curso en la Universidad en la que enseñé a los estudiantes acerca de la preparación profesional y técnicas de comunicación efectiva, hablamos de canales de comunicación. Hicimos una lista de varias opciones, como los memos, teléfono, libros, TV, videos, PowerPoint, etc. Entonces les pregunté, para jerarquizar lo que pensaban, cuáles eran por lo general los canales menos eficaces y los más eficaces de utilizar para la transmisión de mensajes. La esperada lista comenzó a desarrollarse, indicando que cara a cara es generalmente mejor que un mensaje escrito (aunque la comunicación escrita puede ser mejor para obtener instrucciones muy técnicas o detalladas, como los contratos y los procedimientos operativos), cuando a un estudiante se le ocurrió la mejor descripción que he oído para los más pobres canales de comunicación. ¿Puede adivinar lo que sugirió? ¡Un mimo en el teléfono!

¿Está tratando de transmitir su mensaje como si fuera un mimo en el teléfono, agitando las manos, haciendo muecas, ofreciendo gran cantidad de movimiento del cuerpo, pero no generando el sonido? ¿Está siendo escuchado? ¿Está gastando mucha energía, pero obtiene comentarios que indican que su mensaje no ha llegado? ¿Qué se puede hacer para mejorar la potencia de la señal y la recepción?

En primer lugar, elegir el canal correcto. Utilice los mejores métodos para hacer llegar su mensaje. Algunos estudios indican que después de escuchar un discurso típico de 10 minutos, la persona promedio ha escuchado, evaluado de forma precisa y entendido, sólo el 50% de lo que se dijo. Después de 48 horas, esta retención se ha reducido un 50% más, hasta el 25% del contenido original, y después de una semana, normalmente, sólo el 10% todavía se mantiene.

De hecho, en el libro "Why We Want You to be Rich: Two Men – One Message" ("Por qué Queremos que Sea Rico: Dos Hombres - Un Mensaje"), autores Donald Trump y Robert T. Kiyosaki presenta "El Cono del Aprendizaje". Esta información se basó en un estudio de 1969 para encontrar la manera más efectiva de aprender. Su libro incluye una tabla que muestra que después de dos semanas tendemos a recordar el 90% de lo que decimos y hacemos, a través de la participación activa de tareas tales como hacerlo real o la simulación de una experiencia real. Esta retención favorable del tema se esperaría si usted pudiera conseguir que su oyente hiciera algo, tuviera actividad física para tocar, sentir o manejar artículos relacionados con el tema. Por otra parte, según este estudio en particular, después de dos semanas la gente sólo recuerda el 20% de lo que escucha y el 10%

de lo que lee, ya que son actividades pasivas, por lo que no se asimilan.

¡Hmm, creo que es mejor hacer algo más que leer este libro! ¡Realmente tiene que probar las técnicas de este capítulo en sus rutinas diarias para retener los mensajes y habilidades más allá de dos semanas a partir de ahora!

Independientemente de la estadística específica de cuánto es recordado exactamente en una o dos semanas después de sólo oír o escuchar algo, el punto es que la gente se olvida más de lo que lee o escucha en poco tiempo si su papel ha sido pasivo. Así que si usted está tratando de comunicarse con eficacia, para motivar a otros a hacer algo, ¿cómo aumentar las probabilidades de que su público (una persona o un grupo) recuerden más y actúen?

En general, las probabilidades aumentan a medida que se enfrentan las cosas cara a cara. Además, es probable que obtenga mejores resultados si puede hacer que la otra persona se interese. Involúcrelos para *ver*, e involúcrelos para *hacer*. Eso significa que debe trabajar para conseguir la participación activa de sus oyentes en el debate, y obtener que él o ella físicamente se involucren, como, por ejemplo, tocando algo, pasando un documento, y haciendo algo más que sentarse allí mientras usted hace todo el trabajo.

Mejor aún, para la retención de memoria ideal, además de *ver* y *hacer*, también hay que *enseñar*. El *"ver uno, hacer uno, enseñar uno"* modelo utilizado en las escuelas de medicina, tiene gran validez para mejorar la retención de mensajes y habilidad. Los estudiantes de medicina primero ven las técnicas, y luego a medida que avanzan las hacen con la ayuda de un profesor con más experiencia o un alumno de un curso superior como entrenador. Por último, a los estudiantes más avanzados se les pide enseñar a los estudiantes de nivel básico, para continuar el ciclo de aprendizaje. El acto de prepararse para enseñar a otra persona y luego hacerlo, ayuda a pasar conceptos de la memoria a corto plazo a la memoria a largo plazo.

Como se mencionó anteriormente, para obtener el máximo provecho de este libro, debe probar las técnicas. Para una mayor retención, comparta estas técnicas con su personal, familia y amigos, enseñándoles lo que ha aprendido. En las comunicaciones normales, sin embargo, en su mayoría nos preocupa que el oyente por lo menos entienda lo que estamos hablando y retenga el mensaje por el mayor tiempo posible. Como mínimo, por lo tanto, asegúrese de tenerles interesados con la fase de comunicación y aprendizaje de *ver* y *hacer*.

Por ejemplo, a menudo ayuda el comenzar su conversación o presentación con una pregunta. Esto obliga a la otra persona a pensar sobre el tema, y formarse una opinión. Esto también le da una respuesta inmediata, para hacerle saber si usted y el receptor están en la misma longitud de onda.

Esta participación es una vía de dos direcciones. Si el oyente le da información, debe demostrar que entiende la respuesta. Normalmente, esto se puede lograr reafirmando el comentario del oyente con sus propias palabras (esto también le da a esa persona su opinión para confirmar que su comentario se entendió correctamente). Su acto de petición de retroalimentación no sólo le da la confirmación de que su mensaje se entiende, sino que por su interés, el oyente se siente más comprometido con el tema. Usted construye la unidad del propósito. La retroalimentación es esencial en el lazo de las comunicaciones.

Su receptividad a esta retroalimentación es fundamental también. Usted no quiere que su oyente u oyentes sientan que pueden desechar sus aportes, en lugar de considerarlos seriamente. La vía de dos direcciones debe estar abierta y cooperativa para una comunicación efectiva.

La comunicación escrita normalmente tiene menos potencial para motivar la acción que la comunicación en persona. Además, usted no tiene retroalimentación. ¿Los beneficiarios leyeron su mensaje absolutamente, fruncieron el ceño y lanzaron su carta a la basura, o se sintieron inspirados por sus palabras y cambiaron su comportamiento en ese instante? Utilice los mejores canales disponibles, y prepare su mensaje y la entrega por adelantado para optimizar el tiempo.

Anticípese a los posibles filtros, y trabaje para removerlos

Entre usted y el destinatario de sus mensajes hay muchos posibles filtros. Entender lo que estos filtros puedan ser, y la adopción de medidas proactivas, mediante la planificación, para reducirlos o eliminarlos, mejorará aún más las posibilidades de que su mensaje se entienda mejor, y así actúe en forma adecuada.

¿Cuáles podrían ser esos posibles filtros?

- Idioma – no sólo es cuestión de si se está hablando español, independientemente de si sus oyentes hablan o no en español como idioma nativo, sino que el vocabulario que se utiliza es también relevante. ¿Es su audiencia un consejo de administración, o se trata de un grupo de personal obrero? No estoy hablando de inteligencia (un mecánico puede ser más astuto que un miembro de la junta), sino de palabras que puedan entenderse fácilmente y con las que estén familiarizados. Hable claro y directo a los oyentes.

- Entendimiento – ¿existe algún nexo entre usted y el oyente, como un lazo común de amistad o confianza, o el oyente comienza con algo de escepticismo o duda acerca de quién es usted o lo que está a punto de entregar?

21

- Credibilidad – ¿le ve la audiencia como creíble? ¿Cuál ha sido su trayectoria con este grupo? ¿Confían en usted? Si usted percibe que los antecedentes de su relación con ellos han sido dañados sería mejor que otra persona entregara el mensaje.

- Ruido – ¿puede la gente escucharle? Tan simple como parece, algunos oradores pasan por alto lo obvio: ¿Cuáles son las condiciones de la sala para que la gente escuche lo que tiene que decir, vea su apoyo visual, e interactúe con usted durante la presentación?

- Distracciones – hora del día (en el trabajo ¿es cerca del almuerzo o la hora de salida?, o en casa ¿es su comunicación cuando los niños tienen ganas de ver su programa favorito de TV?), visual o auditiva (¿qué está pasando al otro lado de la ventana, o en la ruidosa sala contigua?), o un desorden en la mesa principal; todo puede drenar su atención y su mensaje.

- Predisposición – ¿tiene ya la audiencia una opinión probable sobre el tema? Tal vez sus prejuicios se basan en datos incorrectos y su papel principal es aclarar las cosas.

- Otros – ¿qué otra cosa podría también afectar a su oyente para que él o ella no reciba el mensaje como usted lo desea?

¿Qué tal el aburrimiento? Este sorprendente filtro se discute en "Don't be Such a Scientist: Talking Substance in an Age of Style" ("No Sea Tan Científico: Hablando de Sustancias en una Era de Estilo", por Randy Olson (Derechos reservados© 2009 Randy Olson. Reproducido con permiso de Island Press, Washington, DC). Este es un libro dirigido a enseñar a los científicos a comunicarse más eficazmente con un público no científico. El Dr. Olson dice:

"Se trata de la estimulación. Algo que es interesante estimula las neuronas en el cerebro. Algo que es aburrido no lo hace. Y cuando el cerebro se adormece por desinterés, la comunicación no tiene lugar".

También establece:

"...la comunicación no es sólo un elemento en la lucha para hacer relevante la ciencia. Es *el* elemento central. Porque si se reúnen los conocimientos científicos, pero no se es capaz de transmitirlos a los demás de una forma correcta y convincente, puede que usted, incluso no se haya molestado en reunir la información".

Al pensar por adelantado acerca de su audiencia, y los posibles filtros a su mensaje, puede construir un plan de comunicación que funcione para contrarrestar estos obstáculos. La preparación es rentable.

Nuevos desafíos a la comunicación

Alrededor del 2010, el concepto de ROWE (ROWE: "Results Only Workplace Environment" que significa ambiente de trabajo solamente de resutados) obtuvo cobertura en las noticias populares. Estas ROWE son lugares donde se permite o incluso se fomenta el trabajo fuera de la oficina y en horario flexible, en vez del tradicional de 9 a 5 en la oficina. Los empleados ahora pueden pasar todo el día trabajando desde su casa, y el rendimiento de su trabajo, los resultados, son lo que cuentan, en lugar de la apariencia de trabajar por estar en la oficina todo el día. Una gerente de recursos humanos habló sobre el problema del "presentismo" (en oposición al ausentismo) en el trabajo, que ella dice es cuando las personas están presentes físicamente, pero su mente está en otro lugar, o en sus palabras, "no están realmente ahí". El trabajo productivo de la casa es muy superior a la presencia en el trabajo sin productividad.

El teletrabajo es otro término que se utiliza para el trabajo en el hogar a través del computador. Usted puede encontrar docenas de oportunidades de empleo en Internet al buscar "trabajo a distancia". En consecuencia, el teletrabajo y el trabajo a distancia se enfocan sobre la contribución real del empleado, independiente de su ubicación física. Sin embargo, esto significa que hay menos oportunidades para los contactos en el trabajo cara a cara, intercambio de ideas para resolver problemas, o la oportunidad de conversar con el supervisor para discutir ideas y propuestas en persona. Como resultado, este filtro de la distancia debe ser incluido en un plan de pre-comunicación para asegurar que su mensaje llegue lo más eficazmente posible, a pesar de su incapacidad para mirar a su oyente a los ojos mientras habla con él o ella.

Como acotación al margen, como mentor voluntario para la Corporación Menttium, mi última década de la actividad ha sido en su programa virtual. Esto significa que mis pupilos han estado en lugares Tan distantes como México, Brasil y Argentina, como también, esparcidos a través de los EE.UU. Nuestras conversaciones mensuales han sido por teléfono, correo electrónico o Skype. Al igual que en el telctrabajo y el trabajo a distancia, esta distancia crea nuevos desafíos para las comunicaciones. Un líder o gerente moderno debe desarrollar las habilidades necesarias para permitir un diálogo efectivo independiente de los canales a distancia y la comunicación.

Hágalo personal

Otra técnica a considerar para mejorar la eficacia de la comunicación y la claridad de los mensajes es hacer comprensible el mensaje a la audiencia a nivel personal.

Encuentre las analogías que se relacionan con el público. Si está tratando de explicar cómo los costos de la empresa han subido drásticamente, considere el uso del presupuesto del hogar como ejemplo.

La gente puede adecuarse mejor a los costos de gasolina en la estación de servicio, al costo del pasaje del autobús o al tren en su ciudad, o de la factura eléctrica del hogar o del teléfono, que a los mega-dólares que una gran empresa tiene que gestionar. Si, por ejemplo, usted habla sobre el uso del teléfono celular de su hijo adolescente que aumenta la factura mensual del teléfono de la familia hasta en un 100%, es tal vez mejor entendido, antes de hablar del aumento de los precios de un proveedor de repuestos. Después de compartir el concepto del aumento en las facturas del teléfono, puede continuar con una presentación que muestra la relación de los costos del suministro de repuestos de su empresa con los cambios que se han producido. Con esta técnica de toque personal, puede mejorar las probabilidades de que su audiencia alcance el impacto del mensaje.

Del mismo modo, la misma *personalización* de los temas que están en vigor durante una presentación en el trabajo puede aplicarse también para una situación en casa. Si una crisis familiar demanda que todos los participantes compartan el control de los costos, puede mejorar la comunicación con una conexión personal.

La creación de un presupuesto familiar, y mostrar las facturas (en realidad, hacer que los niños lean y toquen los papeles que vienen de empresas de servicios públicos, de manera que se involucren físicamente con el tema), es un buen comienzo para entender cómo se estructuran las partes de un presupuesto familiar.

Sin embargo, estos datos impersonales deben convertirse en personales. Una contabilidad similar de los gastos personales del niño y los fondos disponibles, es decir, la indemnización, puede comunicar mejor el problema y la solución necesaria. Comprender la relación entre las limitaciones de recursos (subsidio) y gastos (las cosas que se quieren comprar o no), genera las bases para comprender las prioridades, los sacrificios y la planificación necesaria para ayudar a salir de de la crisis a la familia.

¿Qué puedo hacer?

Desafortunadamente, mucha gente escucha, pero después se dice a sí misma, "¿Qué puedo hacer? ¿Por qué molestarse? La acción de una persona nunca va a cambiar esta condición".

A menudo recuerdo la frase atribuida a la famosa antropóloga Margaret Mead (1901-1978):

"Nunca piense que el esfuerzo de un individuo dedicado no puede cambiar el curso de la historia. De hecho, es lo único que lo ha logrado".

Su papel, como líder y comunicador, es captar la comprensión de cada individuo, con canales efectivos de comunicación, y ejemplos personales con los que cada uno de ellos puede identificarse, para permitir a cada persona ver las llamas y oler el humo. A continuación, ayudar a estas personas a comprender que la solución del problema vendrá de la suma del compromiso individual de cada persona a la acción.

Haga sus cálculos – el poder de uno

A menudo he hecho los cálculos con mis organizaciones. Puede empezar por preguntar algo como: "¿Puede aportar una simple idea para que la compañía ahorre por lo menos 10 dólares?" Les explico que no tiene ninguna ciencia. No tiene que ser drástico. Puede ser la mera eliminación de algún formulario anticuado que malgaste nuestro tiempo cada día.

Con este ejemplo de la eliminación de un formulario inútil como punto de partida, puedo demostrar a mi equipo que se ahorra en papel, se ahorra en tiempo, y se ahorra en todos los esfuerzos posteriores para manejar, leer y archivar este documento obsoleto. Una pequeña lluvia de ideas es probable que genere varias ideas de 10 dólares. A continuación, haga los cálculos. Si cada persona inteligente (¡todo el mundo en nuestra organización!) simplemente genera una nueva idea por día, multiplicado por 200 días de trabajo al año, por el número de personas que tenemos en nuestra organización, ahorramos X dólares por año. Y eso es sólo por una simple idea que ahorrará 10 dólares a la compañía. ¡Cada uno de ustedes hace la diferencia! Juntos podemos cambiar nuestro mundo y apagar el fuego que nos puede destruir.

Piense antes de hablar

Es obvio, pero vale la pena mencionarlo: piense antes de hablar. Todos hemos probablemente dicho algo, y apenas las palabras han salido de la boca, pensamos, "¡Ojalá no hubiera dicho eso!"

Durante conversaciones de rutina, y especialmente en comunicaciones críticas, las palabras que utilizamos y la manera en que las entregamos son vitales para la exitosa transmisión de nuestro mensaje. Como está en juego llegar más alto, donde la urgencia o la supervivencia cuelgan de la palabra hablada, piense primero. ¿Es necesario crear un sentido de calma y orden a pesar del caos que le rodea? ¿Es necesario crear una sensación de crisis a pesar de la apatía que le rodea? ¿Entregan sus palabras y su lenguaje corporal un mensaje coherente? ¿Su tono de voz refuerza lo que quiere decir o distrae?

La primera parte del proceso de comunicación comienza con su intención (el pensamiento interno del mensaje) y su forma de expresar esta cuestión. Aparte de cómo involucrar al oyente, y su elección del vocabulario, tenga en cuenta su entrega total y la forma particular de expresarse en el contexto de la situación. Si comienza con un mensaje pobre, sin entrega, sólo empeora a medida que viaja a través de los distintos filtros y obstáculos. Todos conocemos la expresión: "Asegúrese de que el cerebro esté enganchado, antes de poner la boca en marcha". Buen consejo.

¡Usted puede hacerlo!

Comprender el canal de comunicación, recogiendo el mejor medio de comunicación, anticipándose y derribando los posibles filtros, con la participación de sus oyentes y solicitando retroalimentación para asegurar que su mensaje se transmite con la mayor claridad posible, manteniendo la atención de su audiencia a través de preguntas e interacción, haciendo el mensaje entendible a través de ejemplos en el hogar y un lenguaje sencillo, dejando que la gente entienda como marcar una diferencia, y ayudarles a ver las llamas y oler el humo, todo contribuye a aumentar sus probabilidades para hacer el cambio, que es urgente, exitoso. Usted puede crear un cambio *ahora*, y lograrlo con la fuerza de su equipo.

Ya sea que su necesidad de cambio es urgente (llevando a su equipo a sentir la urgencia de un tema y a tomar medidas, en otras palabras, ver las llamas y oler el humo), o si puede darse el lujo de poner en práctica cambios incrementales más lentos (cortando el salame), todos solemos ser desafiados en los plazos y las limitaciones de tiempo. Mientras mejor podemos manejar nuestro tiempo a corto plazo o a largo plazo, mayor puede ser el éxito. Ese es el tema del Capítulo 3, el manejo del tiempo. Por favor, siga leyendo. Tome otro bocado del salame.

Capítulo 3
Si Sólo Tuviera el Tiempo

El tiempo es un circo siempre empacando y mudándose …….Ben Hecht

La vida es totalmente demasiado tiempo……Irene Peter

La dilación: el arte de mantener el ritmo de antaño…….Don Marquis

Tic-tac, tic-tac, tic-tac

60…, 60…, 24…, 7…, 52. Sesenta segundos en un minuto, sesenta minutos en una hora, veinticuatro horas al día, siete días a la semana, cincuenta y dos semanas en un año, y ¿cuántos años en una tarea, carrera o toda la vida? Más importante aún, ¿Cómo hacer uso de ese tiempo? ¿Es usted quien administra su tiempo o es el tiempo quién lo maneja a usted?

Lograr el control de tiempo, con simples y sin embargo productivas técnicas de manejo del tiempo, es el enfoque de este capítulo. La comprensión de estas técnicas y la aplicación a su rutina diaria pueden hacer una gran diferencia en su éxito personal y profesional, su satisfacción con la vida y el equilibrio entre las cosas que tiene que hacer y las cosas que quiere hacer. Deje que el tiempo sea una herramienta que funcione para usted, no contra usted. ¡Este capítulo le mostrará cómo!

¿Qué hay de poder realizar su trabajo temprano y tener más tiempo libre para otras actividades? ¿Qué tal ser más productivo en el trabajo, y por lo tanto poder *mostrar lo suyo*, para conseguir más ascensos, más responsabilidad o más dinero? La administración efectiva del tiempo puede marcar la diferencia en su trabajo y en su vida!

¿Cuáles son sus mayores obstáculos para conseguir el tiempo libre que necesita, o los obstáculos para mantener los planes del día? Tómese un momento y escriba los diez principales obstáculos que suele enfrentar en una rutina diaria y que le distraigan de sus objetivos. Deje esta lista a un lado, y volveremos a ella más adelante.

Un minuto de reflexión

Tiempo. ¿Qué es? Piénselo por un minuto…. Mire su reloj o el reloj de la pared, espere un minuto, y vea cómo se siente, ¡sin hacer nada durante un minuto entero!

Tic-tac, tic-tac, tic-tac

¿Cómo fue ese espacio de tiempo? ¿Cuáles son sus pensamientos sobre el tiempo, y el uso del tiempo?

Un minuto es un montón de tiempo: 60 en una hora, 1.440 por día, más de medio millón al año. Lo que hace con esos minutos es similar a cómo invertir su dinero: o bien es un valor agregado o bien se desperdicia.

**El manejo del tiempo es planificación
y toma de decisiones.**

El concepto básico

No dilatemos por más tiempo - vamos derecho al concepto de cómo manejar mejor el tiempo. El manejo del tiempo es arte y ciencia de:

Planificación, y

Toma de decisiones.

Es así de simple.

El manejo del tiempo es tener un plan para saber lo que quiere lograr, y la toma de decisiones durante el día, minuto a minuto, para comprobar usted mismo ese plan con el fin de mantenerlo en la dirección correcta. El concepto es simple. Entender el proceso, anticipándose a una potencial dificultad, y saber mantener el rumbo es a lo que nos vamos a dedicar ahora para perfeccionar las herramientas para esta tarea.

Planificación

Hace 2.000 años, Seneca (4 AC. a 65 DC.) dijo:

"Nuestros planes fracasan porque no tienen un propósito. Cuándo un hombre no sabe a qué puerto está llegando ningún viento es el correcto".

¿Sabe usted hacia dónde se dirige cuando empieza el día? ¿Cómo establecer sus prioridades? ¿Tiene un plan para el día? En realidad, el proceso comienza con una perspectiva mucho más amplia. ¡Prioridades de la vida!

La vida es un equilibrio entre trabajo, no-trabajo (incluyendo familiares, amigos, aficiones, ocio, fe, etc.) y descanso (¡sueño!). En teoría, podrían ser de 8 horas por día para cada uno de estos tres bloques básicos. Usted puede distribuir sus bloques de tiempo (profesional, personal y sueño) en diferentes proporciones, pero el punto es que su productividad en el trabajo o el hogar comienza primero con una visión más amplia de las prioridades de su vida. Vamos a revisar algunos ejemplos simples de la casa y el trabajo que le aclaren cómo se puede mejorar su propio manejo del tiempo para un mayor éxito en el logro de objetivos en la vida y las metas de trabajo

Un ejemplo de vida de planificación y de toma de decisiones

Supongamos que usted ha elegido mejorar su vida siguiendo una renovada prioridad por la salud y bienestar. Usted decide inscribirse en un gimnasio de primera categoría y quiere empezar una dieta. Se compromete a un plan para mejorar los hábitos alimenticios y ejercicio.

Usted tiene esta visión de superación. Fácil, ¿verdad? ¿Por qué no?

Cuestiones como las tentaciones, distracciones, y conflictos de tiempo, todos amenazan el enfoque de cumplir con su plan. Sin embargo, anticiparse a estas amenazas contra el plan le permite desarrollar un contraataque.

Por ejemplo, si un compañero de trabajo o amigo se detiene con algunos donuts sobrantes, y le ofrece uno, es el momento de elegir si comer o no. Al niño que lleva dentro le gusta la gratificación instantánea. Pero el adulto, le permite la visión a largo plazo (mejor salud, una mejor sensación, verse mejor, lo que le pida su visión y la meta de perder peso que se genera en primer lugar), y se dice a si mismo, "Voy a rechazar el donut para poder mantener a mi plan maestro para el mejoramiento de la salud".

Puede haber otros factores en juego, además del niño que lleva dentro, que no sea la necesidad de satisfacción inmediata, lo que provoca que se aparte de este plan o no, incluso de tratar de tener un plan. Es lo mismo para muchos de nosotros. A veces nuestra experiencia nos hace sentir que es inútil planificar. Hemos tenido decepciones o depresión por lo que pensar en planificar parece ser más carga que beneficio. En otros casos, similares a los deportes, donde no todos somos atletas innatos, simplemente no nos vemos como planificadores naturales. Parece que trabajamos el doble que nuestros compañeros de trabajo que planifican y logran cosas, mientras nosotros luchamos por desarrollar y apegarnos a nuestro plan. La experiencia pasada nos hace pensar que las técnicas no funcionan para nosotros, y no vale la pena el esfuerzo de intentarlo.

Cada uno de nosotros es diferente. Todo lo que necesita hacer es mirar los escritorios en la oficina a su alrededor, o las diferentes habitaciones de su casa, para ver el rango de orden a desorden. Sin embargo, cada persona tiene su propio sistema que parece funcionar. Esa es la clave. Encuentre lo que funciona para usted y continuamente mejórelo para que sea más eficiente. Si sabe que odia planificar, es posible que tenga que trabajar un poco más duro que el planificador innato. Sin embargo, puede hacerlo. Tomar el compromiso de cambiar es el primer paso para el manejo eficaz del tiempo. Comience fácilmente, corte el salame de alguna manera nueva para fijar las prioridades de su día, y luego monitorear sus actividades ese día para poner en marcha mejoras para mañana. Continúe con este proceso y verá los beneficios. Vale la pena recalcar este enfoque básico:

1. Pruebe algo nuevo (con una pequeña rebanada, un pequeño cambio).

2. Siga su progreso.

3. Modifique según sea necesario.

4. Repita el ciclo

Vamos a continuar con nuestra situación hipotética. Quiere conseguir un nuevo nivel de salud a través de un plan de acondicionamiento físico y una dieta. Supongamos que está en camino al gimnasio. ¿Cómo reaccionaría si un amigo le dice: "Oye, ¿quieres ir a ver esa nueva película?" Una vez más, opciones: ¿Compartir un buen rato con un amigo, o mantener el plan maestro a largo plazo para mejorar la salud y el estado físico? El éxito en el manejo de la vida es una cuestión de tener un plan, y luego tomar decisiones para ayudar a mantener ese plan. Vemos el beneficio a largo plazo como una mayor satisfacción que ceder a la tentación de la distracción a corto plazo.

Por supuesto, las distracciones no tienen por qué ser alternativas felices, como un donut o una película. Tal vez suena el teléfono y la distracción es que usted descubre que su calentador de agua acaba de desarrollar una fuga y que está inundando su apartamento o casa. Entonces, ¿todavía va al gimnasio? ¡Por supuesto que no! O tal vez lo hace - pero vamos a llegar a eso en un momento.

Planes de contingencia

Puede crear planes de contingencia en previsión a una tentación, una alegre distracción o un molesto desastre. Este plan puede incluir estar listo para decir de manera cómoda y discreta: "No, gracias" a su amigo, que quiere compartir sus postres con usted, o que quiere pasar tiempo con usted haciendo alguna actividad divertida no planificada como ver a un película. También puede preparar planes de contingencia para las desagradables consecuencias, tales como un calentador de agua con una fuga.

Por ejemplo, ¿Cuánto tiempo tenía el calentador de agua? ¿Qué signos de advertencia estaba dando antes de que finalmente fallara? ¿Ha visto el agua de color oxidado últimamente, o ha visto unas cuantas gotas de agua en la base del calentador? El calentador se convierte en una crisis, cuando sucede, de repente, sin previo aviso y debe ser tratada en ese instante. En general, sin embargo, puede o debe tener una idea acerca de los problemas en el horizonte o en la pantalla del radar de su vida, y puede comenzar a tomar medidas de preparación para mitigar el impacto cuando se produzcan estos eventos.

Entonces ¿Qué pasa con el calentador de agua? ¿Qué podría haber hecho diferente?

¿Qué tal si reemplaza la unidad que se deterioró cuando haya una venta de calentadores de agua? De esta manera, hace el cambio con el menor costo posible y en el momento conveniente. Además, se beneficia de tener tiempo para hacer alguna investigación antes de comprar, lo que le permite obtener las mejores características de los productos de menor costo, en lugar de ser forzado a comprar durante una crisis. ¿Qué hay de tener a mano el número de teléfono del plomero de confianza, y dejarle las llaves de su casa a un vecino en quien usted confíe para que le permita al plomero hacer el trabajo? ¿Qué otra cosa podría hacer en el instante del problema para que pueda volver de inmediato al plan de su gimnasio?

Las 3 D

Tener un plan de contingencia, para interrupciones afortunadas o desagradables, le ofrece mejores probabilidades para poder cumplir con su plan maestro. En general, el plan de contingencia puede encajar en una de las tres opciones básicas:

Delegar

Demorar

Descartar

Delegar: Siempre que sea posible puede tener otra persona que se encargue de la emergencia (el plomero, el vecino, un amigo, etc.). No subestime esta opción. No todos los problemas deben ser resueltos por usted. De hecho, en el libro "Are Your Lights On? – How to figure out what the problem *really* is" ("¿Están sus luces encendidas?– Cómo averiguar cuál es *realmente* el problema") los autores Donald Gause y Weinberg Gerald exploran maneras de definir claramente cuál es el problema, ¿de dónde viene, y tal vez de vital importancia para el manejo de su propio tiempo, ¿de quién es el problema? El mono *no* siempre tiene que estar en su espalda. Puede pasárselo al propietario para mantener el rumbo de sus propios planes y usar eficazmente su tiempo.

Demorar: Responda al problema inmediato, pero postergue los detalles que quitan tiempo, para más adelante. Puede cortar el suministro de agua para detener el flujo, tirar algunas toallas para absorber lo que hay ahora, y hacer la sustitución del tanque más tarde, después de haber completado el plan original.

Descartar Ignórelo (¡múdese a otro apartamento!). Esta opción no funcionará para todos los casos, pero pronto veremos cómo se puede utilizar con más frecuencia de lo que piensa.

Una manera fácil de recordar este concepto de manejo del tiempo es simplemente reconocer que puede pasar un problema a alguien más adecuado para que lo trate, usted puede hacerlo más adelante, o no tiene que hacerlo en absoluto. Estas simples opciones, las tres "D", son formas eficaces de administrar su tiempo de manera más productiva.

Una cuarta D podría ser *distracción*, que a menudo termina siendo una reacción visceral (dejar lo que está haciendo, interrumpir su plan, y hacerse cargo de la emergencia del momento). Esta "D" no es un plan de contingencia, sino que es lo que nos impide mantener el rumbo. Nuestras técnicas de administración del tiempo nos permitirán evitar esta "D" Trate de encontrar una de las primeras tres D como su principal vía hacia el éxito en lugar de innecesariamente por defecto, la cuarta D. El mismo proceso toma lugar en un ambiente de trabajo. ¡Las distracciones son donuts! Tenemos que aprender a reconocer las ocultas pérdidas de tiempo, que trabajan en contra de nuestro plan para el día. Así que vamos a investigar este asunto en mayor detalle, comenzando con el proceso de planificación en el trabajo, antes de hablar más acerca de sus opciones.

Planificación en el trabajo

Por supuesto, los planes comienzan con su visión a más largo plazo - tal vez la jubilación y trabajar de nuevo desde entonces. Pero a más corto plazo el proceso de planificación debe incluir metas para los próximos años, el rango más corto a continuación, a un año, un mes, una semana, y finalmente para hoy. Todo esto debe encajar con sus prioridades personales y las de la empresa.

Sus metas de trabajo deberían ser metas *SMART (inteligentes)*: **S**pecific (específicas: definición clara de la tarea y el resultado), **M**easurable (medibles: objetivos cuantificables más que generalidades), **A**chievable (logrables: realista), **R**elevant (relevantes: valor agregado para usted y la organización), y **T**imed (programadas: tienen un plazo o pasos esperados para su ejecución). Es mejor si están escritas y su supervisor está de acuerdo con estas tareas y objetivos. Puede encontrar muchos más detalles en Internet acerca de los objetivos SMART y DUMB (explicado más adelante) si necesita más claridad sobre el tema de la fijación de objetivos debidamente estructurados. El punto es que base su plan en tareas específicas orientadas a cumplir con las metas y los objetivos que ha establecido.

¿Ha pensado en reunirse con su jefe para discutir estas metas? Asegúrese de que está alineado con los objetivos de la empresa, y en particular, las expectativas de su supervisor sobre lo que se necesita. Estos objetivos pueden incluir elementos de crecimiento personal para su propio desarrollo y al mismo tiempo contribuir al éxito de la compañía. Está bien tener metas de trabajo que directamente le beneficiarán, además de acumular beneficios para su empresa. Tal vez es un objetivo que le permite familiarizarse con la construcción de un presupuesto anual, o la gestión de un proyecto de gran envergadura por primera vez. Establecer el plan pensando en lo que usted necesita para lograr sus objetivos personales a largo plazo, así como lo que se necesita para mejorar su departamento para el próximo año.

A partir de las metas anuales que son consistentes con los planes de la compañía, las expectativas de su supervisor, y sus propios deseos de mejoras departamentales y personales, puede centrarse en las acciones a corto plazo de las metas trimestrales y mensuales. En última instancia, este proceso de metas y planificación funciona en sí, naturalmente, para un plan diario.

El mejor momento y la forma de preparar su plan diario

¿Cuándo es el mejor momento para diseñar el plan diario? ¿Es la noche anterior o en la mañana, antes de comenzar su trabajo? ¿Qué debería utilizar para tener su plan diario? ¿Listas de verificación, notas de agenda o recordatorios generados por el computador? La respuesta: en realidad no importa. ¡Lo que importa es que usted **tenga** un plan, y que se **apegue a la rutina religiosamente!** La noche anterior, o por la mañana, utilizando listas de tareas o pilas de papeles, todo puede funcionar, si sabe que funciona para usted y **sigue este plan todos los días sin falta.**

¿Qué sistema funciona para usted? Las opciones pueden incluir el uso de dispositivos portátiles personales, recordatorios electrónicos, listas de cosas para hacer, sistemas de archivos para 31 días del mes y 12 meses del año, la organización del escritorio de su computador o del calendario de escritorio, mantenimiento de papel a mano para tomar notas de las cosas que hay que hacer, un sistema diario de control y comprobación sobre las prioridades de su día, el uso del computador para recordatorios instantáneos que le dicen que es hora de hacer algo, y pedirle a alguien que le ayude con sus planes.

¿Cómo puede encontrar o desarrollar un sistema que funcione para usted? Pruebe varios y escoja los mejores elementos que parecen encajar con su personalidad y su enfoque de las actividades diarias. Hable con sus amigos de trabajo que parecen tenerlos todos, o vecinos cuyo estilo de vida y habilidades de organización admira. Pregúnteles acerca de sus sistemas. Averigüe lo que han intentado antes, y por qué se decidieron por esa planificación y sistema de seguimiento en particular. Los que ya tienen éxito en la planificación y el seguimiento de técnicas pueden aportar ideas útiles para que pueda evaluar y probar. Adapte el sistema para que funcione para usted. Modifique el sistema hasta que encuentre que funciona en su mundo real. A continuación, apéguese a él!

¿Tiene un sistema de seguimiento que funciona lo suficientemente bien como para asegurar que usted no olvide hacer una tarea en el futuro? Algo como tres años a partir de ahora, en esta misma fecha, a las 2 de la tarde. ¿Por qué es importante el seguimiento y por qué debería tener un sistema que funcione para recordarle de las tareas cuando se necesita que se le recuerde? Vamos a discutir los procesos de seguimiento y prioridad en más detalle en el Capítulo 12 ("¡No Olvide!"), pero por ahora vamos, por lo menos, a entender su importancia y relevancia para la administración del tiempo.

Haga un seguimiento a sus resultados

Un componente importante en la administración del tiempo, y en última instancia el éxito de la productividad en el trabajo o en casa, es contar con sistemas que constantemente trabajan para hacer de seguimiento de un asunto. Estas técnicas son importantes para la compañía, para los pares, para el jefe, para el respeto y la confianza del cliente, así como para los amigos o familiares que cuentan con usted para hacer lo que dice que hará. Además, el uso de sistemas fiables de seguimiento le permite divertirse con recordatorios de cumpleaños y aniversario, y toques personales adicionales que los hacen memorables. Además, el seguimiento puede asegurar que usted se apega a prácticas tareas como copias de seguridad de archivos de su computador, limpieza de disco y desfragmentación del disco duro de forma regular. La gestión de seguimiento es parte del manejo del tiempo.

Más estrategias

Las estrategias para la administración de tareas deberían incluir el tratar de hacer las tareas más importantes o más difíciles primero, para que tenga más tiempo para volver a ellas si es interrumpido. Además, a medida que realiza cada tarea, la siguiente en la lista es más fácil y, finalmente, los últimos elementos en su lista se convierten en premios, casi igual que el postre después de una comida. ¡Si usted ha comido primero las verduras, a continuación, puede tener su pastel y helado después!

Hacer los trabajos más duros en primer lugar, y disfrutar de los otros después. Al final de cada día, se han completado todas las tareas esenciales y quizás también algunas divertidas. Su enfoque también debería incluir de forma rutinaria y con frecuencia la re-evaluación de su estado durante el día, para que pueda evaluar su progreso con la lista de las cosas que tiene que hacer.

Entonces, tenemos nuestro plan para el día. Estamos listos, ¿verdad? ¡Incorrecto! Ahora es el momento de prever y responder adecuadamente a los donuts! Vienen las distracciones y las emergencias. ¿Qué podemos hacer frente a ellas?

Opciones

Las distracciones vienen de todas formas. Es una llamada de teléfono cuando se encuentra inmerso en una conversación o un proyecto. Es una persona que pide su ayuda mientras usted está de cabeza en una tarea asignada. Puede ser un vecino que inesperadamente llega a conversar cuando usted está tratando de tener las cosas listas antes de la cena. Es un cliente que necesita de sus servicios justo en el momento en que se dispone a hacer frente a una tarea delicada. O quizás es un llamado de la naturaleza.

No vivimos y trabajamos en el vacío, y en el trabajo se nos paga para solucionar problemas y dar servicio a nuestra organización y a los clientes. Por lo tanto, nuestro papel no es estar auto-centrado, trabajando sólo en nuestro quehacer diario personal, sino servir a las necesidades de la organización y del cliente. Sin embargo, nuestra lista de tareas pendientes para el día, con suerte está orientada a satisfacer estas organizaciones, los clientes y los objetivos personales de todos modos. En consecuencia, el asunto de la distracción es interrumpir el plan en perspectiva con objetivos a largo y a corto plazo.

En la administración del tiempo, debemos evaluar si satisfacer la crisis o interrupción inmediata, está en consonancia o en oposición con las misiones, visiones y objetivos que esperamos alcanzar el día de hoy.

Interrupciones y distracciones en casa o en el trabajo

Al comienzo de este capítulo, le pedí que creara una lista de los diez primeros obstáculos que usted enfrenta en un día de rutina, para el manejo eficaz del tiempo, en casa o en el trabajo. Echemos un vistazo a esa lista ahora.

¿Cómo podría usted emplear estrategias de las tres D (Delegar, Demorar, Descartar)? ¿Cómo podría utilizar la estrategia de la planificación de contingencia (anticiparse a la interrupción, y tener un plan listo para poner en su lugar, de modo que esta distracción tenga un impacto reducido en el plan inicial para el día) para volver a su plan lo más rápidamente como sea posible?

Vamos a considerar la opción *descartar* con mayor claridad. Tal vez sea necesario descartar una tarea, o "descartar" una interrupción.

A veces la tarea que hemos enumerado para hacer y seguir aplazando, simplemente debe ser eliminada de nuestra lista. Tal vez no sea tan importante después de todo. Del mismo modo, la interrupción de una persona con su problema urgente a veces puede ser descartada (borrada). Tal vez todo lo que necesita hacer es dar una breve explicación que honestamente le diga a la persona que ha interrumpido su plan: "Le agradezco su preocupación, pero esto es algo que nosotros, la empresa, no somos capaces de abordar, y no podemos hacer. Tal vez vamos a ser capaces de lidiar con esto en otro momento, pero no es coherente con nuestros valores, prioridades o planes. Lo sentimos no podemos tomar su petición". No todas las interrupciones se deben resolver. Sin embargo, todas tienen que ser tratadas de alguna manera (incluyendo el descarte, como una de las tres D).

Antes de continuar, sólo quiero referirme un poco más a la opción "descartar", ya que parece tan contrario al "puede hacerse" de nuestros instintos naturales de líderes. Vamos a examinar más a fondo en el capítulo siguiente la importancia de una actitud de poder hacer. Esta característica de la personalidad también aparece en los capítulos 15 y 16, donde se aprende sobre la comunicación de sus habilidades durante la entrevista de trabajo. Sin embargo, un buen líder tiene que usar todas las herramientas disponibles, en su caso, para ser lo más eficaz posible. Una de estas herramientas es saber cuándo y cómo decir "No". Cuando se trata del manejo del tiempo, asegúrese de usar la herramienta de "descartar" cuando sea necesario.

Urgente versus Importante

Esta es una distinción clave. Las tareas importantes a menudo se dejan a un lado, reemplazándolas por una urgencia. Sin embargo, si el elemento de urgencia no es también importante, la opción de hacerle frente puede ser infundada. Los asuntos son a menudo importantes para otras personas, pero no para su plan general o para las necesidades de la empresa. Simplemente porque el tema llega a su puerta o a su escritorio de forma urgente, no significa automáticamente, que es lo suficientemente importante como para destruir su plan maestro para el día o la importante tarea que está actualmente tratando de resolver.

Precaución: al trabajar las estrategias para mantener su plan, debe estar seguro de que se cumplan los objetivos generales de su empresa, su supervisor, su familia y su razón de ser en su función actual. Usted no quiere que sus compañeros, supervisores, clientes, familiares, amigos u otras personas se sientan rechazados al cumplir egoístamente con su plan para el día.

George Bernard Shaw, el famoso dramaturgo irlandés, dijo:

> *"Para la persona con un dolor de muelas, incluso si el mundo se tambalea, no hay nada más importante que una visita a un dentista".*

Si usted es ese dentista (es decir, el solucionador del problema), la persona con el problema no quiere sentir que le ha dado la espalda, simplemente para poder cumplir con sus objetivos diarios para la productividad personal. Usted no quiere dejar la impresión con la persona que viene en busca de ayuda, que es una de esas personas que lleva un sombrero con la declaración: "¡Me debe haber confundido con alguien a quien le importa un bledo!"

Independientemente de sus prioridades urgentes o plan personal de manejo del tiempo, debe tomar un momento para al menos reconocer la necesidad de otra persona en busca de ayuda. O redireccionar a esta persona a alguien que pueda ayudarle (delegar; no puede o no quiere hacerlo, pero alguien más puede hacerlo por usted), o hacer una declaración honesta de lo que planea hacer. Se puede decir, "Me referiré a esto más adelante", (demorar) o "No voy a ser capaz de dar a esto una total prioridad debido a otros asuntos urgentes", (Descartar) con la mayor delicadeza y cortesía como sea posible.

Hay un equilibrio que debe alcanzarse entre cumplir con el plan de manejo del tiempo frente a la desviación de su plan para encargarse de problemas reales de manejo de crisis, o para trabajar en asuntos que son urgentes e importantes. Usted debe ser capaz de distinguir entre lo que realmente tiene que hacer, y otras situaciones menos críticas.

Gestionar tanto las *distracciones* y los asuntos *urgentes-pero-no-importantes* con las tres D.

El equilibrio entre nuestro enfoque en las metas, de la empresa y personales, y cómo hacer frente a los acontecimientos inesperados que aparecen, puede ser una verdadera prueba de nuestra capacidad de gestión del tiempo. Pensando en las rutinas que fluyen a través de nuestro día normal, las rutinas que se nos imponen, así como las rutinas que nos imponemos a nosotros mismos, puede ayudar a mejorar nuestro uso del tiempo. Esto también incluye el tiempo a solas, para planificar, soñar y hacer. Tener un plan y tomar decisiones para mantener el plan son las claves para la gestión del tiempo. Ahora vamos a profundizar un poco más en el proceso que podemos seguir para tener más éxito con el manejo del tiempo.

Visualice un reloj de arena, arena cayendo, la gran rueda de un parque de diversiones y engranajes

Todos estamos familiarizados con la conversión de la energía que proviene de un río típico y con el sistema de los molinos hidráulicos, tomando la energía de una lenta corriente y permitiendo que el agua caiga en cubos alineados a lo largo de la circunferencia de una rueda. A su vez, la rotación de la rueda mueve los engranajes que permiten que se realice trabajos, tales como la molienda del grano para transformarlo en harina. Me gustaría ahora visualizar que la energía o la potencia que figura en la mitad superior de un reloj de arena no es más que otra forma de representar el poder del tiempo. O bien trabaja para usted o en contra de usted.

Piense en el impacto y uso del tiempo como si estuviera usando la arena que fluye a través de la mitad superior de un reloj de arena gigante. Posicione esta fuente imaginaria de arena (tiempo) de manera que cuando salga la arena del cuello del reloj de arena caiga directamente en los cubos, donde están normalmente los asientos de pasajeros, en la circunferencia de la rueda. La rueda, a su vez está conectada a una serie de engranajes y correas.

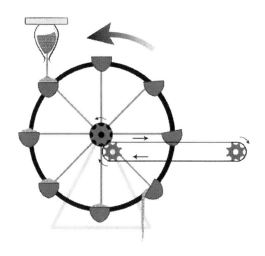

Permita al "poder del tiempo" trabajar para usted.

¿Qué sucede? A medida que la arena cae desde el reloj de arena, se llenan los cubos. Con su peso adicional, se mueven hacia abajo, haciendo que la rueda gire. Esto crea acción en los engranajes conectados a la rueda y produce algún resultado mecánico deseado. Los engranajes y correas transforman este movimiento en energía útil. Puede utilizar la arena para mover los engranajes y la correa. En esta analogía, el tiempo ha sido convertido productivamente en trabajo.

Para los efectos de esta imagen mental (y gráfica) he elegido vaciar cada cubo en la parte inferior de forma que cada cubo esté listo para una recarga la próxima vez que llega a la cima. No se distraiga con la preocupación acerca de la mecánica de cómo funciona todo esta estructura. Sólo estoy tratando de ayudarle a visualizar su función de administrar el uso del tiempo y usarlo de forma constructiva. Este vaciado del cubo también puede reforzar el mensaje de que "¡El tiempo se agota!" Asegúrese de hacer el mejor uso del tiempo cuando lo tenga. Sólo se vive una vez.

La colocación y pre-arreglo del reloj de arena, los cubos y los engranajes es el equivalente a su plan de administración del tiempo: una manera de hacer uso de su tiempo, el movimiento de la arena, se convierte en resultados deseados. Usted decide de antemano lo que hay que hacer, y en qué orden.

He oído decir que:

"Los gerentes son buenos para hacer las cosas, pero los líderes son buenos para saber lo que hay que hacer".

La implicancia es que cualquier gerente puede seguir órdenes y hacer cosas, pero el liderazgo implica la capacidad de tener visión de lo que es importante, y el establecimiento de un plan para lograrlo. En su papel como líder, necesita tener una visión, establecer prioridades y desarrollar un plan para lograr sus metas. Luego tiene que ser capaz de mantener el plan para obtener los resultados previstos.

Desconcertante

Con este reloj de arena y la analogía de la rueda de la fortuna, las distracciones que enfrenta son equivalentes a los deflectores colocados entre la arena y los cubos en rotación. ¿Qué sucede cuando cada uno de los cubos espera una nueva carga de arena para mantener la rotación de la rueda? Estos deflectores desvían la arena que fluye a sus cubos pre arreglados. Como resultado, los cubos, las ruedas y engranajes permanecen parados, esperando a que la arena caiga.

Por desgracia, la arena nunca entra en los cubos. La arena en cambio, ha sido desviada, por lo tanto se detiene el movimiento de la rueda, al igual que las distracciones que lo desvían de su plan. Los cinturones y los engranajes no giran, y su mecanismo se transforma en un molino detenido: No hay acción, no hay trabajo, no hay productividad. La energía potencial de la arena que cae es desviada a otras tareas, en lugar de ayudar a mover la rueda.

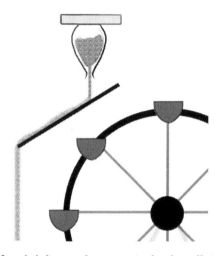

¡No se confunda! Aprenda a controlar las distracciones.

¿Verá los deflectores cuando vengan? ¿Quiere saber cómo reaccionar para reducir al mínimo su influencia sobre su plan? Nuestra discusión anterior trató temas importantes para establecer metas SMART (inteligentes) a largo plazo, con lo que se establecen las listas diarias de las cosas prioritarias para lograr ser, y el uso de técnicas (el 3-D y los planes de contingencia) para minimizar el impacto negativo de las distracciones. Sin embargo, hay que darse cuenta que las distracciones pueden ocurrir en cualquier momento, y su plan debe incluir la forma de hacer frente a las distracciones para seguir centrándose en los objetivos originales del día.

Manteniendo el rumbo

El proceso de tener su visión, el establecimiento de un plan, y dar prioridad incluye los siguientes ocho pasos esenciales:

- Analice – priorice lo que necesita ser hecho (tareas, problemas para resolver, pasos en su meta, tiempo).

- Organice – establezca su plan de trabajo.

- Aproveche – piense quien puede hacer mejor el trabajo (que no siempre necesita ser usted; delegue).

- Monitoree – continuamente observe el progreso de su plan durante el día.

- Re-evalúe – considere sus prioridades y los planes generales sobre la base del tiempo y los resultados hasta el momento.

- Re-agrupe – cambie los planes para el equilibrio del día basado en su estado.

- Enfoque – Haga lo que sea necesario para hacer el trabajo con las mínimas distracciones.

- Equilibre – haga una pausa, respire profundamente, huela las rosas, ría, sonría, disfrute (puede descubrir una mejor idea fresca o una solución única a sus problemas una vez que descansa por un momento).

A continuación, dé un paso atrás y comience nuevamente el ciclo.

En medio de este proceso de planificación y seguimiento al plan con opciones adecuadas, esté siempre vigilante para reconocer los deflectores o distracciones que se producen, y tomar las decisiones correctas para mantener el rumbo. ¿Qué más podemos hacer para mejorar nuestras posibilidades de manejo eficaz del tiempo?

Rutinas

Cada día tiene su propia rutina. Algunas nos han sido impuestas, y algunas las imponemos nosotros mismos. Cómo gestionamos nuestras rutinas también contribuye a la administración eficaz del tiempo. ¿Cuáles son algunas rutinas impuestas en su día? Estas pueden incluir actividades tales como reuniones de personal y obligaciones para informes repetitivos. ¿Cómo se puede manejar mejor su tiempo con estas imposiciones?

¿Ha pensado en opciones como éstas?

1. Reducir el tiempo o frecuencia de reuniones rutinarias.

2. Solicitar que los participantes en reuniones regulares se hagan responsables de prepararla antes, lo que ahorrará tiempo.

3. Mejorar la productividad en una reunión proporcionando a los participantes, con anterioridad, materiales de lectura que abarquen los temas de discusión.

4. Exigir a los participantes presentar al coordinador, ideas acerca de un tema anticipadamente, en lugar de esperar la reunión para murmurar sobre el asunto.

5. Tener una estructura de las reuniones con plazos y programas publicados de antemano.

6. Ofrecer sugerencias al anfitrión de la reunión para modificar el tiempo, frecuencia, temas y

preparación para hacer mejor uso del tiempo para todos los asistentes, incluso si usted no ejecuta la reunión.

En cuanto a los informes rutinarios, los formatos pueden ser estandarizados, los datos pueden ser reunidos por otros, o en el mejor de los casos, algunos informes pueden ser eliminados. ¿Tiene cada documento un valor agregado todavía? En caso contrario, deshágase de él. Una regla básica: Usted debe cuestionar la necesidad de todas las reuniones e informes. Si es necesario, cuestione la duración y frecuencia. A continuación, busque la forma de agilizar todo esto para cumplir con el objetivo de una manera más eficiente y haga esto de nuevo cada 6 ó 12 meses. Mejoras continuas en los métodos y productividad es un rasgo clave de liderazgo. Los minutos que ahorre se suman, a medida que invierte su tiempo más sabiamente.

¿Qué pasa con las rutinas que son auto-impuestas? ¿Qué reuniones establece usted? ¿Qué hay de almuerzos, pausas para un café, informes que usted inicia, etc.? ¿Qué puede cambiar, una vez que empieza a buscar el uso del tiempo cuidadosamente? En casa, ¿qué programas de TV le gustan, y cuántas horas les dedica? ¿Hay una mejor manera de verlos (como el uso de un grabador de video para saltarse todos los comerciales, en lugar de verlos en directo)?

Lo que no puede ser fácilmente reconocido sobre las rutinas auto-impuestas es la forma de reaccionar ante determinadas acciones en su rutina diaria.

¡Llamada!

Cuando el teléfono suena, ¿qué hace? ¿Contesta el teléfono? ¿Tiene que contestar? ¿Qué podría estar haciendo cuando el teléfono está sonando? ¿Cómo va esto a afectar a su plan o logros?

Cuando la naturaleza llama, a menudo *nos aguantamos* hasta que tenemos un momento para tomar un descanso. Sin embargo, cuando suena el teléfono, a menudo dejamos todo, ponemos el mundo en espera y contestamos el teléfono. ¿Por qué es eso?

Imponemos esta interrupción en nuestro proceso de trabajo nosotros mismos. Nosotros creamos nuestra propia interrupción.

Conócete a ti mismo. En el fondo, muchos de nosotros preferimos solucionar problemas, siendo la persona que todo el mundo busca para la respuesta, o sosteniendo todas las cartas para estar en la posición clave para la acción. Nuestros premios provienen de la lucha contra el fuego, la solución de la crisis, o ser el centro de la acción. Esto puede ser divertido.

Este comportamiento también puede ser una gran detracción para conseguir que los planes importantes sean hechos durante el día, ya que algunos de nosotros somos de gratificación instantánea y orientados a la acción, más que administradores de planificación y control de nuestro tiempo. Tal vez no sea tan divertido organizar un buen plan y luego con calma llevarlo a cabo, pero seguro que es efectivo, y en última instancia, hace mejor a la organización y a nosotros mismos. Tal vez no sea tan divertido dejar pasar el donut, pero es lo que hay que hacer para cumplir con su condición física y su plan de salud a largo plazo.

Hablando acerca de la efectividad, probablemente justifica un breve comentario acerca de la diferencia entre la eficiencia y la eficacia. A veces las personas se centran en tener un plan de eficiencia, o rutinas de las cuales están orgullosos, con pasos bien afinados que reducen el despilfarro. Gozan de la eficiencia con la que hacen el trabajo. Sin embargo, los resultados de la tarea en sí misma no pueden contribuir mucho a lograr los objetivos generales, y por lo tanto no es eficaz para producir resultados. Nuestro trabajo tiene que ser eficaz; no sólo eficiente. La reducción de la productividad y la mejora de los despilfarros está bien, pero ese trabajo en si mismo debe llevar a la organización a los objetivos previstos. Un automóvil de bajo consumo de combustible puede usar menos gasolina por kilómetro, pero puede ser ineficaz para tirar cargas pesadas, que necesitan una fuerte y robusta camioneta. La gestión del tiempo incluye saber qué hacer, cómo hacerlo de manera eficiente, con el mínimo desperdicio posible, y saber cómo hacerlo con eficacia, consiguiendo así obtener los resultados esperados lo antes posible.

Puede aprovechar el manejo de su tiempo con el uso adecuado de las rutinas impuestas y autoimpuestas. No todas las rutinas auto-impuestas son malas. Aquí hay una muy importante de cultivar:

Tiempo a solas

Comience con poco y gradualmente aumente el uso auto-impuesto del tiempo a solas para planificar. Tal vez comenzar con una vez por semana, en una tarde de viernes, cuando las cosas en el trabajo están decreciendo (o cada vez que haya un tiempo más tranquilo en su entorno de trabajo o en su mundo). Tómese 15 minutos sólo para usted: ¡No permita llamadas telefónicas, ni reuniones, ni interrupciones! Si es necesario, cierre la puerta, transfiera sus llamadas o apague su teléfono.

Aproveche este tiempo para revisar sus metas a largo plazo y a corto plazo. Establezca su plan para la semana próxima. Reflexione sobre sus logros de la semana pasada y lo que tiene que hacer para mantener las cosas marchando. No se quede atrapado en las posibles deficiencias, sino más bien céntrese en lo que se hizo bien y lo que hay que hacer para afinar los próximos 5 a

7 días de trabajo. Por todo lo que pudiera salir mal, anticípese a pensar acerca de cómo podría manejar una situación similar en el futuro para obtener mejores resultados. Utilice su sistema para hacer una lista de tareas y prioridades de manera que esté listo para enfrentar la semana que viene.

Punto de partida:

Esto nos lleva al punto de partida. Se necesita un **plan** para el día que esté vinculado a sus planes de vida y los planes de su organización. El plan diario debería ser **priorizado**, de manera que pueda esmerarse en asegurar que la cosas más importantes se hagan primero o al final del día, tomando **decisiones** de qué hacer y cuándo. Puede o no haber completado las cosas que quería hacer, pero al menos se han completado las tareas que **había** que hacer. Debería **anticiparse y reconocer las interrupciones** que se producen, y **tener un plan listo** para saber cómo lidiar con las interrupciones más comunes, utilizando la estrategia de las tres D (**D**elegar, **D**emorar, **D**escartar), planes de contingencia u otras alternativas.

Cualquiera sea el sistema que utiliza para la planificación diaria y administración del tiempo, debe utilizar su sistema **fiel y constantemente**, incluido el seguimiento. Por último, debe **ser sensible a la forma en que ejercita las acciones de manejo del tiempo** para apoyar los objetivos de su empresa u hogar, expectativas de la familia o de su supervisor y sus propios objetivos **sin dañar los sentimientos de sus clientes, jefes, compañeros, familia o amigos.**

Vuelva a comprobar su estado varias veces al día, y al final del día (o la mañana siguiente) esté listo para el plan del día siguiente. **Al menos una vez por semana establezca su propio tiempo para la reflexión y la planificación.** Eventualmente, será capaz de encajar en más tiempo a solas diariamente (en lugar de semanal), y sesiones un poco más largas de planificación mensual y trimestral.

Antes de que se dé cuenta, no va a haber tantas crisis que resolver. Puede obtener esos 15 minutos libres, o más, todos los días, y luego un ascenso en el trabajo y las mejores vacaciones para usted y su familia! El tic-tac, tic-tac, tic-tac del reloj es ahora su oportunidad de éxito a medida que aprovecha al máximo cada minuto.

Tal vez ahora se está diciendo, "Nunca tendré el tiempo para poder hacer estos cambios a mi rutina", o está pensando, "¡Esto es genial! Con estas técnicas por fin puedo cambiar el control del tiempo y de mi futuro!" Es todo una cuestión de actitud, el tema del Capítulo 4.

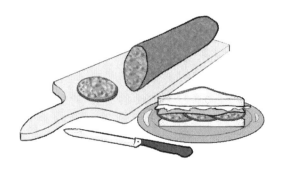

Capítulo 4

No Usan Zapatos

¿Ha oído la historia de los dos representantes de ventas?

Hay un cuento sobre el gerente de ventas de una empresa de calzado que quería expandirse internacionalmente. Llamó a sus dos nuevos representantes de ventas a su oficina para explicarles su interés por la investigación de mercado y el papel que cada uno de ellos jugaría para el establecimiento de una nueva estrategia de ventas para la compañía.

Les explicó el siguiente plan: "Nuestra compañía se ha centrado en el país en los últimos años, pero es el momento de ver si tenemos alguna oportunidad de vender nuestros zapatos en otros lugares del mundo. Quiero que cada uno de ustedes vaya a Zinzapato durante dos semanas, explore las oportunidades en este país no desarrollado y me llama de nuevo para que me haga saber sus recomendaciones".

Inspirados por el reto y la responsabilidad que les fue entregada, los dos representantes de ventas se dirigieron ávidos hacia Zinzapato. Pasaron las dos semanas viendo la gente, sus hábitos y evaluando la probabilidad de la venta de zapatos de su compañía a este potencial mercado. Cuando pasaron las dos semanas, cada uno de ellos hizo su llamado a la oficina, con su recomendación. El primer representante de venta llamó al jefe y le dijo: "Lo siento, jefe. Después de dos semanas de estudio es claro para mí que no tenemos posibilidad alguna de vender nuestros zapatos aquí. De hecho, voy a decirle lo malo que es: ¡ni siquiera usan zapatos!"

Momentos más tarde el segundo representante de ventas hizo su llamada al jefe y exclamó con entusiasmo: "¡Qué gran oportunidad, Jefe! Debemos comenzar nuestro plan de ventas aquí inmediatamente. ¡Es fantástico! Déjeme decirle lo bueno que es: ¡ni siquiera usan zapatos!"

¿Cuál es la lección de esta historia imaginaria? Todo depende de su punto de vista. La actitud hace la diferencia. Ambos representantes de ventas vieron la misma evidencia, gente sin zapatos, pero cada uno interpretó los datos a través de su propio filtro, lo que a su vez sesgó sus conclusiones. Uno vio la falta del uso de zapatos como una señal segura de que el pueblo no tenía ningún interés en cubrirse los pies, pero el otro vio esta situación como un potencial ilimitado para cubrir todos los pies descalzos con el producto de su compañía. Cómo ve la situación es el primer paso en el proceso para que las cosas sucedan. Algunas personas ven los obstáculos, cuando otras personas ven la oportunidad. Es una cuestión de actitud, una característica clave para el éxito.

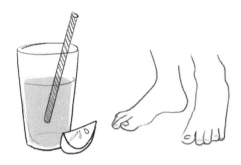

¿Cuál es su actitud?

¿Mitad vacío o mitad lleno?

La pregunta básica es si el vaso está medio vacío o medio lleno. ¿Ve usted las cosas desde punto de vista positivo, optimista, o es que ve todos los aspectos negativos de una situación y en consecuencia da forma a su plan de acción de manera pesimista? Su visión de la realidad le da forma a sus acciones. A menudo es una reacción natural, probablemente basada en la forma en que fueron educados los niños en combinación con los años de acondicionamiento que han moldeado nuestra interpretación de los acontecimientos en nuestra vida para ser optimista o escéptico, entusiasta o temeroso, confiable o cínico.

Tenga en cuenta estos dos puntos de vista contradictorios de situaciones de la vida o su entorno:

> *"Un cínico es un hombre que, cuando huele flores, mira alrededor en busca del ataúd"*. (H. L. Mencken)

> *"Las cosas resultan mejor para aquellos que hacen lo mejor de la forma en que resultan las cosas"*. (Art Linkletter)

¿Cuál es su primera reacción natural a las situaciones? Un buen gerente trabaja para evaluar de manera realista los datos, tratando de ser lo más objetivo posible, sopesar los riesgos y beneficios con el fin de asegurar que las decisiones importantes no sólo están basadas en la emoción o esperanzas, sino en hechos, datos y razón. Los buenos líderes, sin embargo, deben seguir siendo sensibles a sus propios estilos y, de ser necesario, volver a comprobar las reacciones naturales que influyen en su percepción de la realidad. Si sabe que tiende a ver el lado bueno, tal vez necesite tomar un momento para asegurarse de analizar correctamente los posibles riesgos de un proyecto. Por el contrario, si usted tiende a ver el lado oscuro de la mayoría de los problemas, trate de abrirse a las posibilidades de potencial crecimiento.

Mi experiencia, sin embargo, ha demostrado que las personas con actitud positiva, dispuestas a asumir riesgos porque *saben* que *pueden hacer* que funcione, y ven las oportunidades donde otros sólo ven el riesgo, con más frecuencia son los ganadores. Puede desarrollar esta positiva confianza en sí mismo y la actitud de poder hacer, poniendo atención a sus hábitos y perspectivas diarias. Los rompedores de records y pioneros en su campo, sobrepasando los límites de los conocimientos y los resultados no se dan por vencidos en lo que otros sienten que no tienen probabilidades de éxito, porque la voz interior de estos triunfadores les dice que tendrán éxito.

Dicho esto, una posición contraria que yo también apoyo se expresa en el libro "Mark H. McCormack – On Managing" ("Mark H. McCormack – En Gestión", publicado por Random House Business Books, reimpreso con el permiso de The Random House Group Ltd.). El autor dedica una sección con este título: "El Pesimismo Es Rentable Cuando Se Trata De Tiempo". Afirma McCormack:

"La horrible verdad es que tenemos la tendencia a ser optimistas y no pesimistas sobre lo mucho que podemos lograr en un día – y nos cuesta. Nuestro optimismo inflado irrita a la gente, decepciona a otros, y en casos extremos arruina nuestra credibilidad.

"La solución rápida, obviamente, es errar por el lado del pesimismo en medir nuestro uso del tiempo".

El autor continúa con un ejemplo donde hay una reunión en la ciudad, y cree que puede llegar en 20 minutos (con una visión optimista, pasando todos los semáforos en verde y no encontrándose con interrupciones en el camino). Él sugiere que en lugar de eso, se permita una media hora por si acaso. Tomando este punto de vista pesimista del tiempo le permitirá cumplir con sus obligaciones de manera más consistente. Hablando de compromisos y actitud, por favor considere lo siguiente.

"Tratar de hacerlo" versus "Hacerlo"

¿Cómo responde usted a una petición de hacer algo? Dice "Voy a tratar de hacerlo", o dice, "Lo haré". Hay una gran diferencia. *Tratar* implica esfuerzo, pero sin compromiso. Si todo sale mal, la respuesta puede ser: "Bueno, lo intenté, pero lo siento – no resultó". Somos evaluados por nuestros resultados, ¡no por nuestros esfuerzos! Tuve un supervisor que escribió la siguiente fórmula en la pizarra para que todos la viéramos:

$$\text{Resultados} \neq \text{No Resultados} + \text{Excusas}$$

La palabra "Resultados" no es igual a "No hay resultados más excusas". Su punto era: "Quiero resultados, no excusas". Decir que *trató* no es lo mismo que decir que lo *hizo*. Considere la posibilidad de cualquiera de las siguientes afirmaciones desde esta perspectiva y vea lo poco que se compromete cuando se dice:

Voy a tratar de....

- Llamarte a las 10:00 a.m.

- Entregarte el informe en dos semanas.

- Recoger los comestibles camino a casa.

- Limpiar la sala antes que nuestras visitas vengan a comer.

Los líderes se evalúan por los resultados, no por deseos, intenciones o promesas. Del mismo modo, son recordados por su cumplimiento de los compromisos. Elimine la frase "voy a tratar" de su vocabulario. Sustitúyala por "Lo haré..." Comience con la mentalidad de que lo hará y lo hará. Comience con la actitud de que lo va a intentar, y hay una buena probabilidad de que usted ya se haya dado a sí mismo la excusa de que no tiene que ponerlo en práctica, ya que todo lo que prometió fue que lo intentaría. Que sea un código personal de honor que su palabra tiene valor, y que cumple con sus obligaciones.

Una cuestión de control

Puede estar diciéndose a sí mismo: "¿Cómo me comprometo con el resultado cuando no tengo el control total de las circunstancias?" Tiene razón. A veces hay variables que impiden que logremos el 100% del control. Francamente, eso es algo normal. Sin embargo, usted tiene por lo menos dos maneras de manejar la situación.

Una forma de aumentar su capacidad de hacer que se cumplan sus compromisos es proporcionar un marco de tiempo razonable, por adelantado, dándose suficiente holgura de tiempo para hacer ajustes al encarar acontecimientos imprevistos. Esto se trató arriba, cuando McCormack sugirió tomar la visión pesimista de tiempo, para añadir tiempo a las cosas que puedan salir mal.

La otra alternativa es la de actuar con prontitud, cuando vea algún posible retraso en el cumplimiento de lo prometido. Basta con hablar con la persona con la que tomó su compromiso. Puede actualizar sus expectativas si les da un nuevo plazo de realización, pero haga esto con suficiente antelación para permitir que esta persona le ofrezca nuevos aportes sobre las prioridades o tal vez añada los recursos para conseguir que la tarea se realice cuando originalmente fue comprometida.

No le diga a la persona en el último momento, "Lo siento, mi trabajo no estará listo para esta tarde como le había prometido hace un mes". En cambio, cuando vea que el compromiso inicial puede ser inalcanzable, días antes, usted debe alertar a sus clientes (jefes, compañeros, esposo, amigo o cliente) sobre el posible problema. En realidad, renegocie una nueva fecha para el compromiso: o bien puede ser conveniente a su nuevo horario, o con el aporte de la otra persona, puede ajustar las prioridades y los recursos, que le permitan la terminación del proyecto cuando fue inicialmente previsto.

Al final, cuando usted dice que hará algo, lo hace. Su historial de logros genera confianza en los demás. Su reputación se construye por los resultados. Otros tienen una actitud positiva hacia usted, y usted tiene una actitud positiva sobre usted mismo.

Su actitud impacta los resultados de otros

Se trata de usted. Aparte de su propia auto-confianza que mejora a medida que se centra en los resultados positivos cuando se ajusta a cumplir los compromisos y a medida que aprecia su propio progreso, los que le rodean responden y reflejan su actitud.

Cuando el jefe llega rabioso a la oficina, quejándose sobre el terrible tráfico, el mal tiempo, o los malos resultados de la empresa, ¡todos agachan la cabeza para cubrirse! Nadie quiere acabar en su mira, y ser un blanco para la ira de hoy. Sin embargo, las personas brillantes, que comparten sus sonrisas y el reforzamiento positivo, sacan lo mejor de otros. Su actitud impacta a otros. Haga una elección consciente para ser más positivo, y evocar menos al supervisor que hace temblar al equipo. Sus acciones pueden ser edificantes o pueden hundir el espíritu del equipo. Sintonice la forma en que su actitud es útil o perjudicial para otros.

Por esta razón, es fundamental que tipo de persona está al tope de una organización. Un amigo mío conoce la importancia de esta característica, y considera tal comportamiento en su proceso de selección de empleo.

Una historia verdadera

Un comentario sobre una gran "actitud" que escuché hace poco, surgió durante una conversación con mi amigo Fred Hagan. Él y yo trabajamos juntos en 1990, y durante una visita que nos hizo estando de vacaciones, me habló de su experiencia al entrevistar a un candidato para el cargo de gerente general del hotel Hampton Inn que Fred y otros siete socios poseen en Martin, Tennessee, USA.

Una candidata, Dana Davis, había estado trabajando para otro Hampton Inn por 11 años, y al momento de la entrevista era su gerente de recepción. Fred quería aprender más acerca de su experiencia en tratar con problemas inesperados que brotan en medio de la noche, y cuando la Ley de Murphy trabaja en su contra.

A medida que Fred y Dana hablaban de las dificultades típicas, y cómo tratar los problemas, Dana comentó: ¡Las palabras *"no puedo"* no saldrán de mi boca! Ahora, ¿cómo es eso para la actitud? Usted sólo puede visualizar esta persona *positiva* luchando con lo que venga, con espíritu, enfocada en el cliente y como un perro con un hueso, sin soltarlo hasta que el problema ha sido resuelto satisfactoriamente. Ella no diría, "No puedo", sin intentar algo más que resolver un problema y satisfacer a un cliente. Dana vería *que puede hacer* para ganarse el corazón de sus clientes.

Ese es el tipo de persona que quisiera en mi equipo. Al parecer, también es el tipo de persona que Fred y los demás propietarios del hotel buscan. Dana consiguió el trabajo.

Otra persona con actitud positiva

Durante mis días universitarios, tuve el placer de conocer a Terry Orlick. Él fue capitán de nuestro equipo de gimnasia en la Universidad un año antes que yo lo fuera, así que estábamos cerca a través de nuestros entrenamientos diarios, un montón de tiempo hablando, y hasta estuvimos en una memorable maratón de primavera en automóvil desde Siracusa, Nueva York, a Sarasota, Florida, para un campamento de gimnasia de una semana. Siempre ha sido una persona *optimista* que se centra en las alegrías simples de la vida y que hace que uno se sienta bien consigo mismo en su presencia. Llegó a obtener un Doctorado, especializándose en excelencia del comportamiento. Como profesor en este campo en la Universidad de Ottawa en Canadá, Terry ha escrito muchos libros sobre el tema. Extractos de la cubierta posterior de uno de sus libros, "Aprovechando su potencial", describen a Terry de esta manera:

> "Cuando el primero de los equipos de todas las mujeres fue seleccionado para la Copa América se les dijo a las atletas que podían seleccionar a cualquier persona en el mundo para trabajar con ellas en el fortalecimiento de su juego mental. Eligieron a Terry Orlick.

> "En todo el mundo, atletas, entrenadores, profesores, y artistas conocen a Terry Orlick como "el mejor" en su campo….. Él ha trabajado con miles de atletas olímpicos y profesionales, grandes cirujanos, astronautas, los mejores músicos clásicos, cantantes de ópera, bailarines, actores, abogados, ejecutivos de negocios, personal de la

misión de control, y otros que participan en carreras de alto estrés.

"Terry es el Presidente de la Sociedad Internacional de Entrenamiento Mental y Excelencia y ha recibido los más altos premios a la excelencia en enseñanza. Es el autor de más de 20 altamente aclamados libros y ha creado innovadores programas para niños y jóvenes para el desarrollo de perspectivas humanísticas y habilidades mentales positivas para la vida".

La natural actitud positiva de Terry era contagiosa cuando estábamos en la Universidad de Siracusa juntos, y lo sigue siendo. Un líder con sus características hace querer hacer más. Tal reforzamiento positivo de un líder le mantiene en movimiento a niveles superiores de rendimiento. Esta actitud del líder marca una diferencia en su vida.

Me gustó en particular la lectura de algunos de los comentarios de Terry relacionados con la actitud, en su libro "Aprovechando su potencial", y cierro este capítulo con sus perspectivas:

"La vida es lo que piensa. Si piensa en lo negativo, la vida es negativa. Si piensa en lo positivo, la vida es positiva".

"Gran parte de mantener una actitud positiva es la adquisición de una perspectiva que nos permita encontrar algo positivo en las situaciones que enfrentamos. Una actitud positiva levanta a las personas de la misma manera que la marea alta levanta los barcos".

Su actitud puede cambiar no sólo su vida, sino la vida de muchos otros también. Vamos a seguir con el asunto del cambio en el capítulo siguiente.

¿Cómo se puede ser un agente del cambio? Ese es el tema central del Capítulo 5.

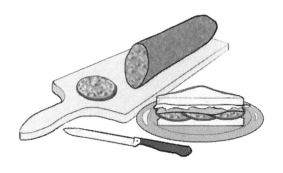

Capítulo 5
Sea un Agente del Cambio

Tres preguntas clave

La mayor parte del contenido de este libro se basa en los temas que he desarrollado y presentado en seminarios, talleres y conferencias en los Estados Unidos, Chile y Brasil. Hice esto para empresas, desde grandes corporaciones internacionales a operaciones más pequeñas de propiedad familiar, y en el mundo académico he dado cursos en los entornos universitarios, escuelas de inglés como segundo idioma, y otros lugares de preparación para profesionales. A pesar de las diferencias en las culturas y el contexto, o el idioma y la ubicación, las respuestas que recibí a tres preguntas clave asociadas con el tema de este capítulo son sorprendentemente similares. La importancia de los temas y la información que sigue llega a la esencia del proceso de cambio.

Pregunta uno: ¿Alguien tiene cambio de un dólar?

Para motivar a mi audiencia, saco un billete de un dólar de mi bolsillo (o en el caso de Chile, una luca, en jerga popular, equivalente a 1.000 pesos), o un real, que es la moneda de Brasil). Levantando el billete por encima de mi cabeza, hago la pregunta, "¿Alguien tiene cambio de un dólar?" Entonces les explico que se trata de un concurso. La primera persona que me traiga su cambio, recibe un pequeño premio. Es divertido ver desde el podio a los participantes revisar sus bolsos y bolsillos para ganar un premio indefinido.

En un momento, por lo general, un ganador se precipita hacia adelante y le doy a esta ansiosa persona el prometido premio de valor financiero relativamente insignificante (tal vez un lápiz, o un recuerdo de otro país). El ganador irradia alegría, todos nos reímos, y entonces pregunto, "¿Cuál es el mensaje de este ejercicio?"

Después de darles la oportunidad de pensar acerca de esto, respondo: "Los que hacen el cambio son los ganadores de diversos tipos de recompensas, y en particular aquellos que pueden hacerlo rápido, antes que la competencia. Hoy la recompensa no era más que una baratija; sin embargo, en un entorno real, los agentes de cambio pueden cosechar grandes recompensas para su empresa y para ellos mismos". En el mundo de los negocios, la recompensa puede ser el éxito del proyecto, el crecimiento financiero, reconocimiento y ascensos. En lo personal, las recompensas pueden ser auto-satisfacción por un trabajo bien hecho, la seguridad familiar, y la tranquilidad de relaciones duraderas y con amor.

¿Es usted un agente del cambio?

Por supuesto, ahora estamos hablando de "hacer el cambio", como influenciar o modificar el estado de alguna condición, en lugar de ofrecer monedas a cambio de un billete de un dólar. Cambio de actitud, cambio de prácticas o procedimientos, cambio de hábitos, cambio de enfoque, o cualquier cambio que pueda llevar a cabo en negocios o superación personal implica un proceso de cambio.

Las técnicas para mejorar la eficiencia y la eficacia de este proceso pueden variar. Es mi intención compartir prácticas técnicas que le permitan hacer cambios más rápidamente, con menos perturbaciones y una mayor aceptación, y hacer cambios que sean más duraderos. Los agentes de cambio, los que lideran la dirección en que vamos, ya sea en el trabajo o en casa, son los que este libro intenta ayudar.

En el trabajo, en casa, y en la mayoría de lo que hacemos en nuestras vidas, el cambio es constante. Los avances en la tecnología, las técnicas y la enseñanza nos permiten (y a nuestros competidores) encontrar la manera más rápida, más barata y mejor para hacer nuestros productos. Si estamos satisfechos con nuestra posición y status quo, es probable que los demás nos pasen por encima

Es como si todos estuviéramos viajando en la corriente de un río. Algunos nadan en la dirección de la corriente y se mueven más rápido que el propio río, mientras algunos se relajan y chapotean en el lugar, al ritmo del avance gradual de la masa general.

En el mundo de los negocios, todos nos beneficiamos al mismo tiempo de las mejoras del sistema, se avanza con la corriente, ya que la tecnología nos mueve a todos: teléfono, fax, fotocopiadora, computador, cámara digital, Internet, correo electrónico, video conferencias (reuniones entre oficinas a través de Internet, con voz, vídeo y presentaciones de PowerPoint para compartir en las pantallas del computador), dispositivos portátiles, o lo que sea lo próximo en tocar nuestras vidas. Este impulso de energía nos permite avanzar.

Por supuesto, algunos luchan contra la corriente. Ellos todavía aman su máquina de escribir, nunca van a usar un teléfono celular. Pueden sobrevivir, pero las probabilidades juegan en su contra, si su negocio depende de la velocidad, el servicio y el apoyo de una información actualizada.

Algunos toman nota del movimiento alrededor, en el río de los cambios. Ellos miran el paisaje desde la orilla del río o se centran en su posición relativa en medio de los demás que se mueven junto con ellos, continuamente miden su avance. Son capaces de evaluar su progreso.

¿Cómo es su movimiento a lo largo del río del progreso?

Además, los que mantienen un ojo en la competencia que flota junto a ellos, se encuentran en una mejor posición para decidir el curso correcto de la acción a tomar. Si su objetivo es sobrepasar a sus competidores, ¡entonces es mejor que empiece a remar ahora! Ocasionalmente los emprendedores van contra la corriente, o toman una dirección completamente nueva, como los inventores o los que tienen rasgos de personalidad inusual. Sepa dónde está y a dónde quiere ir.

Usted puede cambiar su carrera, tratando nuevas técnicas para llegar a su objetivo más rápidamente, y puede dejar que la tecnología sea el motor del cambio, tal como poner aletas para conseguir más empuje. Usted puede elegir o modificar su enfoque a la promoción estratégica. Pero el denominador común es que los que encuentran los medios para aplicar con eficacia el cambio en su organización o sus vidas son más propensos a ver la recompensa de este esfuerzo. Los agentes del cambio ganan.

Pregunta dos: ¿Cuántos de ustedes están encargados de una o más personas?

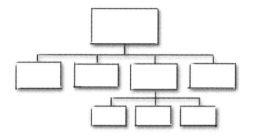

Un organigrama típico

Aquí les pido que levanten la mano los responsables de una o más personas, y normalmente cerca de la mitad del grupo la levanta, con lo que se distinguen como miembros de una de las dos categorías. Un grupo se identifica con aquellos que tienen un empleo en la línea de gestión ya sea con un número grande o pequeño de individuos bajo su responsabilidad. Todos ellos tienen sus manos en el aire. El otro grupo se identifica como colaboradores individuales, que tienen responsabilidad funcional en tareas importantes, como contabilidad, ingeniería, informática, ventas, recursos humanos, o cualquiera de una serie de servicios vitales, pero no supervisan a nadie, por lo que mantienen las manos abajo.

Luego tomo un momento aquí para preguntar acerca de las diferencias entre la línea operativa y la línea de apoyo, entre la cadena de mando directa versus mera influencia. Tal vez podría divertirme con este ejemplo: En una situación familiar, el hombre de la familia puede pensar que es el encargado, que es el que toma todas las decisiones importantes y que dice la última palabra. Sé cómo funciona en mi caso. Les explico que mi mujer, Margy, está acostumbrada a que yo tenga la última palabra: "Sí, querida". Puede que tenga la última palabra,

71

pero es ¡simplemente estar de acuerdo con su petición! Quienquiera sea el que toma las decisiones, o cómo sea que funcione el proceso en casa o en el entorno empresarial, el proceso de cambio requiere de un liderazgo. Cualquier persona puede convertirse en un líder del cambio. Un líder es la persona responsable de iniciar el cambio y conseguir que el resto le siga.

Otras partes de este libro hacen frente a conceptos más específicos y particulares o técnicas para el cambio, tales como "Cortar el Salame" (Capítulo 1), y la importancia de establecer un sentido de urgencia con "Vea las Llamas y Huela el Humo" (Capítulo 2). Además, se abordará el trabajo en equipo (Capítulo 8), habilidades de comunicación (parte del Capítulo 2), "La Regla del Cuatro a Uno" (Capítulo 9), y el proceso de "Tres Ojos" (Capítulo 14). Pero antes de todos esos detalles, el punto aquí es entender que para hacer realidad el cambio, una persona se ve obligada a modificar sus comportamientos. Nuestro primer pensamiento es a menudo, "¿Cómo puedo cambiar el comportamiento de los demás para que hagan lo que se necesita para que se produzca el cambio?" O la gente se dice a si misma "Si yo estuviera a cargo, sólo podría exigir el cambio y, como jefe, los demás tendrían que obedecerme". ¡Sigan soñando!

Una pregunta con trampa

Esto nos lleva de nuevo a la votación a mano alzada. Le explico al grupo que todos ellos deben tener la mano levantada. ¿Por qué? Porque es una pregunta con trampa. Cada uno de ellos está a cargo de, al menos, una persona: ellos mismos.

Usted es su propio jefe. Usted puede tomar y tiene que tomar, las decisiones que influyen en sus propios comportamientos. Usted puede cambiarse a si mismo. El cambio puede ser un proceso lento, una rebanada a la vez, o según las circunstancias, puede que tenga que realizar cambios más drásticamente. A su vez, los cambios que haga puede afectar a los demás a su alrededor. Los mejoramientos de sus habilidades en temas como el manejo del tiempo, las comunicaciones y el liderazgo motivacional son herramientas para obtener resultados más eficaces. Es comparable a cambiar el punto de apoyo de la palanca para que el movimiento que usted haga en su lado, cree un mayor rango de movimiento en el otro lado. A medida que perfecciona sus habilidades, va a crear más fuerza e influencia en su entorno. Sus esfuerzos dan más resultados a medida que se hace más experto.

Piense en el balancín. Si el punto de apoyo está en el centro, el otro extremo del balancín se mueve con una trayectoria que es igual al rango de movimiento en su lado. Usted sube y baja unos 30 cms, y el otro lado sube y baja la misma distancia. Sin embargo, si el punto de apoyo estuviera más cerca de usted, el movimiento, por ejemplo 30 cms. hacia arriba y abajo, crea una mayor ampliación del rango de movimiento en el otro extremo del balancín; tal vez 90cms o 120cms, dependiendo sólo de donde usted haya puesto el punto de apoyo.

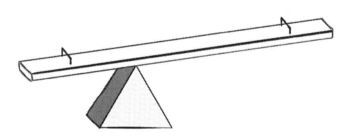

Aprovechar el liderazgo amplifica los resultados.

Las técnicas de aprendizaje para el cambio y el aprendizaje de cómo cambiar su propio comportamiento son similares a aprender a cambiar el punto de apoyo: se obtiene un mayor movimiento en el otro lado con pequeños movimientos de su lado. Con el tiempo, como si estuviera acercando gradualmente ese punto de apoyo a usted, el mismo movimiento crea poco a poco, cada vez más y más movimiento en el otro extremo.

Los físicos, sin duda, estarán pensando ahora que la fuerza debe ser la misma independientemente de la posición del punto de apoyo si el sistema debe permanecer en equilibrio. En otras palabras, cuando el punto de apoyo se encuentra en el centro, no es la misma fuerza en ambos lados para mantener estable el balancín. Pero si ese punto de apoyo está más cercano a usted, aunque el otro lado se mueva en un arco más amplio, se necesita más esfuerzo, fuerza o presión de su lado, para equilibrar el peso en la distancia más larga desde el punto de apoyo en el otro lado del balancín. Usted tiene que hacer más fuerza para compensar la palanca del otro lado.

Estoy convencido de que las técnicas que aprenda, los conceptos de estos capítulos, son una inversión que le servirán como fuerza adicional. Usted ha construido los músculos de la técnica de liderazgo para que la fuerza que aplique al balancín se sienta tan fácil como lo hacía antes, a pesar de que está poniendo más presión sobre el lado del punto de apoyo. Vamos a llamarle "aprovechamiento del liderazgo". Lo que ve son los frutos de su trabajo con el movimiento añadido y una mayor reacción en el otro lado del balancín. A medida que el tiempo y las técnicas avanzan, se hará realidad el cambio con mayor facilidad. Usted inicia acciones que siente como si fueran simplemente pequeños empujones, y el balancín entra en acción, con cambios mayores y más rápidos al otro lado del balancín.

El aprendizaje de nuevas técnicas para nosotros es el primer paso para hacer realidad el cambio. Si seguimos haciendo lo que hemos hecho antes, lo que nos hace pensar en los resultados ¿será diferente de lo que hemos conseguido en el pasado? Si queremos que sucedan cosas nuevas, si queremos ver un cambio a nuestro alrededor, si queremos provocar esos cambios, tenemos que hacer las cosas de manera diferente.

Pregunta tres: ¿A la gente le gusta el cambio?

Una vez más le pido a mi audiencia una votación a mano alzada con respecto a su opinión de si a la gente le gusta el cambio. Normalmente, el voto "No" gana sobre el "Sí", lo que quiere decir que mi audiencia siente que a la mayoría de las personas no les gusta el cambio. Los participantes comentan que la gente en general tiene miedo al cambio, se sienten cómodos haciendo lo que les gusta hacer y no quieren probar cosas nuevas, o que sospechan de otros que pueden tratar de influir en la forma en que dirigen sus vidas.

Para desarrollar un poco más este tema, les pido que compartan sus experiencias con alegres y gratificantes pasatiempos, tareas o actividades. Entonces la gente habla acerca de su diversión con el golf, el trabajo voluntario, tocar un instrumento, y de hacer grandes proyectos y otros pasatiempos que les apasionan. Como pregunta de seguimiento, entonces les pregunto cuál sería su reacción a una oferta de expertos para ayudarles con estas destrezas, mostrándoles *los consejos del oficio*, la forma especial de tomar el palo de golf para hacer el tiro perfecto, o la manera de mejorar su sonido al tocar su instrumento favorito. Todos responden con un positivo "Por favor, deme esa ayuda!"

Luego les explico que ahora han pedido ser cambiados. De hecho, han pedido que alguien les ayude a modificar la forma en que actualmente hacen algo con el fin de ser capaces de hacer la actividad con mayor precisión, eficacia, belleza o habilidad. Ellos quieren un cambio. Les gusta el cambio. Entonces, ¿cuál es la diferencia entre el deseo de cambiar versus no querer cambiar?

Sugiero que la cuestión es la diferencia entre el *desear* ser cambiado (obteniendo *la ayuda deseada*) versus ser *obligado a* cambiar (*diciéndole* que haga algo diferente). Si percibimos que alguien nos puede ayudar a hacer lo que queremos hacer de una mejor manera, entonces estamos dispuestos a invertir en cambiar lo que estamos haciendo ahora. Puede pasar que probamos la técnica del experto y no nos da automáticamente los resultados que esperábamos, y pronto podremos volver a nuestra antigua forma de hacer las cosas. En un primer momento un nuevo método se siente torpe o incómodo, y no da resultados inmediatos. O bien persistimos en cambiar nuestro hábito hasta que la nueva técnica sea mejor que la anterior, o nos damos por vencidos y lo hacemos a nuestra antigua manera en espera de otro nuevo enfoque. En cualquier caso, nuestra receptividad al cambio al principio estaba abierta, y estábamos dispuestos y listos para modificar nuestro comportamiento.

Sin embargo, si alguien nos dice que tenemos que cambiar nuestro método, probablemente nos sentiremos obligados, escépticos o resistentes a las directivas de este asesor. Así, el camino para ser agente de cambio (el líder que tiene la tarea de modificar el comportamiento de los otros), es encontrar la manera de mostrar a los demás que el cambio propuesto es una ayuda en lugar de un mandato.

Cuanto más entendemos las motivaciones y los intereses de aquellos a quienes deseamos influir, mayor será nuestra posibilidad de tener una conversación exitosa. Podemos explicarles por qué y cómo va a ser mejor hacer los cambios que creamos necesarios. Con buenas comunicaciones, utilizando la retroalimentación y el diálogo sincero y escuchando, el líder tiene más probabilidades de crear una sensación de ayuda en lugar de una sensación de daño.

Todos sabemos que a veces realmente no hay elección. Se ha establecido una nueva política o procedimiento corporativo, o se debe seguir una nueva regla en el hogar, y nuestro trabajo es poner en práctica el cambio y obtener que todos sigan el nuevo comportamiento. No podemos permitirnos el lujo de escuchar y responder a todas las razones de por qué es inconveniente realizar el cambio y que sería mejor dejar las cosas como están.

Sin embargo, como líder, su éxito con estas situaciones sirve más en la medida en que al menos puede apelar a la comprensión de los demás en su grupo. Si ellos pueden ver el problema tan claramente como los que toman las de decisiones que requieren cambio, entonces tal vez su equipo también verá los beneficios de la obediencia (la supervivencia de la empresa, manteniendo la cabeza fuera del agua cuando las facturas se acumulan y los ingresos se ha reducido, o sólo mantener sus puestos de trabajo, siguiendo las reglas). Entender los beneficios y las consecuencias de hacer un cambio (o desafiar el cambio) puede aumentar el potencial de conductas de apoyo en lugar de conductas de resistencia.

Este capítulo de transición tenía un propósito: cristalizar los conceptos que (1) las personas que hacen realidad el cambio reciben premios, (2) para ser un agente del cambio debe empezar a pensar en lo que tiene que cambiar en usted mismo, y (3) la gente no quiere *ser cambiada*, pero puede realmente desear cambiar por su propio perfeccionamiento. Cambiarse a sí mismo no implica que ahora esté haciendo algo malo o incorrecto, sólo significa que puede haber técnicas que son más eficaces y productivas. El refinamiento es el cambio. Acercar el punto de apoyo a usted, para aprender y practicar nuevas técnicas, es el refinamiento y acondicionamiento mental que le puede traer el éxito. Es una rebanada a la vez. ¡Usted puede hacerlo, y cosechar las recompensas!

El poder del reforzamiento positivo

Como líder, usted puede a menudo enfrentar a los miembros del equipo que son lentos o no están dispuestos a cambiar, a modificar sus hábitos, o simplemente no quieren probar un nuevo enfoque. En el próximo capítulo, veremos con más detenimiento por qué las personas hacen lo que hacen, y cómo puede ser más eficaz para influir en los cambios necesarios en sus comportamientos. Aprenda a conducir el proceso de cambio a través del poder del reforzamiento positivo. Por favor, siga leyendo.

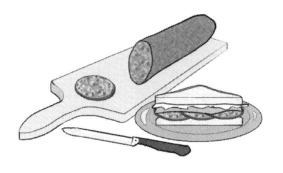

Capítulo 6
El Poder del Reforzamiento Positivo

¿Están locos?

¿Se ha preguntado alguna vez por qué la gente hace cosas raras? ¿Ha tenido alguna vez un jefe, amigo subordinados, o miembro de la familia que sólo parecía estar en otro mundo, o hicieron cosas que pusieron a prueba su paciencia? Él o ella se comporta de maneras que hacen que uno se pregunte:

"¿Qué está pensando él?"

"¿Por qué ella hizo eso?"

"¿Por qué él no puede cambiar?"

Sus comportamientos pueden variar desde molestos hasta destructivos, o desde contraproducentes hasta lo que solo parece una locura. Hablando de eso, hace poco recibí una de esas historias de Internet que se refiere a lo que vamos a cubrir en este capítulo. Se me ocurrió titularlo "Una Prueba Para Enfermos Mentales".

No hace daño echarse una dura mirada uno mismo de vez en cuando. Debería empezar con esta pequeña prueba.

Durante una visita a un manicomio, una visita le preguntó al Director cual era el criterio para definir que paciente se debía internar.

"Bueno", dijo el Director, "llenamos una bañera; ofrecemos una cucharita, una taza y un cubo al paciente y le pedimos que vacíe la bañera".

1. *¿Utilizaría el paciente la cucharita?*
2. *¿Utilizaría el paciente la taza?*
3. *¿Utilizaría el paciente el cubo?*

"Oh, entiendo", dijo el visitante, "Una persona normal elegiría el cubo porque es más grande que una cuchara".

"No", respondió el Director. "Una persona normal sacaría el tapón".

¿ Pasó usted la prueba?

Bueno, esta no es una prueba real, sino otra pregunta con trampa. Sin embargo, esta historia nos permite pensar en cómo la gente aborda la solución de los problemas, o cómo lo hacen de maneras que parece francamente curioso o extraño para nosotros. En cualquier caso, no vamos a explorar el mundo de los insanos en este capítulo, sino revisar por qué el comportamiento de los demás puede parecer una locura cuando usted quiere que hagan algo y hacen cualquier cosa, menos lo que usted espera. ¿No se siente como si estuviera pidiendo a otros que vacíen la bañera y comienzan la tarea con la cucharita en lugar de sacar el tapón?

Se trata de las consecuencias

¿Por qué las personas hacen lo que hacen? Los científicos del comportamiento nos dicen que nuestra conducta está determinada por las consecuencias. Para entender mejor esto tenemos que hablar un poco acerca de las acciones o eventos que nos motivan a comportarnos de una u otra manera. Por ejemplo, ¿por qué ir a ver una película en particular? ¿Qué influye en nuestra elección y acción?

Por un lado, hay influencias que se producen antes de nuestro comportamiento, antes de que hayamos tomado la decisión de ir a ver una película específica. Por otro lado, hay influencias que se producen después de que hagamos algo, como nuestras reacciones ante una película que acabamos de ver. Los que escriben libros sobre la ciencia del comportamiento hablan de antecedentes (acciones o acontecimientos que ocurren antes de un comportamiento) y consecuencias (eventos que se producen por el comportamiento y se producen durante o después de que la conducta se realiza). Explican que el modelo de comportamiento se basa en las consecuencias como la razón de por qué repetir los comportamientos y hacer lo que hacemos. Como un excelente recurso para comprender el comportamiento le sugiero que lea

"Other People's Habits – How to use positive reinforcement to

bring out the best in people" ("Los Hábitos de Otras Personas - Cómo utilizar el reforzamiento positivo para sacar lo mejor de la gente que le rodea") de Aubrey C. Daniels.

Podría dar una explicación en términos menos técnicos de la siguiente manera: Nosotros hacemos lo que hacemos, por lo que sucede cuando lo hacemos. Como un bromista dijo, "El trabajo duro recompensa en el futuro. La pereza recompensa ahora". La "recompensa" es el reforzamiento, y eso es lo que genera patrones de comportamiento y buenos o malos hábitos. En relación a la broma, el momento de la recompensa también influye en la fortaleza del reforzamiento, y también vamos a discutir este tema más adelante en este capítulo.

Usemos nuestro ejemplo "yendo al cine" para familiarizarnos con los términos y para ver lo que realmente impulsa nuestro comportamiento. Con el tiempo vamos a utilizar esta sabiduría y entendimiento para conseguir la bañera vacía tirando del tapón ¡en lugar de seleccionar la cuchara!

¿Qué influencias existen en nuestro entorno que pueden estimular la decisión de ir al cine o ver una película en particular? Pueden ser los anuncios que aparecen y nos llaman la atención. Puede ser la recomendación de un amigo de que esta es una película que *debes* ver. Tal vez sólo queremos hacer algo diferente para descansar. Estas influencias son todas llamadas antecedentes, ya que son influencias previas al comportamiento de ir al cine. Los antecedentes influyen en el comportamiento una vez. Son mensajes que consiguen que hagamos algo o probemos algo.

La cuestión de si vamos a repetir la conducta, o si el comportamiento con el tiempo se convierte en un hábito, en nuestro ejemplo para regresar al cine otra vez, o volver a ver ese estilo de película, depende de las consecuencias. Como nos sentimos después de ver esa película determinada si nos gustaría repetir ese comportamiento. ¿La película nos permitió relajarnos como queríamos? ¿La película tenía mucha sangre y violencia para nuestro gusto? ¿La película nos hizo sentir bien? ¿Nos reímos hasta llorar? Para un individuo, las respuestas a estas preguntas, son las que determinan el comportamiento de esa persona la próxima vez, y el tiempo que pase, en relación a repetir el comportamiento de ir al cine (o el comportamiento de ir de nuevo para ver ese tipo concreto de película o de los actores en particular en la película).

La clave es entender que las consecuencias dictan la probabilidad de que el comportamiento se repita. Si nos sentimos bien acerca de las consecuencias, vamos a repetir el comportamiento de nuevo. Si las consecuencias son desagradables, probablemente evitaremos ese comportamiento la próxima vez. ¿Cómo se vincula todo esto con las técnicas de un buen liderazgo y el vaciado de la bañera?

Reforzamiento positivo o negativo del comportamiento

El modelo de "Cortar el Salame" para un cambio exitoso se basa en el concepto de consecuencias positivas. Comer el sándwich (haciendo pequeños cambios) tiene buen sabor, ofrece consecuencias deseables (que se sienta bien y no se ahogue con el salame entero), y le invita a repetir el comportamiento. Coma otro bocado del sándwich, y prepare otro sándwich cuando tenga hambre. Con el tiempo el comportamiento agradable, o el hábito de comer el sándwich cuando tenga hambre, se afianza y antes de que usted se de cuenta, se habrá consumido todo el salame. El reforzamiento continuo, la repetición de las consecuencias favorables, refuerzan los patrones de comportamiento.

Una consecuencia percibida como positiva o favorable, se conoce como "reforzamiento positivo". Como resultado del reforzamiento positivo, las favorables consecuencias de la conducta en particular, el nuevo comportamiento parece más cómodo (es más gratificante) y usted sigue repitiendo el comportamiento. Se ha adaptado al nuevo comportamiento y busca más de él.

Por supuesto, las consecuencias negativas también moldean el comportamiento futuro. Como líder, es importante entender cuáles son las conductas más probables de repetir en función del reforzamiento que proporcionan, ya sea positivo o negativo.

Veamos otro ejemplo de comportamiento a través de la modificación o reforzamiento negativo o positivo. Imaginemos que usted es el jefe, y celebra una reunión de rutina semanal del personal. Usted espera que estas reuniones sean parte importante de la coordinación y comunicación del personal para el uso constructivo y productivo del tiempo de todos. Por desgracia, vamos a imaginar que uno de sus trabajadores, vamos a llamarlo José, habitualmente viene tarde a la reunión. A usted le gustaría modificar su comportamiento.

Una forma es **a través de reforzamiento negativo**: La tardanza de José tiene consecuencias que son negativas para él. Es regañado delante de sus compañeros, se le hace sentir mal por su acción, o se le castiga de alguna manera. Los científicos del comportamiento nos dicen, y sabemos por nuestra propia experiencia, que los individuos suelen modificar el comportamiento **sólo lo suficiente para evitar el castigo.** Pero que modifican su comportamiento no más allá de lo necesario para evitar las consecuencias negativas. Esto significa, para este ejemplo, que José se encargará de su horario y modificará su comportamiento sólo lo suficiente para llegar cerca de la hora correcta, para evitar ser regañado o avergonzado, pero no más allá. No va a llegar más temprano, él sólo se asegurará de no llegar demasiado tarde. ¿Y si probamos refuerzo positivo?

Hay otro término relevante llamado formación. Esto significa dar un reforzamiento positivo cada vez que vemos un avance hacia el objetivo final. Pequeños pasos (sándwich) en la dirección correcta obtienen recompensa. En nuestro ejemplo con José, primero asumamos que en privado le pedimos que trate de llegar a las reuniones a tiempo. Podríamos tener una conversación con José similar a esta: *"José, cada vez que llegas tarde a la reunión, en realidad estás desperdiciando el dinero de la compañía ya que el resto del grupo permanece inactivo hasta que se inicia la reunión. Además, tu comporta-*

miento es descortés para tus compañeros y para mí. Todos hemos hecho el esfuerzo de llegar a la sala de reuniones a tiempo, y tu retraso nos hace perder el tiempo. Podríamos comenzar a tiempo, estés allí o no, pero te perderías los asuntos importantes que son la esencia y propósito de la reunión. En consecuencia, te pido que hagas el esfuerzo de planificar con anticipación, y demostrar a tus compañeros y a mí que puedes hacer lo que sea necesario para llegar a tiempo".

Entonces, si José sigue llegando tarde, pero menos tarde, podríamos decir algo constructivo acerca de su esfuerzo para llegar antes. Suponiendo que José agradece los elogios y el reconocimiento público de su esfuerzo, con este reforzamiento positivo de su comportamiento modificado, es más probable que aumente la motivación de José para oír la repetición de los elogios y, a su vez generar su interés para tratar de llegar más temprano en la próxima reunión. Eventualmente, José llegará a tiempo.

Sin embargo, (y esto es una distinción importante entre el reforzamiento positivo y negativo) **con el reforzamiento positivo el esfuerzo voluntario de la persona no se limita.** Es más probable que José, no sólo llegue a tiempo, sino con el reforzamiento adecuado, potencialmente llegará temprano; tal vez se convierta en el primero en estar allí y comenzará a ser un contribuidor más constructivo en todas las reuniones. La recompensa por su comportamiento adecuado le estimulará a la repetición de mejores comportamientos. Su potencial es ilimitado, y no sólo una mejora hasta el punto de no ser castigado.

Un ejemplo similar se puede proporcionar para una situación familiar. Tal vez un niño sale con sus amigos y sigue volviendo a casa más tarde de lo prometido (como llegar tarde a la reunión de lugar de trabajo). Como padre, el líder del hogar, el grado en que un sistema

85

coherente de recompensas, castigos, consecuencias, alabanzas e insistencia son utilizados, generarán los cambios de comportamiento que usted está buscando. Modelar el comportamiento con el reforzamiento positivo, típicamente le inclinará más significativamente hacia el comportamiento favorable.

Entrenando para el éxito

Tal vez el área más evidente donde la modelación muestra resultados es en el contexto de cualquier habilidad que pueda ser entrenada para el éxito. En mi propia experiencia como gimnasta y entrenador de gimnasia he tenido décadas de exposición directa al mejoramiento de habilidades difíciles con un proceso de aprendizaje que se ocupa de las mínimas correcciones, una a la vez. Un nuevo gimnasta no aprende a voltear su cuerpo boca abajo en el primer intento. Hay varios obstáculos que superar, entre ellos el miedo, la fuerza, la flexibilidad, la oportunidad y la aplicación de la física para poder levantar un cuerpo en el aire y luego caer correctamente.

Un buen entrenador mira lo que no está bien, y toma una o dos cosas más importantes para corregir en primer lugar. Un gimnasta principiante se siente casi ciego cuando gira en el aire por primera vez. Es difícil distinguir entre arriba y abajo, cuando estar más encogido, cuando abrir y estar listo para la caída. El entrenador debe dar esa importante retroalimentación.

Un mal entrenador, por el contrario, podría entregar demasiada información, esperando que el principiante corrija una docena de errores a la vez. Eso es abrumador. La formación debe adaptarse al nivel de competencias y la conciencia del receptor, para asegurar que él o ella puedan entender y actuar de acuerdo al aporte. Además, el entrenador puede gritar y vociferar con reforzamiento negativo, con lo cual no obtendrá los mejores resultados del atleta.

Del mismo modo, si alguno de ustedes ha aprendido a tocar un instrumento, ya debe haber sido receptor de la formación también. Su profesor, probablemente le dijo cuándo estaba mejorando la postura de sus dedos o de la boca (para instrumentos de cuerda o viento) para ayudarle a perfeccionar su técnica poco a poco.

Todos estos son ejemplos de formación del comportamiento. El mismo proceso funciona para los entornos del trabajo y del hogar: enfocarse en la siguiente habilidad más importante para refinar, y luego dar retroalimentación positiva cuando la persona muestre una mejoría.

Todo en los ojos del receptor

Aquí se necesita algo de precaución. El concepto de reforzamiento positivo está siempre, repito siempre, en los ojos del receptor. Lo que hace que él se sienta mejor, más positivo, es lo que cuenta, no lo que crea que debería ser más positivo.

Algunas personas prosperan con el reconocimiento público. Otros son tímidos y prefieren no ser señalados delante de sus compañeros. Algunos odian destacar como infractores o molestosos en las reuniones, y otros prosperan con esta atención para mostrar su singularidad. Si usted no entiende lo que la persona siente como positivo o negativo, sus buenas intenciones pueden generar, sin darse cuenta, comportamientos muy diferentes a sus objetivos y aspiraciones.

La definición de reforzamiento positivo es esa acción o consecuencia que sigue un comportamiento, lo que incrementa la repetición de ese comportamiento. Sin embargo, **la percepción de positivo es siempre desde el punto de vista de la persona cuyo comportamiento**

está siendo modificado. Sea lo que sea que cause que se repita el comportamiento, es un reforzamiento positivo.

Los buenos líderes sintonizan con las reacciones que crean sus comentarios. Estos líderes aprenden a distinguir las consecuencias que generan comportamientos repetidos que son deseables de aquellas que producen resultados no deseados. La depuración de las consecuencias para refinar los comportamientos se convierte en una de las formas en que los principales líderes obtienen más resultados favorables, más rápidos y más productivos.

Estos líderes han aprendido a conocer a los miembros de su equipo y a modificar su propia comunicación de las recompensas de una manera más eficaz para lograr cambios de comportamiento individuales y de grupo, y conductas de repetición deseadas. Estos líderes utilizan el reforzamiento positivo para sacar lo mejor de la gente en torno a ellos.

El momento es critico

¿Cuándo es el mejor momento para ofrecer el reforzamiento positivo? La respuesta: cuando el comportamiento está sucediendo. Cuando los niños están juntos en casa, jugando bien, ese es el mejor momento para que los padres digan algo al respecto a los niños. A menudo, los padres no quieren interrumpir la tranquilidad del momento. Sin embargo, se están perdiendo la oportunidad de reforzar positivamente el comportamiento que desean ver repetido.

Cuando un supervisor se encuentra con dos empleados que están normalmente en conflicto, trabajando juntos y en armonía, este es el mejor momento para comentar y reforzar la cooperación. Cuando un supervisor de mantenimiento observa a un trabajador haciendo un trabajo de manera segura (usando equipo de protección personal, aislando adecuadamente el espacio de trabajo para prevenir riesgos a los demás, anticipando correctamente los posibles riesgos y demostrando acciones correctivas de prevención), es el momento perfecto para hacer un comentario. Cuando el conductor de un coche ve a los pasajeros ajustarse el cinturón de seguridad, es el momento de darles las gracias por su conciencia sobre la seguridad.

Sin embargo, no asuma que los buenos hábitos van a continuar. Ellos necesitan ser renovados.

De hecho, el autor del libro, "Other People's Habits" ("Los Hábitos de Otras Personas"), Aubrey C. Daniels, usa la analogía del reforzamiento como estímulo. Sin el estímulo del reforzamiento positivo, el comportamiento finalmente muere. Extinción es la expresión conductual. Sin reforzamiento, el nuevo o adecuado comportamiento se extingue, como le ocurrió a los dinosaurios, y los hábitos derivan, otra vez, a las viejas costumbres.

Refuerce los comportamientos deseados para prevenir la extinción

Recuerde aplicar el concepto de cortar el salame. El movimiento en la dirección correcta necesita de reforzamiento en pequeños y constantes bocados, ya que la capacidad de dar un gran salto puede ser poco probable o imposible en un primer momento, como si la persona tratara de comer todo el salame. Cada paso sucesivo en la dirección correcta, cuando se refuerza, promoverá la modificación de la conducta en la dirección correcta, lo que le lleva a su meta final. Sorprenda a las personas haciendo bien las cosas, y dígales algo al respecto, que se perciba como algo positivo para ellos. Y siga haciéndolo. Todos necesitamos nutrirnos de continuos estímulos, reforzamiento positivo, constante mordida del sándwich, para mantener el funcionamiento.

Tenga estos puntos clave en mente a medida que trabaja para construir un equipo unido, con todo tu grupo, familia o amigos empujando en la misma dirección:

- Para reforzar el comportamiento que desea que se repita, recompense el comportamiento en el momento en está sucediendo.

- La recompensa puede ser simplemente reconociendo la actividad de la persona, con algún comentario positivo, una sonrisa o alabanza (siendo sensibles a lo que la persona percibe como algo positivo para sí).

- Se requiere muchas repeticiones de reforzamiento para cambiar el comportamiento y lograr que se mantenga. Si se falla en el reforzamiento, eventualmente se producirá la extinción de la conducta deseada.

Con esto en mente, ahora podemos volver al proyecto bañera. "¿Por qué están esos locos usando una cuchara?" puede preguntarse, mientras ve a otros realizar una tarea inadecuada. Pero primero pregúntese si usted les dio un buen panorama general. ¿Comparten su perspectiva? ¿Explicó los objetivos con claridad? ¿Por qué están haciendo la tarea de esa manera, y que ha hecho para indicarles sus expectativas?

¿Qué reforzamiento les da cuando, ya sea continúan utilizando la cuchara (¿usted ignora o castiga?), o cuando los ve considerando otras opciones (reconoce el uso de más técnicas productivas de resolución de problemas)? Sus comportamientos, sus hábitos, se ven influenciados por su comportamiento, es decir, sus reacciones hacia el comportamiento de ellos. Las consecuencias de su comportamiento, establecidas por usted, determinarán si sus comportamientos favorables continuarán y si su comportamiento desfavorable va a cambiar. Usted puede cambiar los hábitos de la gente la primera vez que de una mirada a sus propios hábitos para el uso constructivo de reforzamiento positivo.

Desde estudiar la obra de científicos de la conducta, hasta ver a otros líderes de éxito en el trabajo, hay mucho que aprender acerca de cómo mejorar sus probabilidades de obtener mejores resultados. De hecho, su vida debería ser un proceso continuo de aprendizaje. Ese es nuestro objetivo para el próximo capítulo.

Capítulo 7

Aprendizaje Continuo

¿Por qué debe seguir aprendiendo, y cómo puede obtener la capacitación que necesita?

¿Así que quiere avanzar en su carrera, no? ¿Cómo va a aprender las habilidades necesarias para el éxito en ese gran trabajo que viene? ¿Va a estar listo cuando aparezca la perfecta oportunidad de trabajo? ¿Cómo se prepara? ¿O está ahora en casa, y le preocupa haber perdido contacto con algunas de las habilidades necesarias para el mundo de los negocios? ¿Qué puede hacer para ponerse al día?

El ingreso a su carrera y el avance normalmente implica asumir nuevas responsabilidades y, por tanto usar nuevas habilidades. Por lo general, cada nivel superior de responsabilidad requiere la aplicación de nuevas habilidades.

Por ejemplo, cuando se trabaja como contribuidor individual normalmente no tiene que ejercer un control sobre ningún subordinado, mientras que cuando es jefe de departamento esta habilidad se convierte en uno de los principales factores para el éxito. Del mismo modo, la responsabilidad de varios departamentos requiere una combinación de otras capacidades como la planificación, visión estratégica, presupuesto, control de gastos frente a un presupuesto, o familiaridad con diversas y especializadas disciplinas, tales como ventas, contabilidad, marketing, ingeniería, u otra única y tal vez extremadamente diferente función a aquella que utiliza en su trabajo actual, o ha utilizado en trabajos anteriores.

Cuando un puesto está vacante y el jefe busca seleccionar el mejor candidato para este espacio, le encantaría tener una persona que entrara de lleno y manejara los requisitos claves del trabajo. Por lo tanto, la base para la detección de candidatos a ofertas de trabajo es su experiencia previa con las habilidades necesarias para ser exitoso en la posición prevista. En consecuencia, mientras traza sus opciones de empleo en el futuro, debe comenzar con una evaluación de las probables habilidades que serán necesarias para la siguiente mejor oportunidad. Entonces, ¡comience a aprenderlas!

Si usted nunca ha tenido la oportunidad de hacer un presupuesto, o nunca ha tenido que estar a cargo de varios individuos para conseguir hacer un trabajo, o si nunca ha hecho una llamada de ventas, y quiere obtener estas experiencias, ¿cómo comenzar a aprender lo que se necesita? ¿Dónde se puede construir la base de la experiencia?

¿Quién le entrenará en habilidades especiales?

Con demasiada frecuencia, se espera que la empresa ofrezca seminarios de formación especializada, que nos envíe a una escuela buenos modales, o proporcione clases que nos ayuden a aprender las habilidades necesarias para nuestra próxima promoción o responsabilidad del nuevo trabajo. La triste verdad es *¡no contenga la respiración esperando el regalo de la empresa!*

Trabajé durante 40 años en una industria de productos básicos, donde el valor del producto puede oscilar de $1000 dólares por tonelada a menos de $ 100 dólares por tonelada en sólo unos meses, en función del mercado mundial competitivo. Además, la empresa pasaba por ciclos anuales donde en algunos años lo hicimos bastante bien, y se integraron programas como la formación y el desarrollo, pero otros años hicimos todo lo que pudimos sólo para sobrevivir. Durante los tiempos difíciles, la plantilla se redujo, los programas se redujeron y desaparecieron algunos beneficios adicionales. Los programas de capacitación y desarrollo a menudo sufren de estos problemas económicos.

Lamentablemente, si está en un negocio de productos básicos también, o forma parte de un sector de rápido crecimiento, no puede simplemente confiar en que su empresa le entregue las habilidades que necesita para su futuro (ya sea con su empleador actual o con otra empresa). Usted debe establecer un plan de acción de auto-desarrollo que le permita ampliar continuamente su base de conocimientos, aprender nuevas habilidades y adquirir nuevas experiencias que no sólo serán interesantes para usted a medida que aprende, sino le servirán para un futuro afortunado. Por supuesto, si usted está en casa, no trabaja actualmente, entonces no hay "empresa" que le ofrezca formación. El enfoque de su propio desarrollo, sin embargo, puede seguir un camino similar al del mundo de los negocios.

Aprenda en forma gratuita

Una de las mejores maneras de mejorar sus habilidades es ejecutar un voluntariado, y es gratis. Este voluntariado se puede ejercer dentro de su propia empresa o totalmente independiente de su mundo de trabajo. Tomemos una opción a la vez.

Dentro de su empresa, puede insertarse en las experiencias precisas que está buscando. Si es posible, este es su mejor primer acercamiento, ya que no sólo le conecta a las habilidades particulares y a la jerga adecuada para su negocio y empresa, sino también con los principales dirigentes con influencia en la estructura de la empresa. Dentro de la compañía, las tareas se pueden hacer de manera formal a través del programa anual de fijación de metas de la compañía, o se puede hacer como una iniciativa más informal por cuenta propia.

Voluntariado como parte de la fijación anual de objetivos

La mayoría de las revisiones anuales de desempeño consisten en una mirada hacia atrás y hacia adelante. El supervisor revisa su desempeño anterior en relación a los objetivos y analiza sus éxitos, así como identifica áreas de mejorías. En última instancia, sus logros están ligados a los sueldos y beneficios. Por consiguiente, desea destacarse en esta revisión anual. Del mismo modo, éste es generalmente el tiempo para establecer sus metas para el año que viene. Ahora se encuentra en la posición perfecta para tener una seria conversación con su jefe sobre su futuro, y el mejor modo de prepararse para nuevas oportunidades.

Aparte de los típicos objetivos de su actual puesto, con tareas específicas del trabajo a realizar en los próximos doce meses, sus metas anuales deberían incluir también algunas tareas enfocadas a su crecimiento y desarrollo. Por ejemplo, si su experiencia aún no le permite la oportunidad de construir un presupuesto, entonces éste es su momento para pedir la oportunidad. Al principio, puede que le pida a su jefe que le permita ayudar a reunir datos para el presupuesto del próximo año, o para trabajar con el proceso de toda la planificación presupuestaria a medida que la empresa avanza a través del ciclo. Sea creativo con su jefe. Preguntar lo que piensa el jefe es la mejor manera de aprender, y la forma más adecuada para que usted se involucre.

¿Por qué es esta técnica de fijación de objetivos una buena manera de empezar? Porque, proporciona una manera formal para usted y su jefe de centrarse en su desarrollo de habilidades dentro de la empresa. A través del año, con este ejemplo de presupuestos, usted y su jefe pueden trabajar juntos en ampliar su exposición a los sistemas de contabilidad, a los sistemas de control, a los aspectos fundamentales de cómo se construye un presupuesto, cómo se defiende y cómo se puede vender el presupuesto a los que tienen autoridad para aprobarlo Cada una de estas experiencias y habilidades le servirán en su camino a familiarizarse con el presupuesto.

Tal vez un año más tarde, puede incluir la meta de estar a cargo de una mayor parte del proceso de presupuesto, o la total responsabilidad de la preparación de éste. Piense en cómo puede ayudar a su jefe con esta tarea, aumentando la responsabilidad con el tiempo, y aprendiendo de paso. Usted ayuda a que el jefe le ayude. ¡Todos ganan! ¿A qué jefe no le gustaría contar con esa excelente ayuda?

Otra ventaja del proceso anual de fijación de objetivos como su forma de desarrollo de habilidades es que documenta su éxito con sus nuevas habilidades. Además de ganar la exposición a nuevas habilidades y aprender nuevas disciplinas, tiene un historial que se convierte en parte del registro en la evaluación de funcionamiento el próximo fin de año. Usted y su jefe se van a sentar de nuevo para discutir su progreso, y sus nuevas habilidades (o cualquier otra especialidad que se comprometan a incluir) serán reconocidas y registradas. Esto ayuda a reforzar su crecimiento y es ideal para empezar una mayor exposición dentro de la empresa.

A pesar de que el presupuesto no forma parte de su responsabilidad laboral oficial, se verá dentro de la empresa como una persona que ha estado involucrada en el proceso. La gente de contabilidad, finanzas y otros departamentos que asisten a las mismas reuniones sabrán acerca de su participación y capacidad.

No tema preguntar

En ventas, hay una expresión "Si no pide, no recibe". El significado es claro: no debe tener miedo de pedir algo que desea o necesita. No hay normalmente nada malo en preguntar. Sólo no sea fastidioso.

Por consiguiente, cuando usted y su supervisor estén formalmente hablando acerca del desarrollo de su carrera y sus metas para el próximo año, éste podría ser el mejor momento para preguntar sobre el apoyo de la empresa en un programa como Menttium. Como puede ver mediante la búsqueda en su sitio web en Internet, Menttium ofrece un excelente programa donde los profesionales a mitad de carrera forman pareja con uno externo, un mentor que no pertenece a la empresa para un proceso de un año de entrenamiento y perfeccionamiento de habilidades.

He tenido el honor de ser uno de los mentores voluntarios externos por más de una década, y puedo asegurar que el proceso proporciona una excelente oportunidad para que usted tenga un tutor personal, similar a tener un entrenador personal para su entorno de trabajo. Esta experiencia le puede llevar a un nuevo nivel en su carrera profesional a través de la conciencia de liderazgo y técnicas específicas de trabajo que pueden funcionar para usted. Aún como mentor, puede adquirir nuevas habilidades y perspectivas que pueden ayudarle en su carrera. Considere ofrecerse como mentor voluntario en esta parte del proceso con Menttium, especialmente si está más avanzado en su carrera.

Quién sabe, si su empresa está en un ciclo de ganancias que permite el apoyo financiero de esos programas externos, y si sus necesidades coinciden con el perfil de lo que Menttium cree que se ajustaría mejor con mis conocimientos, entonces ¡yo podría incluso convertirme en su mentor personal por un año! Sin embargo, si su empresa está en un ciclo de pérdidas, entonces por lo menos pregunte acerca del programa de mentores-aprendices dentro de la empresa, para ver si puede ser parte de dicho programa.

Una herramienta de desarrollo para su familia o para el equipo de trabajo

También en el espíritu de "No tema preguntar" (si no pide, no recibe), yo también voy a preguntar: ¿Por qué no pedir más de estos libros para servir como oportunidades de aprendizaje continuo para los miembros de su familia y su equipo de trabajo? Todos pueden desarrollar en su lugar, la búsqueda de consejos que funcionen para ellos como espero que funcionen para usted. Como todos ustedes perfeccionan técnicas en conjunto, la tasa de cambio para el mejoramiento se acelera. Usted se beneficia, se benefician todos y, por supuesto, voy a disfrutar sabiendo que más personas están aprendiendo consejos de mi libro, que les ayudarán a ser más exitosos.

Ahora, volvamos a usted, y cómo puede emplear técnicas adicionales para el aprendizaje continuo.

Un acercamiento informal dentro de la compañía funciona también

Aparte del proceso formal de metas anuales, puede empezar a ejecutar en forma voluntaria, iniciativas de aprendizaje por su cuenta. No necesita que su jefe lo apruebe (¡a menos que su jefe sea el tipo de gerente de micro-control!) y no es necesario tener un programa de documentación formal. Sólo salga y busque las oportunidades de aprendizaje usted mismo.

Volviendo a cuando estaba en fabricación, me di cuenta de que mi crecimiento profesional futuro podría mejorar con la exposición por el lado de las ventas de la empresa, obteniendo más conocimiento del negocio. Tenía mi Master en administración, había sido gerente de planta en varios lugares, e hice muchas de las ventas internas con programas tales como seguridad, control de costos y responsabilidad ambiental. Sin embargo, en este momento de mi carrera aún no había tenido contacto directo con clientes que no fueran otros que aquellos que habían visitado nuestra planta para ver dónde se habían originado los productos que compraban.

De manera que simplemente le pregunté a uno de los representantes de ventas si podía acompañarlo en una visita de ventas en algún momento. Nuestra *excusa* para que yo le acompañara en esa visita fue que, era una manera de que yo, como gerente de la planta, entendiera mejor las necesidades del cliente. Al ver las instalaciones del cliente por mi mismo y escuchar de sus propios labios las necesidades fundamentales sería capaz de ofrecer un mejor servicio al cliente cuando regresara a mi planta. Ayudé al representante de ventas también, porque le permití mostrar especial interés por el cliente, añadiendo mayor apoyo durante la visita.

Para mí, fue una gran primera mirada fuera de nuestra empresa. Esta visita amplió mis horizontes inmediata e irrevocablemente. Años más tarde, con mil quinientos millones de dólares al año de responsabilidad internacional en ventas, como vicepresidente senior de nuestra empresa, mi crecimiento había sido tal vez mejor influenciado por este primer simple paso.

Mire la gente que le rodea. ¿Dónde están los expertos en la organización y cuáles son las tareas que ellos hacen y que usted necesita aprender? ¿Quién tiene el mejor récord de logros en competencias específicas? ¿Cómo podrían todos estos expertos de la casa ayudarle?

Imagínese caminando a la oficina de uno de los líderes de una disciplina particular que desea aprender. Puede iniciar una conversación para hablar de oportunidades con comentarios que pueden incluir cualquiera de estas preguntas que se ajusten a su caso: *"Estoy tratando de mirar hacia el futuro en mi carrera para descubrir áreas de nuestra empresa en las que me falta exposición y habilidades. Le veo como uno de los principales ejemplos de una persona que sabe cómo hacer bien esta función. ¿Le importaría compartir algún tiempo conmigo o proporcionarme indicaciones de cómo yo podría obtener algo de exposición informal en su disciplina? ¿Cómo puedo aprender acerca de su área? ¿Qué libros me sugiere leer? (¿cuáles son sus favoritos)? ¿Cómo llegó a interesarse en este mismo campo? ¿Cómo hizo la transición desde otra área de especialización? ¿Qué más me sugeriría que considerara, con el fin de aprender más? Yo incluso estaría dispuesto a hacer algunas tareas voluntarias trabajando con usted y su equipo, sólo para poder conseguir algo de exposición. ¿Qué me sugiere?"*

Nunca se sabe. Toda su carrera podría depender de ese primer paso en el umbral de la puerta de un experto, en un área donde usted sabe poco, pero él o ella sabe mucho. Pídale ayuda a este potencial mentor, y pídale que le permita ser voluntario. Este enfoque no estructurado en la empresa, además del proceso de planificación oficial de metas anuales, puede ampliar en gran medida su formación y oportunidades.

Piense en el aprendizaje continuo en el trabajo como un MBA auto dirigido.

A menudo los estudiantes se quejan de que los cursos en la escuela no tienen importancia para sus futuras necesidades en el mundo real. Sin embargo, puede ver estas experiencias de desarrollo como voluntario por iniciativa propia como un programa de MBA de fabricación casera donde MBA, puede ser ahora "Mis Avances en Negocios" (en inglés, *"My Business Advancement"*). Esta es su oportunidad de moldear un conjunto de "clases" que son 100% aplicables a lo que hay que aprender. Cada detalle es importante. De hecho, esta iniciativa puede ser una manera de hacer más entretenida, una parte aburrida de su trabajo.

Cree su propio curso de MBA: Mis Avances en Negocios.

Fui mentor de un amigo que trabaja en Nueva Zelanda que no estaba seguro sobre su futura orientación. Él se debatía entre dejar el sector empresarial, ya sea trabajando para sí mismo o para una organización sin fines de lucro. Su trabajo, aunque interesante, se estaba convirtiendo en rutina y ya no era emocionante para él.

Le sugerí que empezara a pensar en las habilidades que tenía que aprender para lo que quisiera seguir después ¿Qué tipos de conocimientos tiene que dominar? ¿Lo que exige el próximo paso será puesto en él, ya sea trabajando para sí mismo, en una organización sin fines de lucro o una gran empresa? ¿En qué áreas de su desarrollo necesita la oportunidad de adquirir formación y experiencia?

Le sugerí que buscara dentro de su compañía, mentores dispuestos a ayudarle a conseguir la exposición a estas habilidades, y así empezar a construir su base de experiencia. Cada nueva habilidad puede ser considerada como otro curso, para su propio plan de estudios de MBA.

Él se entusiasmó inmediatamente. No había considerado este enfoque, y estaba ansioso por hacer su lista de necesidades de desarrollo, y luego buscar oportunidades en su entorno de trabajo actual. De repente, su trabajo adquirió un aire nuevo y fresco, rejuveneciendo cada día la oportunidad de ver y aprender más. Usted puede hacer esto también, disfrutar de cosas nuevas que aprender, mientras construye un currículo más sólido.

Puede hacer uso del proceso de la meta formal de la empresa para adquirir experiencia, ver la exposición y obtener las habilidades que necesita para el futuro progreso en el trabajo, o puede hacer uso de otras técnicas que la empresa inicie de manera informal. Además, puede hacer uso de las oportunidades que no tienen que ver con el trabajo. Por supuesto, este enfoque se aplica directamente a los que están actualmente lejos de un entorno corporativo, ya que no tienen acceso a las funciones de negocio ni a los departamentos.

Fuera de la compañía hay otras formas de aprender y crecer.

Piense en su vida personal fuera del ambiente de trabajo. ¿Pertenece a un club, un grupo religioso, un grupo comunitario, u otros grupos sociales? La mayoría de estas organizaciones se caracterizan por ofrecer grandes oportunidades de aprendizaje voluntario. Ellos necesitan ayuda desesperadamente, y están dispuestos a permitir que casi cualquier persona que quiera contribuir se involucre. Por otra parte, se aprende mientras se hace. Además, ¡el fracaso se tolera más fácilmente! No hay evaluaciones de desempeño formal que influyan en el salario anual. El grupo "no le mira los dientes a caballo regalado". Por supuesto, ellos quieren ser capaces de ayudar, pero en general son comprensivos con la curva de aprendizaje del voluntario. Es una buena manera de irrumpir en nuevas experiencias y habilidades.

Usando el mismo ejemplo del presupuesto de arriba, piense en sus asociaciones locales y los que tienen presupuestos para pronosticar y gestionar sus fondos. Alguien está haciendo probablemente que funcionen ahora y usted puede preguntar a esta persona si le permitiría su ayuda. ¿Permitirle ayudar? Esta persona probablemente ¡va a bailar de alegría por conseguir su ayuda!

Puede comenzar con este trabajo voluntario que le explica el proceso presupuestario. Entonces puede pedir ayudar en determinadas partes. Por último, podría ser un voluntario con tanta responsabilidad como pueda para esta tarea. Si es una corporación con miles de-millones de dólares o un grupo de una comunidad pequeña, los fundamentos de la contabilidad, la responsabilidad y la coordinación será común a cada uno. Ambas organiza-ciones comparten muchas de las mismas necesidades y técnicas. De hecho, a menudo un grupo local tiene una persona altamente calificada en contabilidad cumpliendo este rol como voluntaria de todos modos, por lo tanto ¡es como si tuviera su propio y gratuito tutor profesional!

Aprenderá nuevas habilidades, terminología y técnicas, así como descubrirá posibles problemas y cómo resolverlos. Con el tiempo, se dará cuenta que ya no es un novato en el presupuesto, o en otras habilidades como el liderazgo de grupo, o en la realización frías llamadas de ventas, o en la planificación de funciones de gran tamaño (gestión de proyectos) o en cualquiera de una serie de habilidades que se trasladan directamente a la vida corporativa. Su conjunto de habilidades aumentará en proporción directa a su creatividad y la voluntad de trabajar como voluntario. Después de esta exposición fuera del trabajo, puede sentir más confianza para explorar oportunidades similares en la empresa. En cualquier caso, su hoja de vida puede reflejar las experiencias y habilidades que no son parte de su trabajo, así como su historial relacionado con el trabajo, y esto puede aumentar sus probabilidades de pasar el proceso de selección cuando se está buscando postulantes para llenar una vacante.

Para aprender mejor, ¡hágalo!

El rol de los voluntarios, de realmente hacer las cosas, es la mejor manera para ganar y retener las habilidades necesarias para su futuro. Puede leer acerca de las tareas, hablar con otros sobre lo que hay que hacer o mirar a otros en el trabajo mostrando estas habilidades. Ninguno de estos métodos permanecerá en usted tanto como si se enrolla las mangas y los prueba usted mismo. Esa es la forma de aprender y recordar más rápido a largo plazo.

¿Por qué hacer algo más que leer sobre las nuevas técnicas, o simplemente ver a los expertos hacer su trabajo? Mi respuesta me recuerda una conversación que tuve durante mis primeros días en un trabajo real después de la universidad. Como ingeniero nuevo, tuve un ingeniero mentor senior en la empresa, llamado Paul Yoon. Paul era de Corea y compartió conmigo un dicho de su país de origen que tenía que ver con el aprendizaje. Dijo la expresión que más o menos traducida al español es "Aprender con facilidad, olvidar con facilidad. Aprender con esfuerzo, recordar siempre". O, simplemente, si las cosas son demasiado fáciles la primera vez que les hace frente, no permanecerán tanto con usted como esas experiencias donde tiene que trabajar esforzadamente para lograr el resultado. Aprendemos mucho de los esfuerzos memorables.

También recuerde del Capítulo 2, que trata de una comunicación efectiva, me refiero al libro de Trump Kiyosaki, el estudio del "Cone of Learning" ("Cono del Aprendizaje"). Aquí es donde se describe que aprendemos más y retenemos más las experiencias que se derivan de la participación activa (haciendo, simulando y participando en una actividad) más que de la participación pasiva (ver, escuchar o leer). Por lo tanto, si usted está tratando de desarrollar nuevas habilidades para su futuro es mejor complementar el aporte pasivo con activas oportunidades para aprender. Su esfuerzo voluntario por hacer las tareas le proporcionará una vía ideal para el desarrollo a largo plazo de las habilidades deseadas.

¿Tiene problemas para encontrar áreas donde pueda trabajar como voluntario?

Revise en Internet. Puede buscar organizaciones que necesiten ayuda de voluntarios en su área. Hable con sus directores. Encuentre las oportunidades que busca para ayudar a los demás y ayudarse a sí mismo. También hay libros sobre el tema de cómo perfeccionarse usted mismo. Por ejemplo, Michael M. Lombardo y Robert W. Eichinger han escrito "Eighty eight Assignments for Develoment in Place" ("Ochenta y ocho Misiones para el Perfeccionamiento en el Lugar"), proporcionando una amplia gama de ejemplos desde pequeños proyectos y nuevas empresas a actividades fuera del trabajo que pueden mejorar su experiencia profesional o personal.

Hablando de Internet, este tema relacionado con Internet me llamó la atención y espero que le sea útil también.

"En un discurso de graduación universitaria varios años atrás, Brian Dyson, CEO de Coca Cola Enterprises, habló de la relación de trabajo con los otros compromisos de uno:

Imagine la vida como un juego en el que usted hace malabarismos con cinco bolas en el aire. Los nombra - trabajo, familia, salud, amigos y espíritu - y que está sosteniendo todo esto en el aire. Pronto se dará cuenta que el trabajo es una pelota de goma. Si se le cae, la recuperará. Pero las otras cuatro bolas - familia, salud, amigos y espíritu - son de vidrio. Si se le cae una de éstas, será irrevocablemente dañada, marcada, o incluso rota. Nunca será lo mismo. Debe entender eso y esforzarse para mantener el equilibrio en su vida. ¿Cómo hacer esto?" Entre los múltiples consejos de Brian Dyson, incluyó éste que se refiere a nuestro tema: "No tenga miedo de aprender. El conocimiento no pesa, es un tesoro que siempre puede llevar fácilmente".

En otras palabras, lo qué aprendió hoy siempre lo puede utilizar. El proceso de aprendizaje no sólo le prepara para las habilidades específicas que se requieren para la promoción y crecimiento de la carrera, sino también le sirve en la vida en general. A veces nos sorprende la forma en que una habilidad o hecho originalmente aprendido para servirnos de una forma, es útil nuevamente para muchos otros fines. Disfrute el placer de aprender durante toda la vida, y deje que le ayude a sacar lo máximo de usted.

Algunos consejos básicos sobre aprendizaje continuo

Independientemente de dónde esté usted en su ciclo de vida, como graduado de la universidad iniciando una carrera, gerente de nivel medio que busca crecer en su empresa, una persona en casa pensando en volver a participar en el mundo comercial, o cualquier persona que simplemente disfruta del proceso de búsqueda de nuevos intereses y experiencias, el mensaje fundamental a lo largo de todo este capítulo es el de seguir aprendiendo. El aprendizaje enriquece su vida y amplía sus oportunidades.

Tengo la suerte de tener un buen amigo, John Guy LaPlante, el voluntario del Cuerpo de Paz más anciano del mundo en 2009 (80 años), autor de "Around the World at 75. Alone Dammit" ("La vuelta al mundo a los 75 años. Solo. ¡Maldita sea!") y otros libros de aventuras. Es un buen amigo, y su experiencia y sabiduría significan mucho para mí. A medida que escribía este libro, además de la ayuda editorial de John y la fuente de inspiración en tutoría, me ofreció aportes respecto a continuas sugerencias de aprendizaje para mis lectores. Sugirió, "puede que sea bueno recordarle a la gente que así como es esencial hoy en día saber cómo manejar, aprender a escribir con 10 dedos, cómo llegar a ser experto con varios programas básicos de computación, aprender fundamentos de contabilidad, leer un buen libro sobre protocolo moderno (incluyendo protocolos del teléfono y de correo electrónico), y asegurarse de leer 'How to Make Friends and Influence People' ("Cómo Hacer Amigos e Influir en Las Personas" por Dale Carnegie)". Él llegó a sugerir la lectura de otros libros de este tipo con el fin de seguir creciendo y aprendiendo. John es un modelo a seguir para tal comportamiento con sus viajes alrededor del mundo, el voluntariado del Cuerpo de Paz, y su actitud solidaria.

Donde quiera que esté en su vida, busque el conocimiento. Es divertido, es beneficioso, y es gratificante.

¡Dese usted mismo unas palmaditas en la espalda!

El hecho de que esté leyendo este libro confirma su propio interés en el aprendizaje continuo. Esta iniciativa de auto-ayuda refleja el deseo de crecer, mejorar habilidades, entender los nuevos conceptos y probar nuevos comportamientos que podrían mejorar la calidad de su vida y acelerar el éxito de su carrera. ¡Felicitaciones! Usted demuestra que tiene el material adecuado para el liderazgo y el aprendizaje permanente. ¡Siga así!

Habilidades desarrolladas con tiempo

No tiene que conquistar Roma en un día. ¡Recuerde cortar el salame! Comience con cualquier habilidad que necesite desarrollar. Elija una y trabaje en ella, dentro de la empresa, formal o informalmente, y fuera de la empresa con los grupos comunitarios locales. Y siga aprendiendo. ¡Debe ser un proceso continuo!

A medida que trabaja con otros en lo mismo, podrá ver la importancia de su papel dentro de un equipo, y la importancia del propio equipo. El trabajo en equipo a menudo se convierte en la ruta fundamental para el éxito global personal y de grupo. Vamos a estudiar más sobre eso en el próximo capítulo, "El Trabajo en Equipo".

Capítulo 8
Trabajo en Equipo

¿Por qué es importante el trabajo en equipo?

Debido a que su éxito depende de ello. A menos que trabaje en forma aislada, sin ningún tipo de dependencia de los demás, incluidos los clientes, obtendrá mayor éxito cuando se destaque creando y trabajando en equipos eficaces

En pequeña escala, usted y su departamento representan un equipo. La ampliación de esta visión, su disciplina técnica representa un equipo más grande, dentro de la estructura del equipo en general, su empresa. Además, aunque no se considera normalmente parte del equipo de la empresa, sus clientes son también una parte de su equipo. Los clientes pueden ser internos (dentro de la empresa) o externos (clientes que pagan las cuentas). Si ve a sus clientes como parte de su propio grupo, buscando formas de maximizar sus logros comunes, tiene más probabilidades de obtener éxitos a largo plazo. En casa, la familia es el equipo. El buen funcionamiento de este equipo puede ser el factor más importante para el éxito de la familia.

Veamos un poco más de cerca a los equipos, y cómo sacar el máximo partido de ellos, y por lo tanto obtener el máximo provecho de sus propios esfuerzos para la productividad, el éxito y la recompensa.

Probablemente lo ha escuchado….

"LA REUNIÓN DE LAS PARTES DEL CUERPO

Un día las diferentes partes del cuerpo, tuvieron una reunión para ver quién sería el jefe:
El cerebro dijo, "Yo pienso por todos, así que soy el más importante y debería ser el jefe".
Los ojos dijeron, "Yo veo todo y permito que el resto de ustedes sepa dónde estamos, entonces soy el más importante y debería ser el jefe".
Las manos dijeron, "Sin mí no serían capaces de recoger nada ni mover nada. Así que yo soy más importante y debería ser el jefe".
El estómago, dijo, "Yo transformo el alimento que comemos en energía para el resto de ustedes. Sin mí, se morirían de hambre. Así que yo soy el más importante y debería ser el jefe".
Las piernas, dijeron: "Sin mí no serían capaz de desplazarse a cualquier lugar. Soy lo más importante y debería ser el jefe".
A continuación, el recto, dijo, "Creo que yo debería ser el jefe".
Todas las otras partes, dijeron, "¿Tú? ¡No haces nada! No eres tan importante como nosotros, sin duda. ¡No puedes ser el jefe!"
Entonces el recto se cerró......
Después de unos días, las piernas estaban tambaleantes,
el estómago estaba todo revuelto,
las manos estaban temblorosas,
los ojos estaban llorosos,
y el cerebro estaba completamente trastornado.

Todos estuvieron de acuerdo que no podían soportar más y acordaron dejar al recto como el jefe.
¿La moraleja de esta historia?
¡No tiene que ser el más importante para ser el jefe....!"

Es posible que haya visto esta historia en Internet o la haya escuchado de un amigo, tal vez con un lenguaje más crudo. Esta historia también puede tener otras enseñanzas, como que sólo se necesita un descontento para arruinar un buen plan, o bien, alguien que pueda parecer tener un rol menor, pueda tener un papel más importante de lo que él o ella o cualquier otra persona pueda pensar.

La organización o empresa, es de hecho similar a un cuerpo humano. Funciona mejor en su conjunto, desde la cabeza hasta los pies, todas las partes (departamentos y personas) que contribuyen con sus habilidades propias, de conformidad con el plan maestro. Si una parte del todo está fuera de sincronización, o trabaja en contra, entonces es como un cáncer que puede crecer y destruir el conjunto. Como líder, o como miembro del equipo, todos ustedes tienen la responsabilidad de mejorar el trabajo en equipo. El incumplimiento del cuerpo, significa el fracaso de las partes. El cerebro o el recto son inútiles en un cuerpo muerto. Los empleados individualistas no prosperan en una empresa en crisis. Haga su parte para asegurar que el todo pueda sobrevivir.

Cuando usted es el líder de un grupo, en el trabajo o en casa, tiene que ser sensible a cada uno de los miembros del equipo. Escuche su aporte, obtenga sus puntos de vista, y respete las diferencias de cada persona. Algunos son tímidos y no comparten inmediatamente sus opiniones, algunos tratan de dominar las conversaciones y no ofrecen una oportunidad para que otros opinen. El papel de un líder es fomentar el debate constructivo (esto difiere de quejarse y reclamar, en que usted está buscando soluciones, no sólo ventilando los problemas). Como miembro del equipo, también tiene una responsabilidad con el proceso. Tenga cuidado de no monopolizar la conversación. Ser respetuoso con sus compañeros. Ayude a poner en escena a otros que son tranquilos, para fomentar su aporte también. Ayude al grupo a reorientarse, si es necesario, con preguntas ocasionales, tales como "¿Cuál es nuestro objetivo en este caso?" o "¿De qué otra manera podemos solucionar este problema?" o "¿Qué ideas locas podríamos explorar para ver las alternativas?" Todos los miembros de una sesión de intercambio de ideas tienen un papel, y cualquier miembro puede ser la persona que inicie la ruta de acceso a la mejor solución del grupo.

He tenido, más de una vez, funcionarios que yo sabía que eran inteligentes y tenían buenas ideas, pero su confianza en sí mismos, el comportamiento en grupos u otras dinámicas los mantenían en silencio durante las reuniones de resolución de problemas. Me gustaría hacer un alto para hablar con ellos (por lo general en privado) y hacerles saber que valoro sus aportes. De hecho, que necesitaba su opinión. Me gustaría explicarles que tan inteligentes como eran, si no me daban sus ideas, entonces tal vez tampoco podría tenerlos en la sala ni en mi equipo. Les estamos pagando para ser solucionadores de problemas, lo que significa que debe aportar a la dinámica de la discusión en grupo, resolución de problemas y de intercambio de ideas. En las posteriores reuniones de resolución de problemas en grupo, yo estaría atento a sus contribuciones, comentando positivamente cuando participaran. El papel del líder es obtener el máximo rendimiento del equipo. Conéctese a la dinámica del grupo.

No es suficiente para los más inteligentes volver a sus oficinas, en soledad, buscando una solución para consideración de su jefe. El intercambio de ideas dentro de un grupo puede generar mejores soluciones. Durante una sesión de trabajo, una idea, por ejemplo, del inteligente, puede no ser la solución definitiva, pero puede provocar otra idea en otro compañero de equipo, y a su vez generar un mejor camino para resolver el problema. El silencio ahoga las soluciones. La participación estimula el progreso.

Este asunto de encontrar mejores soluciones a través del trabajo en equipo me recuerda un ejercicio típico de formación de equipos que tal vez usted ha experimentado, tratando de tomar decisiones sobre el orden de prioridad para suministros de emergencia en la luna. El ejercicio de diez minutos lo hace por primera vez usted mismo, teniendo tan sólo cinco minutos, y luego con la ayuda de otros participantes tratando juntos de establecer las prioridades de la lista, teniendo sólo otros cinco minutos.

Acepte el reto de diez minutos de trabajo en equipo.

Si ha hecho este experimento, puede pasar a la sección siguiente. Sin embargo, si nunca se ha divertido con este ejercicio, le recomiendo que usted y unos pocos amigos (o por lo menos un amigo o miembro de la familia) tomen un lápiz y papel, sigan las siguientes instrucciones, saquen sus propias conclusiones, pero *no* revisen el enlace de Internet proporcionado a continuación para las respuestas correctas hasta que proceda.

Tómese diez minutos para descubrir algo acerca del trabajo en equipo

El desafío: Imagínese que usted está volviendo a la nave base en el lado iluminado de la luna después de realizar un viaje de exploración de 72 horas. Su pequeña nave espacial se estrelló al aterrizar cerca de 200 millas de la nave base. Tiene que llegar a la nave base. Además de su traje espacial, ha podido rescatar los elementos mencionados a continuación. Utilizando lo que sabe sobre la luna, ordene cada elemento de la lista a continuación, de acuerdo a lo importante que sería conseguir volver a la nave base.

Reorganice los puntos que siguen, incluyendo en su hoja lo que considera más importante en primer lugar (# 1) y lo menos importante al final (# 15). La lista impresa a continuación no está en el orden de prioridad correcta, de acuerdo con la NASA, y su trabajo consiste en volver a ordenar los elementos.

- 4 paquetes de alimento concentrado
- 20 metros de cuerda de nylon
- 1 unidad de calefacción portátil
- 1 brújula
- 1 caja de fósforos
- 1 botiquín de primeros auxilios
- 2 tanques de oxígeno de 50-kg
- 20 litros de agua
- 1 envase con leche en polvo
- 1 radio que funcione con energía solar

- 3 luces de bengalas
- 1 gran trozo de tela aislante
- 1 linterna
- 2 pistolas calibre 45, cargadas

Sin embargo, antes hacer el ejercicio, por favor, siga estos pasos:

1. Primero, busque unos pocos amigos o familiares (o por lo menos otro jugador) para hacer este ejercicio con usted (el ejercicio le tomará sólo diez minutos).

2. Entonces, haga este ejercicio por sí mismo, limitando su tiempo a cinco minutos. Sólo necesita papel y lápiz, una lista numerada del 1 al 15, y su imaginación.

3. Al mismo tiempo que está haciendo el ejercicio, haga que sus amigos y la familia (o el otro jugador) de forma independiente hagan la misma tarea dentro del mismo plazo de 5 minutos, guardando su clasificación para sí mismos.

4. Todavía no compruebe las respuestas correctas entregadas por la NASA en Internet.

5. Repita el ejercicio esta vez como grupo, con el mismo plazo de 5 minutos, y todas sus ideas deben ser libremente discutidas en voz alta, tratando de optimizar sus listas originales mediante la comparación de notas con todos los participantes, intercambiando ideas y perfeccionando las prioridades para crear una nueva lista del equipo, numerada del 1 al 15.

¡Deténgase!

No haga el paso 6, para comprobar las respuestas de Internet, hasta que el ejercicio del equipo se haya completado.

6. Ahora, cada uno debería comparar el ejercicio de ordenamiento por orden de importancia del #1 al #15, que hizo en forma independiente, con la lista oficial de la NASA y hacer lo mismo con la lista que desarrolló el equipo. Registre sus puntuaciones personales, las de cada participante y las del equipo.

Aquí hay un enlace de internet para las respuestas correctas:

Internet link: http://www.oneplusyou.com/bb/moon

Hay varios enlaces para este ejercicio, en caso de que desee utilizar otra fuente.

Normalmente hay varias lecciones aprendidas de este ejercicio, independientemente de cómo resulten las puntuaciones. Revise los resultados de su puntaje cuando cada uno de ustedes trabajó solo y el puntaje del equipo como resultado del esfuerzo de grupo. ¿Qué resultado dio un mejor puntaje? Normalmente, el resultado del grupo es superior a cualquiera de los resultados individuales en la solución del problema. ¿Por qué es esto?

El enfoque del equipo en la solución del problema beneficia desde diversas perspectivas. La interacción del grupo aporta diferentes habilidades y experiencias de vida a la mesa, a menudo con nueva información que su propia perspectiva individual limitada no puede generar.

Si usted (o cualquier miembro del equipo) obtuvo una puntuación más alta cuando trabajó solo, puede haber varias razones del por qué. Una podría ser que usted o el otro miembro del equipo no pudo influir en el grupo para llegar a un acuerdo con esta lista de prioridades individuales. ¿Qué dinámicas de grupo estuvieron en juego para que haya cambiado de opinión, desde su solución, a aceptar un diferente ordenamiento por grupo? O, ¿por qué no pudo hacer que el grupo viera la sabiduría del orden de sus prioridades?

La dinámica de resolución de problemas de un grupo se convierte en un foro para el ejercicio de habilidades de liderazgo y gestión, tales como control, efectivas habilidades para escuchar, negociación, pensamiento de grupo versus la fortaleza de las posiciones individuales, y muchos más. Como líder, es importante centrarse en este proceso de intercambio de información con el fin de maximizar su capacidad de crear la solución óptima al problema en cuestión. Del mismo modo, como se mencionó anteriormente, como miembro del grupo también comparte la responsabilidad de los resultados del grupo. Cada persona marca una diferencia.

Más que una simple resolución de problemas

El concepto de trabajo en equipo se aplica a algo más que la solución de problemas en grupo. La entidad corporativa funciona mejor cuando todas las partes trabajan bien, juntas, al igual que una familia. Este trabajo en equipo multifuncional significa que como miembro de la corporación, debe tratar de fortalecer esas relaciones para su propio éxito a largo plazo y el la de la empresa, y para el sostenimiento de muy fuertes valores y planes familiares cuando el contexto es el trabajo en equipo en casa.

Piense en alianzas, mentores, tutoría, y servicio. Busque las habilidades que necesita, o las habilidades que admira en los demás, y busque oportunidades de aprender. Vea cómo otros resuelven problemas, cómo de forma sucinta presentan un problema o una solución, o cómo prestan atención cuando alguien está hablando con ellos. Observe el lenguaje corporal, el lenguaje hablado y el lenguaje escrito. Usted tiene una enciclopedia de información en su lugar de trabajo y en su comunidad, que le puede proporcionar la capacitación continua que se abordó en el capítulo anterior.

Busque un mentor que le ayude con las áreas que pueden necesitar mejoramientos. Ofrézcase para ser un mentor para otros que podrían beneficiarse de sus propios éxitos y estilos. Los miembros del equipo deben estar siempre disponibles para ayudar cuando sea necesario, ofrecer retroalimentación constructiva y estar abiertos a la retroalimentación de los demás. A medida que los individuos se ayudan entre sí, el equipo mejora, y este ciclo de éxito vuelve de nuevo a los miembros individuales.

Como miembro del equipo, debe estar alerta a las oportunidades de ayudar a otros. Aunque el trabajo en equipo implica reciprocidad, cada uno ayudando al otro, convierta en su objetivo el ser orientado al servicio, trabajando para ayudar a los demás sean o no tan generosos con usted como usted es con ellos. Esto nos lleva a la regla del "Cuatro a Uno" a abordarse en el próximo capítulo.

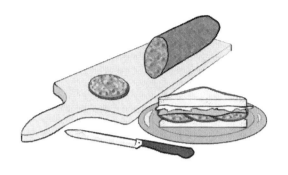

Capítulo 9
La Regla de Cuatro a Uno (4:1)

¡Ayuda!

Este capítulo trata sobre el servicio a los demás. Considérelo algo similar a la Regla de Oro, aunque ligeramente modificado:

Haz a los demás cuatro veces, lo que te gustaría que te hicieran a ti.

No es en realidad una regla, con normativa inflexible y una ficha para rastrear las actividades, sino es más que un concepto. Ayude a otros con más frecuencia de lo que ellos piden su ayuda. *Oriéntese al servicio.* Busque la forma de ser útil a los demás.

Un poco de historia primero

Hace años, cuando participé en una acción política en apoyo de las necesidades de nuestra empresa para obtener un control regulatorio favorable, me vi beneficiado por un sabio y experto en este campo. Su orientación fue la siguiente:

"Artie, en nuestro negocio de vez en cuando necesitaremos la ayuda de nuestros legisladores Locales, Estatales y Federales para considerar favorablemente cómo serán promulgadas ciertas leyes. Vamos a necesitar su ayuda y comprensión. Cuando llegue ese momento, queremos que estén bien informados y receptivos a nuestras necesidades. Por desgracia, ese no es el momento de sólo pedir ayuda. Primero tenemos que invertir en su educación, interés y buenos sentimientos acerca de nosotros. Antes de pedir su ayuda, usted debería haberles ayudado más de cuatro veces. Yo lo llamo la 'Regla 4:1'".

Muy bien. Bastante simple. Que la balanza de la ayuda se incline a favor de ser más generosos que necesitados. Dé ayuda con más frecuencia de lo que pida. Pero, ¿cómo ayudar a un político? ¿Cómo pueden las técnicas para ayudar a los políticos tener alguna relevancia para los que estamos relacionados en los negocios, que no trabajamos con los políticos, o para los que estamos en casa?

Educación y Exposición

Un político tiene un trabajo muy difícil. Hay cientos de temas a los que debe hacer frente, y la mayoría son bastante complejos. El primer paso para ayudarles es proporcionar una buena información sobre temas que son difíciles de entender. Envíe artículos de interés. Proporcione hojas informativas sobre temas complicados. De explicaciones en terreno sobre sus instalaciones y programas. Sea considerado con la necesidad de conocer de la otra persona y comparta abiertamente toda la información relevante. Por último, el político debe tener sus propios pensamientos y votar en conciencia, pero nuestro papel y objetivo era por lo menos, proporcionarles la ciencia y los hechos que teníamos a nuestra disposición para que su proceso de decisión fuera lo más equilibrado posible.

Del mismo modo, los políticos necesitan la exposición pública, para mantener alto el reconocimiento de su nombre con asuntos que inspiren el apoyo del público. Por lo tanto, buscaríamos la manera de conseguir que los políticos locales estén en las noticias, asistiendo a inauguraciones de proyectos y expansiones de trabajo, siendo los presentadores para un gran evento, y siendo vistos (por ejemplo, fotografiado por los reporteros) caminando por nuestras instalaciones hablando con un trabajador en terreno. Pensaríamos en maneras de ayudar a ganar visibilidad y el reconocimiento por las masas, y planificar eventos en consecuencia.

A estas alturas ya se debe estar preguntando, "¿Qué tiene que ver conmigo y con mi trabajo o con mi hogar todo este asunto político?" ¡Todo!

Esto se aplica a todas las situaciones de vida y trabajo

El concepto de ayudar a los demás antes de pedir ayuda es universal. Debe ser su regla de oro en el trabajo y fuera del trabajo también. Todos necesitamos ayuda de otros para tener éxito. En consecuencia, sabiendo que en algún momento podemos necesitar pedir algo (tiempo, apoyo, conocimiento, prioridad), es mucho mejor estar ya posicionados para que otras personas sientan un poco más de reciprocidad hacia usted. Si ya les ha ayudado más de cuatro veces, entonces cuando necesite su ayuda será más probable que se la proporcionen.

No necesita llevar la cuenta. Sólo sea orientado al servicio.

No necesita una tarjeta de puntuación. Necesita un estilo de vida de servicio. Incluso si usted nunca tuviera que pedir ayuda, se sentirá más enriquecido de haber dado, incluso si no ha recibido. Muy a menudo, no le cuesta nada que no sea parte de su tiempo o energía para compartir con los demás lo que podría ser muy valioso para ellos aunque relativamente simple para usted.

Dar es una inversión que da buenos dividendos en la amistad, la lealtad y el compromiso. Como líder, usted le dará la bienvenida a estos bonos y éstos le servirán a usted y a su carrera. Como ser humano, esta mentalidad de dar va a enriquecer su sentido de valor y servicio independientemente del contexto de los objetivos de la carrera.

Piense en 360 grados

La orientación al servicio, no se trata sólo de ayudar a los políticos o los clientes. Mejor dicho, tenga en cuenta todas sus relaciones interpersonales, como si todos ellas *fueran* clientes. Usted puede servir a todos: jefes, compañeros, subordinados y clientes. Mire en todas direcciones, 360 °, arriba y abajo, por dónde y cómo puede ayudar a los demás.

Estamos normalmente orientados a servir al supervisor. Mantenga al jefe feliz y todos estamos contentos. En consecuencia, es posible que no necesite mucho tiempo para hacer frente a este concepto. En pocas palabras, busque la manera de hacer más fácil el trabajo de su jefe. ¿Cómo puede aliviar la carga? Por supuesto, hacer bien su trabajo, cumplir los objetivos, resolver problemas. Sin embargo, también puede tomar la iniciativa para ver donde puede recoger algo de la carga del jefe. ¿Hay tareas que pueda aprender y luego hacer para el jefe? Esta es una gran manera para la planificación de la sucesión y el aprendizaje continuo (como se explica en el capítulo anterior), y al mismo tiempo le da un alivio al jefe. Hacer fácil la vida del jefe, puede hacer su propia vida más fácil también.

Para sus compañeros, se aplica la misma norma. ¿Cómo se puede fomentar el apoyo entre funciones? ¿Qué puede hacer su departamento para ayudar a otro? ¿Cuáles son sus necesidades, y qué recursos puede entregarles para aliviarles? Piense *apoyo*, y abra su imaginación. En casa, piense en cada miembro de la familia como un compañero, con necesidades y aspiraciones. Considere lo que usted puede hacer para aliviar su carga. Esto se extiende también a los vecinos y amigos.

Sorprendentemente, el papel de servicio también puede aplicarse a cómo trabajar con sus propios subordinados. Esto puede ser una sorpresa para algunos. De hecho, la mayoría de las personas se imagina que es el papel de los subordinados servir al jefe, no al revés. Permítanme compartir con ustedes una breve historia que uno de mis subordinados me contó, y que desde entonces me dio una visión clara y un enfoque significativo para la supervisión.

El entrenador de atletismo

Un día estaba hablando con uno de los miembros de mi personal, Tom, sobre liderazgo y supervisión. Llegamos al tema de los roles. Tom entonces me contó una historia (que él había oído de un antiguo jefe) que describe lo que debe ser una de las principales funciones de un supervisor.

Él usó la analogía de un entrenador de atletismo, responsable del éxito de los corredores de carreras con vallas. El éxito se mide por el corredor que llega a la meta antes que todos los demás competidores. La similitud no es muy diferente en el mundo empresarial, donde el éxito se mide por la empresa que capta la mayor cuota del mercado, para ser la primera y más rápida, o el departamento que puede alcanzar sus metas más rápida y consistentemente.

El entrenador quiere un equipo ganador. Los corredores quieren ser ganadores. Ellos tienen objetivos comunes, al igual que los jefes de departamento y los miembros del equipo en la organización (¡por lo menos deberían tener objetivos comunes!). Las funciones típicas del entrenador (o jefe) incluyen habilidades para enseñar, el estableci-miento de objetivos, y proporcionar supervisión y control. Sin embargo, en esta historia, el entrenador hace más por los corredores del equipo de lo que se permitiría en el mundo real, pero la historia sirve bien.

Lo que este entrenador hace es correr a la cabeza de los velocistas del equipo durante la carrera, y derriba cada obstáculo antes que llegue cada uno de los corredores, mientras que los competidores se enfrentan a saltar obstáculos hasta llegar a la meta. Como resultado, los corredores de este equipo no tienen que perder tiempo y energía saltando por encima de cada obstáculo, y en su lugar puede hacer una carrera rápida hasta la meta. ¿A qué corredor no le gustaría esto? Ellos siempre llegarían a la meta antes que la competencia.

¿Qué está haciendo para derribar las barreras?

Por supuesto, esto nunca sucedería en una carrera real. Pero la imagen es clara: Un rol clave de un buen jefe es utilizar la influencia del poder y la autoridad para derribar las barreras, para el éxito del departamento. Esto puede ser modificando, racionalizando o creando mejores normas y procedimientos de la empresa, o preparándose para un proyecto clave con otros compañeros o superiores responsables, o agilizando la aprobación de los fondos necesarios. Los empleados todavía tienen la responsabilidad de hacer su trabajo, pero si el jefe puede ayudar a hacer la vida más fácil, los empleados pueden ser más eficaces, productivos y exitosos. Los empleados, el jefe y la compañía ganan!

He guardado esta imagen en mente desde aquella conversación, y de manera rutinaria busco maneras de mantenerme al frente de los miembros de mi equipo, para derribar los obstáculos que puedan encontrar en su camino. Como jefes, podemos ayudar a nuestros subordinados, entregándoles habilidades, entrenamiento para su éxito personal, trabajando con sus planes de carrera, tutoría, dándoles retroalimentación constructiva, y también haciendo la difícil tarea de deshacerse de inútiles políticas corporativas y cosas similares que innecesariamente obstaculizan el trabajo en lugar de mejorarlo

Para todos los clientes, deberíamos buscar iguales maneras de servirles. Aparte de los aspectos básicos de proporcionar el producto o de la prestación de servicio de la más alta calidad posible con el menor costo posible, hay muchos asuntos menos trascendentes que pueden servir a la regla 4:1 también. Sea generoso con la comunicación, manteniendo a los clientes al tanto de las tendencias de la industria y la tecnología que puedan ayudarles en su propio negocio. Comparta consejos de programas de seguridad y ambientales. Cada empresa tiene que hacer frente a esta importante cuestión, y si podemos ayudar a nuestros clientes a tener más éxito, ellos apreciarán esta ayuda. Una vez que comience con una *orientación al servicio*, descubrirá que hay muchas dimensiones de su capacidad para ayudar a los demás.

Difunda la luz del sol

A veces *la ayuda* es sólo hacer más brillante el día de la otra persona. Cortesías sencillas, como recordar un cumpleaños o un aniversario, o preguntar sobre el progreso de un niño con un proyecto o pasatiempo, abrirán líneas de comunicación y sentimientos de apoyo. La mejor manera de entregar esta ayuda es cara a cara. Ser visible, ser visto y ver a otros, es el tema para el próximo capítulo.

Capítulo 10
Visibilidad

¡Es más que administrar caminando alrededor!
(Management by Walking Around - MBWA)!

Probablemente ha escuchado la pregunta filosófica: *"Si un árbol cae en el bosque y no hay nadie cerca para oírlo, ¿hace ruido?"*

Tal vez una expresión equivalente en el trabajo, podría ser algo como: *"Si los gerentes no son visibles para sus equipos o clientes, ¿marcan estos líderes una diferencia?"*

Esto no quiere decir que no se puede tener éxito si se trabaja en segundo plano, sino que su visibilidad puede ser la forma más eficaz de hacer realidad el cambio. Una parte importante de hacer un buen trabajo es conectarse con su gente. Tiene que salir de detrás del escritorio y encontrarse cara a cara con su personal y sus clientes.

Hay muchas buenas razones para esta interacción personal, a las cuales me referiré en este capítulo, pero es algo más que caminar alrededor lo que produce resultados. En este capítulo, aprenderá qué buscar, cómo reaccionar y cómo planificar sus encuentros para obtener mayor retorno de su inversión de tiempo mientras usted está ahí afuera, lejos de su escritorio.

Marcando la diferencia

Una gran satisfacción en mi carrera fue la oportunidad de marcar una diferencia. Muchos de mis trabajos fueron aceptar tareas difíciles, donde era necesario un cambio de cultura, con la corrección rápida de programas de seguridad defectuosos, mal historial ambiental, inaceptable desempeño financiero y falta de moral del equipo. Mi trabajo consistía en arreglar los problemas rápidamente. Cuando se trabaja duro para marcar una diferencia, y ver los frutos de sus esfuerzos, hay una maravillosa sensación de logro. En mi caso, es agradable a pensar de nuevo acerca de logros como los siguientes:

- Manejar una planta que tenía uno de los peores historiales de seguridad en la empresa, y luego reducir las lesiones a una cuarta parte del récord del desempeño anterior. La creación de un drástico cambio de la cultura también redujo los incidentes ambientales a la mitad y redujo las emisiones ambientales de SARA (Normas Federales del Gobierno de EE.UU.) en un 25% con respecto a años anteriores.

- Transformar un negocio no rentable, que tenía siete años anteriores consecutivos de pérdidas, en una unidad rentable, con un incremento de los ingresos del 40% año tras año. El establecimiento de un "cambio drástico" en el desempeño de seguridad para operaciones en América del Norte, significando que hubo un cambio "estadísticamente significativo" en el rendimiento promedio, no sólo suerte o evolución a corto plazo. Los resultados reales demostraron una reducción de casi diez veces en lesiones, lo que en última instancia, nos permitió recibir el más alto honor, entregado anualmente por nuestra corporación por excelencia ambiental; dos años consecutivos a una sola planta en las operaciones de nuestra empresa alrededor del mundo.

• Recibir el premio más alto de la corporación al Programa de Mejoramiento de Beneficios por dos años consecutivos, a pesar de pasar de una planta a otra (después de ganar el premio mundial en un lugar, me asignaron a otra planta y dentro de un año, esa planta fue líder de la empresa).

• En un lugar con un Sindicato de 2.400 personas donde comencé mi carrera, el desarrollo de un nuevo programa de mantenimiento preventivo redujo las fallas de motores a la mitad, y un programa de mejoramiento de fiabilidad de capital de 5 años, aumentó el tiempo de funcionamiento de las unidades de procedimiento.

Por supuesto, hay muchos factores que contribuyen a las estadísticas de éxito, pero fue un elemento que siempre me dio resultados favorables, el cara a cara en la entrega de mi visión, compromiso y pasión por la excelencia. Esto no ocurre a través del boletín de anuncios del jefe de departamento, gerente de planta o vicepresidente. Esto viene del jefe de departamento, gerente de planta o vicepresidente senior hablando con la gente, escuchando sus preocupaciones y aspiraciones, y luego actuando. Y después, el progreso sigue, volviendo a ver a estas personas una y otra vez.

Evalúe, establezca su visión, y tenga un mensaje claro

A menudo, al entrar en un nuevo trabajo, hay varias actividades que he encontrado que funcionan para mí. En primer lugar, tengo que caminar y tener una idea de la gente, el lugar y los temas. Mucho de esto es retrógrado.

129

Lo que quiero decir es que no existe un proceso formal que no sea mantener los ojos abiertos, y ser sensible a lo que se ve, lo que se oye y lo que se aprende. Cuando lo hace caminando alrededor, con los sentidos alerta para contribuir, las cosas comenzarán a saltar a la vista. Se dará cuenta del servicio de limpieza, condiciones de la instalación, el orden (o la falta de él), y apariencias en general. Notará actitudes, lenguaje corporal y comentarios. Se dará cuenta de la coherencia o incoherencia en la manera de hacer las cosas. Debe medir internamente todas estas observaciones en contra de alguna expectativa o norma que usted mantenga. ¿Cómo funciona este sitio comparado con lo mejor que ha visto? ¿Cómo reaccionan estas personas al verle y poder hablar con usted (cómodos, temerosos, francos o reservados)?

¿Qué le muestran los datos? Obviamente, la evaluación de su departamento, los negocios y su personal no es solamente una cosa subjetiva, desarrollando un plan maestro en forma visceral, sino más bien una mezcla de flexibilidad y firmeza. ¿Qué dicen los datos de la planta o los negocios? ¿Cuál ha sido la trayectoria? ¿Cuáles son los puntos débiles que deben ser apuntalados o drásticamente mejorados? La combinación de observaciones en terreno, discusiones personales, la revisión de los datos históricos y de los retos de futuro le permitirá iniciar un plan maestro para basarse en los puntos fuertes del grupo y arreglar lo que está mal. En última instancia, la gente va a resolver los problemas. Usted debe conectarse con ellos, y eso es mejor hecho con visibilidad y un mensaje claro.

En un entorno de producción, he descubierto un mensaje básico que funciona mejor desde tres perspectivas. Me concentro en la Seguridad (seguridad personal y seguridad ambiental para la comunidad), Control de Costos (mejora de los beneficios, disciplina con el gasto, mesura) y Control de Calidad (calidad de los productos, así como la calidad de las interacciones personales con los clientes tanto internos como externos).

Mis discursos a los grupos a menudo comienzan con un gráfico o diagrama de un triángulo en la pizarra, donde cada ángulo tiene una de estas tres prioridades fundamentales: seguridad, calidad y costo. En el centro del triángulo hay un corazón, que simboliza la gente que compone el grupo de negocios. Ellos son el núcleo de nuestra empresa, y los solucionadores de problemas para nuestro futuro. El mensaje es breve, del mismo modo que una conversación típica en un ascensor (un breve comentario que se puede completar en unos segundos mientras el ascensor pasa a través de las plantas hasta su destino). Sea claro, sea conciso, sea coherente.

Comunique su visión con un mensaje claro y conciso.

Un simple diagrama y una concisa declaración del propósito, ayudará a otros a captar su visión y a comprender el plan de acción necesario. A pesar de que un mensaje complejo es difícil de entender, un logotipo llamativo o símbolo que represente un mensaje central es fácil de recordar, seguir y perseguir. Redúzcalo, formule su concepto y entréguelo consecuentemente cara a cara siempre que sea posible.

Conozca a su gente

En mi paso por la organización, reiteré este mensaje día por día y persona por persona. La primera vez que estuve a cargo de una planta de fabricación, siempre tenía a alguien que me preparara una lista de nombres. Quería saber quién estaba en cada turno, que se encontraba en cada departamento, y cuando estos empleados estarían disponibles para verles. Además de aprender sobre mi nuevo trabajo, hice una prioridad el caminar todos los días por la planta y conocer a cada persona, sacándola de la lista a medida que recorría el lugar.

En el uso típico de 80/20, a los pocos días había visto la mayor parte del personal del turno de día en cada departamento. Pero para ver el 100% dentro de la organización, fue necesario prolongar el día a los turnos de tarde y de noche, así como llegar temprano a la planta, deteniéndome en las salas de control, talleres y otros lugares de trabajo. Aún si se trataba de una pequeña planta de 100 personas, o más adelante en mi carrera con grandes plantas de casi 800 trabajadores, mi primera prioridad era conocer a cada persona individualmente, no sólo en una reunión de un grupo grande. Aprendí más con estos recorridos, de lo que podría haber logrado en años estudiando informes.

Era común escuchar comentarios de los trabajadores, tales como "Esta es la primera vez que un gerente de planta viene a mi área y habla conmigo", o "¡No he visto a los anteriores gerentes de la planta en años!" Con esta visibilidad y conexión cara a cara, hay un único nivel de conciencia para mí y para ellos. Yo aprendo y ellos aprenden. Estas contribuciones afinan y calibran todos los demás datos que tengo del personal, de los informes y de los clientes. En consecuencia, es posible una mejor toma de decisiones, que conduce a mejores y más rápidos resultados.

Por su parte, los empleados escuchan el mensaje de la gerencia de la propia fuente, y comprenden mi pasión por mis creencias y los sistemas de valores tales como seguridad, costo y calidad. Mi mensaje obtiene vida, en lugar de ser un lema más suavizado y filtrado desde la oficina central.

¿Clima o realidad?

Muchas veces he dicho a otros que querían aprender sobre cómo administrar mejor, que es fundamental conversar cara a cara regularmente con su gente. Si sólo los ve en el lugar de trabajo de vez en cuando, puede contar con uno de los siguientes dos tipos de conversaciones. Uno poco profundo, sobre el clima, deportes u otros temas que no son importantes. Si la gente realmente no se siente cómoda con usted, entonces, los debates son superficiales, similares a una pequeña charla en una fiesta donde no conoce otras personas y todos están actuando.

El segundo tipo de conversación que también podría esperar, si rara vez es accesible a la gente, y si uno de los empleados tiene una queja, es una explosión de emoción con todos los problemas que la persona tiene acumulada en su interior. Esta puede ser su única oportunidad para descargarse sobre usted, así que usted pueda escuchar y resolver el problema de esta persona. Por consiguiente, él o ella se toma esta excepcional oportunidad (y le toma) para todo lo que sea posible obtener durante este momento fugaz. Ni la conversación insignificante ni la explosión son productivas

Sin embargo, las visitas regulares, consistentes y frecuentes a la organización van a hacer que los empleados se sientan más en casa y cómodos con usted como persona. A medida que aprende sobre sus familias, aficiones, intereses y preocupaciones, sus conversaciones con ellos sobre el trabajo y la vida tendrán más significado. Usted logra su respeto como persona, como también aprende a respetar a cada uno de ellos como persona. Los comentarios, opiniones y perspectivas tienen más contexto y valor y por ello pueden tenerse en cuenta en su plan maestro general para el mejoramiento continuo.

Una palabra de precaución aquí: siempre mantenga la estructura normal de la cadena de mando y los canales de resolución problemas de rutina como el principal método para la resolución de problemas. De lo contrario, se convertirá en la persona que resuelve todos los problemas que se presentan todos los días en sus paseos. Está bien saber los detalles, y llevarlos para la atención de la organización. Sin embargo, sólo porque la gente le cuente algo, esto no debería distorsionar el sistema general de identificación de prioridades, o ruptura de la autoridad del supervisor inmediato que normalmente debe abordar estos asuntos.

De hecho, una buena pregunta para hacer al empleado es "¿Ha hablado ya con su supervisor acerca de este problema?" Si es así, puede descubrir problemas en el proceso de la organización para la resolución de problemas. Si el empleado todavía no ha hablado con su supervisor acerca de esta preocupación, ni utilizado el proceso rutinario de la compañía para iniciar peticiones, ésta puede ser su oportunidad para reforzar la forma normal de resolver las cosas. Asegúrese de alertar al supervisor, para permitir que se genere una respuesta más productiva cuando el trabajador le exponga este asunto.

Hágalo una rutina y su prioridad personal

Es fácil quedar atrapado en la oficina. Con el propósito de estar en terreno, debe encontrar el tiempo que funcione para usted. A menudo haría mi ronda a primera hora de la mañana, para alcanzar el turno de noche antes de que salgan del trabajo, antes de que yo sea absorbido en las tareas del día. O bien haría los paseos después del almuerzo, antes de quedar atado por la tarde. Otras veces me gustaría hacer las rondas al final del día, para ver el turno de la noche, que acaba de llegar, y recapitular mi día con una conversación productiva a lo largo del camino.

Cambie sus patrones también. No camine por la misma ruta ni a la misma hora, y siempre en la misma dirección. Vea las cosas desde diferentes perspectivas, asegurándose de que llegue a los lugares remotos que se suelen olvidar. Siéntese y converse un rato, más que sólo ir al lugar y marcharse rápidamente. Si quiere un debate significativo, necesita quedarse un rato. Aunque esto parezca una gran inversión de su limitado tiempo, puede ser la mejor inversión.

Lo que se aprende en estas visitas puede ahorrarle horas o días o menos tiempo productivo empleado en la oficina o durante las reuniones. Usted será más eficaz en la solución de problemas con el personal y los profesionales sobre la base de sus ideas y experiencias personales. Lo más importante es que podrá ver que tan rápido puede hacer una diferencia para que suceda el cambio.

Atrápelos en el acto – de hacer las cosas correctamente

Mientras esté caminando, hágalo con un propósito. Aparte de la espontaneidad de discutir temas que surgen durante las interacciones personales, tenga un plan en mente para cada caminata. Puede que sea un tema en particular, como los resultados del mes pasado y en lo que todos debemos concentrarnos el mes que viene. O el tema podría ser un área particular de conciencia en seguridad que necesite ser reforzada. Maneje el tema en función de sus necesidades de mejoramiento de toda la planta o de los diferentes negocios.

En caso de necesitar una modificación de conducta, para mejorar el rendimiento, trate de atrapar a su gente en el acto de efectuar los comportamientos correctos. Como se dijo en el capítulo 6, de esto se trata la modificación de conducta: las conductas que se refuerzan positivamente se acercan al objetivo correcto. Dé forma al comportamiento con sus comentarios a los empleados. Busque pequeños mejoramientos en la dirección correcta, hábleles y compruebe estos comportamientos de nuevo en la futura caminata. Con tiempo el progreso constante se multiplica, el ímpetu y la inercia favorable llevan a la organización hacia el éxito. Esto sólo es posible en el campo donde los comportamientos se están llevando a cabo. Usted debe estar presente para ganar. Usted debe estar visible para lograrlo.

Una sorpresa también es buena de vez en cuando

La visibilidad viene en muchas formas. Aparte de ser visto habitualmente en torno a su lugar de trabajo, la visibilidad puede ser también una acción inesperada que usted toma.

Recuerdo que una vez tuvimos un cliente nuevo e importante visitando nuestra planta. Sabíamos que esto iba a ser una visita importante, y pensé en lo que podríamos hacer para dar una primera impresión positiva. Para hacer la historia corta, decidimos que nuestra escuela primaria local (donde éramos patrocinadores voluntarios del programa Adopta una Escuela) nos ayudara a ganar el corazón y la mente de nuestro potencial cliente.

Cuando el cliente llegó a la planta, la banda de la escuela le dio una bienvenida desde los escalones de la entrada del edificio de administración. Puede imaginar la sorpresa y sentido de importancia experimentada por dicho cliente. Probablemente sentía lo mismo que un presidente cuando le dan la bienvenida en el extranjero y la banda toca el himno nacional. El rostro del cliente irradiaba alegría. El departamento de ventas obtuvo el pedido y nosotros obtuvimos un nuevo cliente.

Por supuesto, el éxito no fue sólo por la banda musical. Teníamos que tener bajo costo, seguridad, calidad de los productos, pero el espíritu y la visibilidad que le mostramos, le produjo una impresión favorable. Podía sentir nuestro interés en él y era sincero. Esto es lo mismo que caminar, con sinceridad, interés y pasión por los temas tratados. Eso sí marca una diferencia. Usted puede marcar una diferencia.

Lo que funciona para un complejo industrial también funciona para una empresa

La visibilidad cuenta en el éxito del grupo de negocios también. Recuerdo cuando me hice cargo de un fracasado grupo de negocios y tuve que hacer rápidos cambios para sobrevivir. Muchos de los clientes desde hacía mucho tiempo se habían dado por vencidos por nuestra capacidad para producir un producto de calidad que satisficiera sus necesidades, y fueron cambiando gradualmente sus negocios hacia nuestros competidores. A menos que rápidamente recuperaran su fe en nosotros, nuestras operaciones en América del Norte, Europa y Asia pasarían a manos de la competencia. ¿Cómo recuperar la fe? ¡Cara a cara!

Al mismo tiempo que trabajaba los temas internos, visitando nuestras plantas alrededor del mundo y reuniéndome con los jefes de departamento para conocer los problemas y soluciones, también comencé a visitar a todos los clientes clave. Mi objetivo era doble: (1) escuchar, e (2) infundir confianza en nuestro futuro.

El cara a cara de investigación funciona igual en los negocios como en el sector industrial. ¡Tiene que estar visible y abierto a escuchar los aportes de quienes le rodean! No hay mejor manera de aprender lo que el cliente necesita que preguntarles a ellos. Al hacer el recorrido a los clientes, junto con mis expertos en ventas y técnicos, tuve la oportunidad de escuchar las preocupaciones por mí mismo, mientras mi personal clave lo escuchaba al mismo tiempo. Más tarde, mi personal y yo podíamos comparar notas para construir nuestra estrategia para la acción correctiva. A veces, sólo dejar que los clientes se desahoguen, para compartir sus frustraciones, es el primer paso para abrir la puerta a mejores relaciones.

La segunda parte de la interacción cara a cara era ofrecer mi visión de primera fuente. Cada cliente era capaz de ver donde pretendíamos llegar. Tuve la oportunidad de explicar nuestra nueva dirección que se centró en la capacidad de respuesta, desarrollo de productos, reducción de costos, mejoramiento de la calidad y servicio. Una vez más, un mensaje claro, concisamente enfocado permitió a los clientes ver cómo mejorarían nuestros servicios para ellos.

Una tentativa no es suficiente. Al igual que en el entorno de producción, donde el contacto repetido y el seguimiento son necesarios, también se requiere esta receta para las relaciones con los clientes. Tuvimos que entregar. Y lo hicimos.

Trabajando los asuntos internos y haciendo frecuentes visitas de seguimiento a los clientes, reforzamos constantemente su sentido de confianza en nuestra capacidad para satisfacer sus necesidades. Ellos sabían que estaban siendo escuchados, y vieron los cambios. Fuimos capaces de asegurar una continuación del contrato; luego, nuevos contratos, y, eventualmente, un negocio totalmente nuevo. Nuestra reputación creció, recuperamos la cuota de mercado, y dentro de un año transformamos un grupo de negocios no rentables en un centro de ganancias con crecimiento y un nuevo futuro. Estoy convencido de que esta visibilidad con cada uno de los clientes fue un elemento importante para nuestro éxito.

Por supuesto, la visibilidad en casa también funciona

Al igual que en la planta, o en los negocios, la visibilidad de su liderazgo en el hogar con sus hijos también cuenta. ¿Está pasando tiempo cara a cara con ellos, mientras disfrutan de sus aficiones, o en la lucha con sus tareas? ¿Deja tiempo para escuchar sus preocupaciones y ofrecer orientación sobre cómo los problemas se pueden resolver de forma constructiva? Es su visión de la familia, misión y plan bien entendido respecto a los valores, las prioridades y la realidad de recursos limitados? ¿La familia entiende sus expectativas y los beneficios de su reforzamiento positivo mientras ve a cada miembro entregando su cuota de contribución a este plan maestro? ¿Está formando comportamientos mientras pasea alrededor de la casa? Su visibilidad instructiva puede hacer realidad el cambio en la casa, así como en la planta, oficina o sede.

La visibilidad del liderazgo también cuenta

Esté muy dispuesto a aceptar los papeles de liderazgo. Es una manera inteligente de marcar una diferencia con temas sobre los cuales usted siente fuertemente. Aproveche su liderazgo, tire de la cuerda (tirar del equipo hacia adelante). Su liderazgo le permite resultados más rápidos que "empujar una cuerda". Cuanto más se oculta dentro de una estructura organizativa más difícil es influir en la dirección general de la organización. Dando un paso al frente, haciéndose cargo de los problemas y situaciones, usted tiene la fuerza para hacer realidad el cambio. Arrastre un grupo con la fuerza de su propósito y dirección. Tome las riendas. Logre su contribución, muestre su visión, y dirija.

Al igual que el árbol en el bosque, para que el sonido se escuche sin duda, alguien debe estar allí. En un ambiente de trabajo, para hacer realidad el cambio, debe ser visto por su equipo, por sus pares, por sus clientes y supervisores. Cuánto más visible sea para sus clientes externos, más seguros estarán de que usted y su compañía representan para su propio éxito.

Su capacidad para salir y ser visto hará toda la diferencia en la velocidad de la implementación del cambio en el trabajo y en casa. A veces, su visibilidad en el umbral de la oficina de su supervisor o con otras personas de autoridad hará una gran diferencia, así que no tenga miedo de ser visto en estos entornos así. El jefe no lo va a morder. Este es el tema de debate en el próximo capítulo, "Cruce el Umbral".

Capítulo 11
Cruce el Umbral

El jefe no muerde

Como dijo George Addair: *"Todo lo que deseas está al otro lado del miedo".*

En otras palabras, hay que cruzar una y otra vez esa barrera del miedo para lograr los sueños de su vida. A usted le gustaría ir a una cita con lo que parece ser su primer amor, pero teme el rechazo. Desea avanzar en su educación, pero teme salir de casa para asistir a una lejana universidad. Quiere cambiar de trabajo, pero se preocupa por la incertidumbre. Las aspiraciones se pueden lograr, pero ese paso de hacer frente al miedo y cruzar al otro lado separará los que tienen éxito de aquellos que sólo sueñan.

Para muchos empleados, cruzar el umbral de la oficina de su jefe eleva el nivel de ansiedad, por lo que evitan esta figura de autoridad tan a menudo como sea posible. Algunas personas evitan al jefe a toda costa. ¿Por qué arriesgarse innecesariamente?

Pero la verdad es que es importante mantener una estrecha relación con su jefe con el fin de comprender mejor la visión, necesidades y expectativas del supervisor. Idealmente, cuando pueda prever las necesidades de su supervisor y tomar la iniciativa, entonces estará en el camino correcto para ser percibido como un colaborador clave. Consideremos la cuestión de la ubicación geográfica de la oficina, el grado en que usted anime a su equipo para acceder a usted, así como la importancia de estar cerca de su propio jefe.

Ubicación geográfica, cerca, lejos y cerca

A principios de su carrera, es probable que usted esté cerca de su jefe, con oficinas en el mismo edificio. Más adelante en su carrera, el jefe puede estar ubicado en la oficina principal o en la sede de la empresa, lejos de su propio departamento. Más adelante en su carrera, usted también puede estar en la sede corporativa, para que la persona más importante o su jefe estén cerca, una vez más. Dada la opción, trate de localizarse lo más cerca posible de su supervisor. Idealmente, su jefe estará en la oficina contigua por el pasillo. Esto le permite acceder fácilmente a formar parte de las conversaciones informales de pasillo, viviendo el momento del intercambio de ideas y similares oportunidades de exposición fortuitas que generan cercanía y sinergia de pensamiento y acción.

De la misma manera, su propio equipo puede estar cerca o lejos. Usted necesita estar cerca de su equipo por las mismas razones: quiere tener acceso al pulso de lo que está pasando en su grupo, desea conocer los problemas que están surgiendo, y desea ser accesible a su equipo de manera que usted y ellos puedan fácilmente darle vueltas a las ideas a medida que los problemas o las oportunidades surgen.

Si duda entre la posibilidad de ubicarse al lado de su jefe, o al lado de su personal, la respuesta es que "Depende". Depende de muchos factores, incluyendo el estado de su personal con relación a su visión, valores y planes. Si los miembros de su personal son nuevos para usted, y siente que habrá mucho trabajo para conseguir que hagan y vean las cosas en su conjunto de prioridades y estrategias, entonces, permanezca cerca de ellos. Puede encontrar otras maneras de estar cerca de su jefe.

Sin embargo, si el personal parece estar funcionando bien como grupo, con valores comunes, coherente con su propio enfoque para el futuro, entonces hay menos necesidad de que esté rutinariamente allí para vigilar e influir en la toma diaria de decisiones. Puede ubicarse más cerca del supervisor (para acercarse a los valores y planes de este nivel) y estar en contacto con su propio personal, según sea necesario.

Caja de resonancia

Hay un beneficio para el supervisor y el subordinado que tienen una relación abierta, donde cada uno puede usar al otro como una caja de resonancia. No va en una sola dirección.

Como está considerando tomar medidas para hacer cambios, es muy útil saber que sus planes no serán bloqueados desde arriba. Con la proximidad a su jefe, y una relación casual abierta de comunicaciones libres, podrá obtener las primeras señales. Si su plan pudiera, potencialmente, ser dejado de lado debido a los obstáculos de los cuáles se entere por las conversaciones con el jefe, entonces puede ajustar su estrategia como corresponde. Tantee el terreno primero para conseguir retroalimentación y dirección. No tenga miedo de cruzar ese umbral. Benefíciese de los aportes del supervisor. Vimos el valor de este enfoque progresivo en el Capítulo 1, "Corte el Salame".

Cruce el umbral. Todo lo que desee puede estar allí.

Del mismo modo, cuando se tienen planes que pueden afectar a la organización por debajo de usted, utilice uno o varios de los miembros de confianza de su equipo para ayudarle a generar ideas y reacciones de cómo desarrollar sus planes. Con el tiempo, aprenderá a buscar, encontrar y confiar en la retroalimentación honesta y franca de los miembros del personal clave. Usted descubrirá cuáles tienen el coraje de decirle si piensan que su idea apesta, o si simplemente tiene algunos defectos que es preciso abordar antes de la aplicación. Llegue a estos individuos. Ellos son sus verdaderos amigos y ayudantes. Los que siempre le dicen que sus ideas son perfectas serán los que le meten en problemas. Además, tenga cuidado de cuál es su reacción a los comentarios de un subordinado. Escuche cuidadosamente y evalúe lo que dice, para que esta persona se sienta cómoda siendo abierta con usted, y siga haciéndolo.

El ambiente que usted establece, en particular cuando los subordinados cruzan el umbral de su oficina, determinará la frecuencia con la que podrá acceder a sus contribuciones y perspectivas. Usted desea esa clara visión de sus ideas y opiniones, con el fin de cultivar la atmósfera adecuada. Ayude a demoler las barreras de acceso. Su creciente grupo de datos y aportes le ayudarán a tomar mejores decisiones.

Del mismo modo que se desplazará hacia las personas en cuyas opiniones y aportes usted confía, también hágalo hacia su supervisor. Trabaje para convertirse en aquella persona en la cual su supervisor puede confiar para retroalimentación abierta, honesta, y útil. No tenga miedo de dar su opinión sincera a su jefe. Permita que cruzar el umbral de la oficina en ambos sentidos, acelere el nivel de confianza y comunicación entre usted y sus subordinados, y entre usted y su jefe. Pase al otro lado del miedo, y aliente a sus subordinados a hacer lo mismo, mediante el reforzamiento cuando lo hacen, y todos se beneficiarán de la capacidad de ser más exitosos

Si usted tiene un jefe que no aprecia los comentarios sinceros, y recibe señales de descontento cuando ofrece aportes, entonces puede ser necesario modificar su forma de abordarlo. Trabaje la relación constructivamente para encontrar la manera más efectiva de mantener canales de comunicación abierta entre usted y su jefe, y usted y su propio equipo de trabajo.

En el espíritu de la visibilidad, como se explica en el capítulo anterior, cuando realice su caminata asegúrese de detenerse en varias oficinas, sentarse y charlar. Esta rutina de cruzar el umbral y dejar que la gente hable con usted, al escuchar sus puntos de vista, fortalecerá aún más la profundidad de los aportes y la perspectiva de obtener (y aumentar la posibilidad de reforzar sus objetivos y visiones). Al mismo tiempo, su presencia y la familiaridad reducirá el factor miedo en estas personas, y ellos también serán menos reticentes a cruzar el umbral de la oficina para hablar con usted. Un mayor acceso y una mayor apertura a todos, mejora la base de datos para una mejor toma de decisiones.

Estar cómodo al cruzar el umbral y hablar con su jefe es una cosa, pero cómo cumple lo que dice, una vez allí, puede ser la habilidad más importante que deba desarrollar. Hablaremos de esto en el capítulo siguiente, "¡No olvide!"

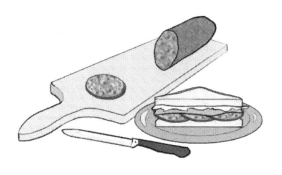

Capítulo 12
¡No Olvide!

Mi palabra es mi fianza

El tema tratado en este capítulo puede muy bien ser el más importante de este libro para el desarrollo de su carrera y su vida personal, y por lo tanto una habilidad fundamental para dominar. Todo es cuestión de compromiso. La capacidad de recordar el compromiso asumido, y el cumplimiento de esta obligación, separa a los líderes de los perdedores.

En nuestra vida profesional y personal no se trata de lo que decimos (que haremos), sino lo que realmente hacemos. En el trabajo, esto es fácil de medir en las revisiones anuales de desempeño, que evalúan los objetivos (compromisos) y los logros (resultados). Más informalmente, sus comportamientos rutinarios crean expectativas en los demás, sobre la base de lo que suele hacer, que se convierte en una medida de su desempeño. Cuando usted dice "Voy a tenerlo para el próximo viernes", su reputación o bien recibe una calificación positiva o bien negativa cuando llegue el viernes, dependiendo de si ha cumplido o no su compromiso.

En las relaciones personales, es lo mismo. Usted probablemente puede identificar en este momento un puñado de amigos o familiares que sabe puede encajar en una de dos categorías: los que siempre hacen, y los que prometen pero más a menudo no lo hacen.

Por supuesto, tanto dentro como fuera del trabajo rara vez es en blanco y negro. Hay rangos de desempeño en todos nosotros. Sin embargo, para sobresalir en su profesión y en sus relaciones interpersonales, mientras más sea visto como una persona cuya palabra es de oro, más será respetado, apreciado y ascendido.

Proceso y Prioridad

Durante mis seminarios sobre este tema a menudo me he divertido con mi audiencia al hacerles una pregunta como ésta: "Por favor levanten la mano si están seguros de que tienen un sistema de seguimiento que asegure que me pueden enviar un e-mail para decirme "¡lo hice!" en 4 años a partir de ahora, en esta fecha, a las 2:45 de la tarde hora local". Como se puede imaginar, la mayoría de las manos permanecieron abajo. Abordamos esta cuestión un poco en el capítulo 3, relativo al manejo del tiempo.

Aunque estos seminarios se efectuaron antes de las ayudas de alta tecnología, como Blackberries, iPhones y otros dispositivos electrónicos más recientes que se pueden programar para darle un aviso en una fecha y hora, el punto de mi pregunta sigue siendo válido hoy. Tenga o no que utilizar los recordatorios que son de alta tecnología o de baja tecnología (archivos de acordeón, notas Post-it ®, o un mensaje garabateado en su calendario), debe tener un proceso para almacenar los compromisos y hacer que emerjan cuando se necesita el recordatorio. **Este es el primer paso. Logre un sistema**. Esta es la parte del *proceso* de la ecuación. Necesita un proceso a prueba de fallas que almacene sus obligaciones y le avise a tiempo para satisfacer las necesidades.

**¿Tiene un proceso a prueba de fallas?
¿Le da prioridad?**

La otra parte de la ecuación es la parte de *prioridad*. Es posible que aparezca el recordatorio y le diga que haga algo, pero **es su acción personal la que establece la prioridad para realizar la tarea**. Si el proceso o la prioridad se rompen, entonces, el compromiso no se cumple, y su desempeño se ve mal en comparación con las expectativas originales.

"¿Voy a tratar....?" ¡No! "¡Lo hare!"

De hecho, vamos a hablar un poco acerca de cómo se hace ese compromiso en primer lugar. Como se mencionó en el capítulo 4, sobre la actitud, una falla común es utilizar la expresión "voy a tratar de (hacer algo) ...." Esto es básicamente un no-compromiso. Adquiera el hábito de tomar compromisos, no se dé excusas débiles a sí mismo, incluso antes de empezar. En lugar de decir "voy a tratar de llamar esta tarde", establezca el hábito de modificar su modelo de discurso y diga: "Te llamaré esta tarde". A continuación, establezca su sistema recordatorio (el proceso) y hágalo (dele una prioridad)

Contratos verbales

Cuando se comprometa diciendo que va a hacer algo por alguien más, ha hecho un contrato verbal. Cómo se comporta a continuación, o es conforme con el compromiso, proporcionando así la satisfacción al cliente, o es un incumplimiento de contrato, lo que resulta en la insatisfacción del cliente. El cliente puede ser su supervisor, su subordinado, su par, su amigo o un miembro de la familia. Una vez que usted dice que hará algo, la otra parte tiene una expectativa. Entonces, o lo hace o no lo hace. Se trata de su palabra y sus acciones.

Cuando trabajo con nuevos funcionarios, por lo general tengo una conversación aclaratoria con cada persona acerca de mis propias expectativas de los compromisos y nuestros contratos verbales. Mi comentario sigue este camino:

"A menos que haya una fecha límite a corto plazo, generalmente le preguntaré cuándo puede finalizar su tarea en lugar de decirle que debe tener su tarea finalizada por X fecha". Tenga en cuenta que, siempre es mejor que la otra persona le diga cuándo piensa que es posible tener una tarea realizada, en lugar de preguntar puede tener algo hecho por fecha X. ¿Por qué? Porque, sobre todo cuando usted es el jefe, una vez que pregunte a un subordinado si puede hacerlo para la fecha que usted solicite, se corre el riesgo de que la persona quiera complacer al jefe, y esté de acuerdo con la fecha que le solicite, con la esperanza de que puede alcanzar el objetivo. Es la fecha para la que la persona se esfuerza, en lugar de una fecha para la que esta persona se ha comprometido

Hay otra observación sobre el hecho de que la otra persona indique la fecha. A veces la tarea es bastante compleja, y no es fácil para alguien responder de inmediato con una fecha. En estos casos, su solicitud debe ser hecha en dos partes: (1) dígame cuándo me va a dar una fecha y (2) en esa fecha, dígame la fecha prevista para la finalización del proyecto. Por ejemplo, el individuo le puede decir que le tomara una semana investigar la tarea, y en una semana le dará la fecha estimada para la finalización de este proyecto.

En cualquier caso, tras sentar las bases preguntando a los miembros de mi equipo por la fecha de finalización de un proyecto, continúo con mi explicación y las expectativas de la siguiente manera:

"Cuando usted me dice que finalizará el trabajo para cierta fecha, normalmente no lo molestaré otra vez, y espero ver el proyecto terminado cómo y cuando me dijo que lo haría. Mientras nos entendamos, todo está bien. El problema comienza cuando usted se atrasa, así que abordaremos esto ahora, para evitar cualquier mal entendido.

"Recuerde que la fecha que me dé, bien puede ser simplemente para mi propio uso o puede ser una fecha en que puedo comprometer a otros, ya que su proyecto puede ser parte de una actividad más grande, donde otros están haciendo sus planes y compromisos basados de nuestra contribución al objetivo global. En consecuencia, la fecha que me dé no sólo puede afectarme a mi y a mis planes, sino los de los demás también y cualquier compromiso que ellos hagan a los demás, en fases posteriores.

"Entiendo que la incertidumbre en el proyecto o demandas competitivas pueden empezar a atrasarlo en su tiempo proyectado. Eso es parte del mundo real. Sin embargo, usted tiene la

obligación de alertarme con suficiente antelación a la fecha límite. Esté preparado para decirme cuál podría ser la nueva posible fecha. Esto no quiere decir que se le concederá la prórroga solicitada, así que asegúrese de hacer emerger el problema con suficiente antelación para que le deje un margen que permita hacer ajustes para cumplir con la fecha original".

"Cuando pida una extensión del plazo, tendrá dos posibles respuestas. Una de ellas será para que se le dé el tiempo adicional. ¡Qué suerte! Sin embargo, la otra respuesta podría ser que debido a los compromisos que he tomado, o limitaciones que no ha tenido en cuenta, la fecha es fundamental y no se puede cambiar. Mi rol puede ser darle alivio a sus otras prioridades en conflicto, para que estos otros proyectos esperen hasta que se complete el asunto en cuestión, o darle más recursos. En consecuencia, por favor, venga preparado para darme una idea del por qué no se puede hacer dentro de la fecha límite, con sus propias sugerencias de lo que se necesita para cumplir con la fecha comprometida. Juntos vamos a resolver los conflictos".

"Por favor, nunca me haga enterarme acerca del atraso cuando ya no es posible hacer malabarismos con las prioridades o añadir recursos, y aún así alcanzar la fecha límite. Yo respeto las conversaciones oportunas para permitir la flexibilidad o bien prorrogar la fecha o modificar las prioridades globales. No acepto la sorpresa de una fecha que no se puede cumplir, sin suficiente tiempo para resolver el problema".

Este arreglo por adelantado por lo general ha sido suficiente para mantener las cosas funcionando sin problemas, para eliminar las sorpresas y evitar la frustración. La mayoría de las actividades no son tan importantes para que un proyecto atrasado cree grandes problemas. Sin embargo, los proyectos atrasados frecuentemente reflejan una mala imagen de la persona que no ha podido cumplir con lo que se ha comprometido. Por lo tanto, las reglas para usted deberían ser:

1. Fije una fecha razonable considerando todas sus otras obligaciones (recuerde la orientación en el capítulo 4 de ser pesimistas cuando se trata de estimaciones de tiempo).

2. Vigile su evolución a lo largo de la tarea para asegurarse de que es probable que la termine a tiempo (utilice su proceso de seguimiento y gestión del tiempo, como se explica en el capítulo 3, para comprobar si se han completado las etapas claves de la tarea de acuerdo con las estimaciones originales).

3. Tan pronto como sean evidentes los posibles retrasos, inicie una conversación con la otra persona con quien ha tomado el compromiso verbal.

4. O negocie una nueva fecha, o pídale a la otra persona que le ayude a reajustar las prioridades y los recursos para que la fecha original pueda ser alcanzada.

Con la consistente aplicación de su propio sistema personal de seguimiento, y con su dedicación a dar prioridad a los compromisos con los demás, establecerá una historia consistente que muestre que es alguien cuya palabra vale. Ganará el respeto, la credibilidad y el honor entre los compañeros de trabajo, familia y amigos. Esta puede ser la habilidad más importante que pueda perfeccionar. No *"trate* de hacerlo". ¡Hágalo!

A medida trabaja con sus sistemas de seguimiento, y cumple los plazos, encontrará que su gestión del tiempo mejora también. Idealmente, será capaz de forjarse más tiempo facultativo, que también puede aplicarse al desarrollo profesional, conciliación de la vida-trabajo o de otras prioridades autodefinidas. Este es el tema del siguiente capítulo.

Capítulo 13
Tiempo Facultativo

Se trata de usted

Tan a menudo, en nuestra vida y ocupado entorno de trabajo, estamos enfocados en cumplir con las obligaciones para los demás. Ya sea por el informe diario, semanal o mensual, o la preparación del presupuesto anual, o por llevar a los niños a sus actividades después de la escuela, parecemos no tener tiempo para nosotros mismos. Entonces nos preguntamos, "¿Por qué me siento tan estresado y cansado?" Nos visualizamos como conejillos de indias corriendo en una rueda y sin llegar a ninguna parte.

El tiempo facultativo, sin embargo, se trata de usted. Se trata de forjarse un tiempo especial para relajarse, bajo su propia responsabilidad, pensar, reiniciar su disco duro, o lo que funcione para que usted vuelva a cargar las baterías. Esto es fundamental para el pensamiento productivo y creativo y la resolución de problemas. Alguna vez se preguntó ¿por qué se va a la cama por la noche con un problema sin resolver, y se despierta a la mañana siguiente con la respuesta? Puede ser lo mismo durante las horas de vigilia: tome un descanso, permita que trabaje el subconsciente, y dejar que emerja la solución. Además, dejar que el cuerpo se cure con el descanso.

El tiempo facultativo es el tiempo destinado a hacer las cosas que quiere hacer, con un enfoque en la *planificación*, en lugar de *hacer*. Esto se diferencia del tiempo que dedica a las tareas impuestas, arrancando de las órdenes de rutina de su trabajo o sus tareas en el hogar. No estoy hablando aquí acerca de la configuración de tiempo durante el día para seguir su lista de tareas, trabajando en un nuevo cúmulo de cosas que tiene que hacer por los demás para satisfacer sus objetivos y metas.

En cambio, estoy hablando de tiempo destinado a usted, para pensar en sus prioridades generales, su plan para el día siguiente o la semana. Tal vez es una distinción sutil, pero importante: *la planificación* para la próxima semana o para mañana, es diferente a *hacer* una actividad a realizar. Aunque el plan puede estar mayormente relacionado con las tareas de los demás, el paso de la planificación es para usted mismo, ese acto de la organización de prioridades, evaluando qué hacer primero, último, o no, y ordenar las actividades que vienen. Es como desfragmentar el disco duro de su cuerpo, para conseguir tener las cosas organizadas y más eficientes.

¿Cómo empieza a obtener el tiempo facultativo?

Puede parecer en un primer momento como si fuera un círculo vicioso donde se necesita tiempo para tener tiempo, para obtener tiempo. ¡Es cierto! Al principio, si todo lo que está haciendo es apagar incendios, nunca saldrá de ese espiral. Tiene que tomar el control e iniciar el cambio. Hágalo una rebanada a la vez. Corte el salame con un pequeño pero manejable mordisco del tiempo que ha dejado para sí mismo.

Puede encontrar que el viernes por la tarde, sus interrupciones típicas disminuyen un poco cuando el resto del mundo puede estar tratando de recapitular su semana, y también pueden estar concentrados en la limpieza de las cosas antes del fin de semana. Disfrute de este momento de calma momentánea, cierre la puerta de su oficina, y tómese quince minutos de tranquilo tiempo solo, para planificar.

Mire lo que ha logrado esta semana, en comparación con sus objetivos generales, y mire hacia el futuro para la próxima semana. ¿Qué hay que postergar, que hay que hacer cuando regrese a la oficina? ¿Qué cosas nuevas surgen en el sistema de seguimiento para los próximos días, y cómo va a dar prioridad a estos, dentro de las muchas cosas que desea lograr? Planifique un poco también para su vida personal. Utilice este tranquilo cuarto de hora para considerar también su familia, amigos y actividades personales con los que quiere progresar. Que éste sea el momento de pedir las entradas para el partido que quería ver o para reservar una mesa para cenar en su restaurante favorito. Éste es su cuarto de hora de libertad. Disfrútelo.

Otra técnica es simplemente dar un paseo durante el almuerzo. Salga de detrás del escritorio, salga al aire libre o por lo menos un cambio de escenario y camine durante diez minutos. Se dará cuenta que puede tener un montón de pensamientos productivos cuando está solo, caminando, sin otras distracciones. Tal vez evitar el ascensor y subir por las escaleras. Ejercicio para el cuerpo, recuperación para la mente. ¡Huela las rosas!

Finalmente, habrá añadido rutinas cortas para el día y la semana que le permitan obtener su tiempo facultativo. La sensación será notable. Realice la desconexión y el resto le seguirá.

Es cuestión de prioridades

Asegúrese de darle prioridad a su tiempo a solas, y a otras prioridades importantes en su vida. No deje que el mundo exterior, la fuerza del trabajo, o las presiones en casa, sean la única fuerza que le muevan. Tome el control. Haga las cosas para usted mismo. Usted establece estas prioridades, así que asegúrese de que sean correctas.

He aquí un artículo que he visto en Internet a través de amigos (autor desconocido), relativo al establecimiento de prioridades en la vida. Espero **que retenga este mensaje:**

"DOS VASOS DE VINO"

Cuando las cosas en la vida parecen demasiado, cuando 24 horas al día no son suficientes, recuerde el frasco de mayonesa y las 2 copas de vino ...

Un profesor se paró frente a su clase de filosofía con algunas cosas frente a él. Cuando la clase comenzó, sin decir palabra tomó un frasco de mayonesa grande y vacío, y procedió a llenarlo con pelotas de golf.

Luego les preguntó a los estudiantes si el frasco estaba lleno. Ellos estuvieron de acuerdo en que estaba....

El profesor entonces tomó una caja llena de bolitas y las echó en el frasco. Sacudió ligeramente la jarra. Las bolitas llenaron los espacios vacios entre las pelotas de golf. A continuación preguntó nuevamente a los estudiantes si el frasco estaba lleno. Ellos estuvieron de acuerdo en que estaba...

A continuación, el profesor tomó una caja con arena y la vació dentro del frasco. Por supuesto, la arena llenó todo el resto. Él preguntó nuevamente si el frasco estaba lleno. Los estudiantes respondieron con un unánime "sí".

El profesor, entonces, sacó dos vasos de vino de debajo de la mesa y vertió todo el contenido en el frasco y eficazmente llenó el espacio vacío entre la arena. Los estudiantes rieron.

"Ahora" dijo el profesor a medida que la risa se apagaba, "Quiero que sepan que este jarro representa la vida. Las pelotas de golf son las cosas importantes, su familia, sus hijos, su salud, sus amigos y sus pasiones favoritas, cosas que si se pierde todo lo demás y sólo éstas quedan, nuestras vidas aún estarían llenas".

Las bolitas son las otras cosas que importan, como el trabajo, la casa y su automóvil. La arena es todo lo demás, las cosas pequeñas.

"Si ponemos la arena en el frasco primero", continuó, "No hay espacio para las bolitas ni para las pelotas de golf. Lo mismo ocurre con la vida. Si gastamos todo nuestro tiempo y energía en las cosas pequeñas, nunca tendremos lugar para las cosas importantes. Preste atención a las cosas que son esenciales para su felicidad. Juegue con sus hijos. Tómese el tiempo para asistir al doctor. Lleve a su pareja a cenar. Dé una vuelta más por la pista de esquí. Siempre habrá tiempo para limpiar la casa y los asuntos domésticos. Ocúpese de las pelotas de golf primero, las cosas que realmente importan. Establezca sus prioridades. El resto es sólo arena".

Uno de los estudiantes levantó la mano y preguntó qué representaba el vino.

El profesor sonrió. "Me alegra que hayas preguntado eso. Sólo es para demostrarles que no importa cuán ocupada pueda parecer tu vida, siempre hay lugar para un par de copas de vino con un amigo".

"Comparta esto con un amigo".

¿Ha fijado sus prioridades para lo que realmente importa?

¿Es usted el que llena el frasco de mayonesa o llena su día con actividades? ¿Contribuyen sus actividades al balance entre su vida laboral y las correctas prioridades?

Si no, tiene que hacer algo al respecto, y hacer un cambio. Puede comenzar con quince minutos de tiempo facultativo tranquilo a la semana, si no hay nada más que iniciar el proceso de planificación. Después, una rebanada a la vez, puede añadir más tiempo facultativo a sus rutinas y poner en práctica importantes cambios vitales que marquen una diferencia.

Lleve un diario de éxitos

Antes de terminar este tema del tiempo facultativo, permítanme sugerir que una de las cosas que usted puede hacer todos los días, o por lo menos una vez por semana durante el tiempo de espera, es apuntar algunos de sus éxitos. Su descripción puede ser que por fin se tomó el tiempo para su propio tiempo facultativo en la oficina, o puede ser que cruzó el umbral de su jefe para hablar de un proyecto futuro, o puede ser cualquiera de una serie de elementos que le haga sentir orgulloso y feliz.

¿Por qué preocuparse de mantener este registro? Dos razones:

(1) La hoja de éxito puede servir como una referencia muy útil cuando se trata de preparar la actualización del estado del desempeño de su meta, en el supuesto de que su empresa requiera de actualizaciones. Incluso si su compañía no tiene un programa formal, tener tal resumen sigue siendo una buena práctica a seguir. A pesar de que en nuestro proceso corporativo, sólo se requiere formalizar la documentación de los resultados frente a los objetivos una vez al año, yo tenía la costumbre de presentar una actualización voluntaria a mis jefes una vez cada trimestre. Le pedí a mi personal que me prepararan actualizaciones trimestrales de sus metas. Esto nos mantiene a todos formalmente mirando nuestros objetivos anuales por lo menos trimestralmente, lo que nos permite hacer las correcciones necesarias y luego persistentemente buscar el progreso La hoja de éxito diaria o semanal fue una buena manera para anotar el progreso cuando estaba ocurriendo, y para referirse a él cuando era necesario preparar los informes de resultados trimestrales y anuales.

(2) La segunda razón para mantener notas de sus éxitos es que le ofrece algún tipo de reforzamiento positivo e inspiración. Esto funciona bien para la persona en el hogar, también, donde la documentación de la meta corporativa no es necesaria (¡a menos que tenga una relación única con su cónyuge!). A menudo, con tantas cosas que pueden salir mal y muchos retos que ocupan nuestra mente, es fácil perder de vista el progreso que estamos haciendo. Nos enfocamos en lo negativo, deprimiéndonos nosotros mismos, y sintiéndonos más estresados. ¡Tome un respiro! Siéntese y reflexione sobre los pequeños éxitos que construyen otros más grandes. Eche una mirada a sus movimientos en la dirección correcta, para dar forma a su propio comportamiento con el reforzamiento positivo. Sea su propio mentor, entrenador y motivador. La lista ayuda.

Su uso del tiempo facultativo le permite refinar sus habilidades con un enfoque renovado. Puede localizar las áreas en las que desea priorizar sus esfuerzos y acciones. Esto puede ser un enfoque en los fundamentos de liderazgo fundamental, tales como conocer bien a su gente y los detalles de su trabajo. Su tiempo facultativo también puede ser, soñar con nuevas iniciativas para llevar a cabo. Por otra parte, en esta ocasión también se puede llevar a cabo sus planes personales para hacer pequeños o grandes cambios que pueden generar mejoras importantes para usted y su equipo, o para usted y su familia o amigos.

Hay docenas de áreas de interés donde puede aplicar el mejor uso de su tiempo para meditar. El capítulo siguiente, los tres ojos (En Inglés la letra "I", se lee igual que la palabra "eye", que significa "ojo" en español), se ocupará de estos estratos integrados de habilidades de liderazgo, y con la ayuda de un símbolo fácil de recordar, puede pensar lo que quiera considerar durante su tiempo facultativo.

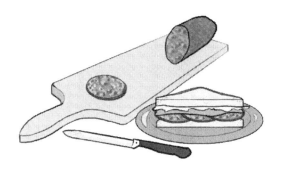

Capítulo 14
Los Tres Ojos

Un símbolo de liderazgo para recordar y practicar

El gráfico que se encuentra más abajo, muestra a un hombre con tres ojos y un triángulo dividido en tres secciones, con líneas en la parte inferior, un ojo en el centro del triángulo, y una flecha que apunta hacia arriba en la parte superior. Este esquema está destinado a proveer una imagen que pueda recordar, al mismo tiempo que dará lugar a los puntos clave de este capítulo. El hombre de tres ojos no es más que para recordar las tres letras "I" (que en inglés se pronuncia igual a la palabra "eye", que significa ojo) y que es también la letra con que comienza cada una de los tres conceptos de esta pirámide de habilidades de liderazgo.

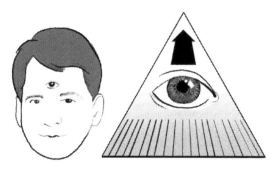

Liderazgo: Involucramiento, imaginación e iniciativa

¿Qué representa cada una de las secciones del triángulo y los símbolos en relación con el liderazgo efectivo dentro o fuera del trabajo?

Involucramiento

- Sección de la base de la pirámide (muchas líneas similares a columnas, en la base de la pirámide): Involucramiento.

- Las líneas representan los muchos fundamentos o pilares, que son importantes para una sólida base en el liderazgo, tales como:

  o Conocer bien los detalles y los roles de su trabajo.

  o Conocer la gente con la cuál interactúa.

  o Entender las competencias para el éxito en su trabajo formal y su rol de liderazgo fuera de la oficina.

  o Ser excelente en los aspectos básicos de su trabajo o tareas, y ejecutar las responsabilidades necesarias prestando atención a los detalles y a la satisfacción del cliente.

  o Alcanzar sus metas y objetivos, en conformidad con metas inteligentes (**SMART**)

- **S** = Specific (Especifica)
- **M** = Measured (Medible)
- **A** = Achievable (Alcanzable)
- **R** = Relevant (Relevante)
- **T** = Timed (Posibles de hacerse cuando se requieren)

o Y no, metas poco inteligentes (**DUMB**):

- **D** = Disengaged (No conforme a las necesidades de la compañía)
- **U** = Unfocused (Nada concreto)
- **M** = Monumental (Demasiado grande para ser lograda en toda la vida)
- **B** = Beyond control (Ni la persona ni la empresa tienen los recursos para lograr la meta)

o U otra forma de definir las metas **DUMB:**

- **D**angerous (peligrosa) **U**nattainable (inalcanzable), **M**onstrously **B**ig (monstruosamente grandes)

o Un buen objetivo debe tener las cinco características constructivas para ser una meta SMART, pero sólo necesita una de estas malas características para ser DUMB.

o *Advertencia:* experiencia sólo en esta sección base de la pirámide no es suficiente para ser un buen líder. Los expertos que permanecen en este nivel son simplemente buenos burócratas. Saben todos los detalles, conocen las reglas, pero tal vez nada más.

Imaginación

- Sección media (el ojo) Imaginación.
  - El ojo significa *visión*.
  - Mire al futuro y sueñe con lo que puede hacer para proporcionar mejoras en el entorno de trabajo, así como en casa y en la comunidad.
    - Cuando mire alrededor de su lugar de trabajo, la organización, la familia y la comunidad haga un análisis mental de las deficiencias.
    - A continuación, utilice su imaginación para averiguar cómo se puede cerrar la brecha con los programas, planes y entrenamiento y desarrollo de su equipo (empleados, familiares, amigos).
  - Vea cómo hacer realidad el cambio para un mejoramiento continuo.
  - Visualice las oportunidades de aprendizaje continuo, para que pueda seguir creciendo en sus habilidades y capacidades para el futuro.
  - Visualice cómo usted y su grupo pueden o deberían ser, en relación con el patrón interno, y cuánto tiempo debería tomarle llegar a este nuevo nivel.
  - *Advertencia*: si bien es importante para el crecimiento organizacional y personal, la experiencia en esta sección media de la pirámide no es suficiente. Si se detiene en este nivel, a pesar de ser mejor que un burócrata, aún está atrapado en los sueños. Los sueños no son resultados. ¡Un líder eficaz hace que las cosas sucedan! Debe pasar al nivel superior.

Iniciativa

- Parte superior de la pirámide (representada por la flecha hacia arriba): **I**niciativa.

  o ¡La flecha indica *acción!*

  o Estas son las características del verdadero líder:

  - Conoce bien su función y su papel, construidos sobre una sólida base.

  - Comprende los detalles del trabajo, tareas y factores claves del éxito.

  - Sueña sobre el futuro y tiene una clara visión de cómo mejorar, *y*

  - Actua:

    - Hace que las cosas sucedan.

    - Trabaja en mejoramiento contínuo.

    - Busca nuevos métodos y técnicas para el éxito.

    - Establece metas y trabaja para lograrlas.

    - ¡Pone en práctica el cambio!

Un líder efectivo y bien fundamentado

El líder efectivo en la oficina, en casa y en la comunidad está bien fundamentado en la pirámide de liderazgo de "Las tres I" (Involucramiento, Imaginación, Iniciativa). Tiene una base sólida, una buena visión del futuro y actúa. Estos elementos básicos se combinan con una fuerte orientación de servicio (la regla de cuatro a uno) para clientes internos y externos, compañeros, subordinados y supervisores, familiares y amigos. Además, los líderes sólidos han aprendido a manejar bien su tiempo, incluyendo dejar algo para sí mismos, como tiempo facultativo, para planificar el día siguiente y para tener en mente su futuro equilibrando trabajo-vida personal.

Estos líderes han aprendido que para hacer realidad el cambio, un poco cada vez (cortar el salame), junto con el reforzamiento positivo, pueden marcar una gran diferencia en la eficacia general, para sí y para los que les rodean. Además, cuando existe urgencia, los líderes eficaces saben cómo encender el fuego en su equipo con comunicaciones apasionadas, sinceras y claras que están dirigidas a la motivación de cada persona de su grupo, y anticipan lo que podrían ser potenciales filtros para una buena comunicación y usan estrategias de comunicación que superan estos obstáculos. También conocen el valor de la fortaleza del trabajo en equipo. Hacen el esfuerzo para involucrar a todos los miembros de su equipo en su caso, para obtener soluciones óptimas a problemas difíciles y para aprovechar las oportunidades de desarrollo.

Los líderes seguros de sí mismos no tienen miedo a cruzar el umbral de su jefe, pasando al otro lado de los miedos que pueden enfrentar y visitan a otros que les puede ayudar, cuando tienen una lluvia de ideas o, simplemente, buscan mentores que les ayuden a guiar su propio futuro. Estos líderes mantienen una positiva actitud de poder hacerlo, cuando se enfrentan a dificultades, y están visibles y disponibles para sus empleados, fomentando el debate abierto más allá de los comentarios superficiales sobre el tiempo o la ventilación del problema del día. Estos líderes se esfuerzan por el mejoramiento continuo dentro de su función, de su equipo y de sí mismos. Están dedicados a un sistema coherente de seguimiento y acción, con un historial de cumplimiento de las obligaciones, de tal manera que su palabra es su fianza.

Estos líderes destacados se convierten así en el supervisor con quién todo el mundo quiere trabajar, a quién todo el mundo quiere ayudar y recibir apoyo y el subordinado que todo jefe quiere en su equipo. Las personas con los atributos de las tres Ies también se convertirán en el amigo o familiar que todos buscamos para la comodidad, apoyo y compañía. Mediante el ejercicio de cada uno o más de los doce principios descritos en este libro hasta ahora, usted también seguirá perfeccionando su liderazgo y las habilidades interpersonales de éxito a largo plazo en el trabajo, y la satisfacción en su vida personal.

"Corte el Salame - Consejos para la vida y el liderazgo, una rebanada a la vez", le ha ofrecido los detalles de cada uno de estos conceptos en los capítulos anteriores. Lo que sigue ahora es una guía más detallada para ayudarle a prepararse para ser entrevistado, o si usted debe ser el entrevistador, cómo hacer una entrevista (Capítulo 15 - Parte I, y el Capítulo 16 - Parte II), así como mostrar cómo mejorar su currículo, en el capítulo 17. El libro se recapitula en un capítulo sobre la ética y los valores, y se cierra con el estímulo para disfrutar de su vida y ser feliz.

Por favor, lea y corte unos cuantos pedazos más de conocimiento para ir abriendo el apetito para la sabiduría y las aptitudes necesarias para tener éxito.

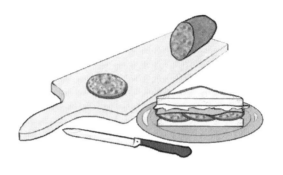

Capítulo 15
Cómo Prepararse
para una Entrevista – Parte I

Tres Conceptos Clave

Tiempo para trabajar

Este capítulo y el siguiente serán diferentes a los otros capítulos. ¡Tendrá que trabajar! En los capítulos anteriores, puede haber estado leyendo de una manera más informal, teniendo en cuenta las técnicas específicas para tratar una vez que deje el libro. Como ya hemos hablado, el aprendizaje activo se queda con usted por mucho tiempo, así que espero que usted haya estado intentando cosas nuevas en el trabajo y fuera del trabajo también a medida que descubre los consejos de este libro. Estos dos capítulos siguientes, sin embargo, son diferentes. Le pido que haga algunos ejercicios *mientras* esté avanzando a través de los capítulos.

Obtendrá el máximo rendimiento de los próximos dos capítulos importantes comprometiéndose en los detalles, haciendo algunos ejercicios divertidos, y buscando una comprensión profunda de lo que necesita hacer para prepararse bien para una entrevista de trabajo. Busque un lápiz y papel, siéntese con la espalda recta, y prepárese para estar mejor preparado que todos sus competidores para captar ese próximo gran ascenso o cambio de trabajo ¡que usted quiere! Si está ahora en casa, y está pensando en entrar o volver a entrar a una carrera, ésta es su guía para el éxito.

¿Qué debe hacer de manera diferente con estos capítulos? Si le presento una pregunta hipotética, por favor no sólo la lea, sino que pare, reflexione sobre la pregunta y formule su propia respuesta(s). Luego proceda, para ver si su punto de vista está de acuerdo o es diferente a lo que estoy mencionando. Si hay una tarea que hacer, como hacer una lista, hágalo. No se limite a seguir leyendo, sino tome su lápiz y papel y cree su lista. Luego léala. Usted obtiene la idea. Invierta en su futuro, invirtiendo ahora en los detalles.

¿Por qué hacer más que simplemente leer sobre técnicas de entrevista? No se olvide de la historia de mi primer mentor, Paul Yoon, quien compartió el dicho (véase el Capítulo 7) *"Aprenda fácilmente, olvide fácilmente. Aprenda arduamente, recuerde siempre"*. Del mismo modo, preste atención a la lección del Capítulo 2 sobre el estudio del "Cono del Aprendizaje", y la importancia de la activa participación para reforzar la retención.

Esto no quiere decir que el método de aprendizaje arduo tiene que ser autoritario, o incluso más aburrido. Le animo a hincar el diente en estos dos capítulos siguientes para que pueda obtener el máximo provecho de ellos. Realmente pueden cambiar su vida. Sé que este material ha cambiado la vida de muchos que se han beneficiado de hacer estos simples ejercicios y preparaciones.

Vamos a cubrir las técnicas que le ayudarán a estar mejor preparado para tener una entrevista de trabajo, si solicita un puesto vacante o para realizar una entrevista, si usted es el gerente de recursos humanos o alguien en la cadena de toma de decisiones para seleccionar el mejor candidato para una vacante. En primer lugar, hablaremos de tres conceptos clave. A continuación, vamos a revisar las distintas partes de una entrevista típica, y cómo prepararse para cada parte específica. Por último, nos ocuparemos de cómo mejorar su currículo, pero ese capítulo no será tan intenso, y se puede relajar de nuevo (¡hasta que realmente entre en la tarea de escribir su propio currículo!).

Extra: ¡No se trata sólo de entrevistas de trabajo!

Antes de empezar con los detalles, quiero señalar que las técnicas que está a punto de aprender aquí se aplicarán a algo más que a una entrevista de trabajo. El proceso de preparación, pre-entrevista, los ejercicios y un formulario que va a utilizar, así como saber qué hacer en cada fase de la entrevista, también se aplicará a las entrevistas para la universidad o instituciones, tales como las escuelas de negocios, derecho y medicina. Del mismo modo, los detalles específicos de cómo mejorar su currículo también son relevantes para los ensayos de postulación y formularios que un futuro estudiante debe presentar.

He entrenado a muchos de estos concursantes para tener éxito con estas mismas aptitudes. Así que si usted o alguien que usted conoce se ajusta a esta categoría, simplemente sustituya "la entrevista de ingreso" (para la universidad), al ver las palabras "entrevista de trabajo" y piense en "solicitud de ingreso" al leer currículo.

En los últimos años mientras trabajaba en Chile, solía ofrecerme como orador invitado para un programa de entrenamiento pre-MBA, para jóvenes profesionales interesados en obtener un MBA en instituciones de educación superior de todo el mundo que duró varios meses. Los graduados de este programa general, se adjudicaron el ingreso a universidades en Europa, Estados Unidos y Australia.

El empresario que dirigió este programa me pidió que fuera el orador de anclaje para preparar a los estudiantes para las actividades esenciales para presentar una efectiva postulación y luego el buen manejo de sí mismos en las entrevistas de selección. Las mismas técnicas que está a punto de aprender para las entrevistas de trabajo, así como para cualquier tipo de proceso de selección competitivo en el que deba demostrar calificaciones y competencias.

Los comentarios positivos que he recibido de estos participantes confirmaron que ¡este proceso funciona! Que fueron aceptados donde querían ir, y con más comodidad y control de lo que habían sentido antes en estos desafíos de alta tensión y donde mucho está en juego. He tenido la misma información de los postulantes a empleo. Lo que está a punto de estudiar marcará una diferencia significativa en cómo se prepara y cómo se desempeña. Estas técnicas funcionarán para usted.

No es ninguna ciencia

El material no es ninguna ciencia. De hecho, después de pasar por estos dos capítulos, es posible reflexionar sobre el material y decir: "Vaya, no había muchos elementos nuevos que yo no sabía". Sin embargo, espero que también diga, "¡Oh, con sólo estos pocos conceptos claves he cambiado por completo la forma en que voy a prepararme para mi próxima entrevista!"

De hecho, tuve la misma reacción, cambiando completamente mi enfoque, cuando me enteré de algunos de estos detalles años atrás, y desde entonces he refinado aún más los elementos en un paquete básico de información que funciona. Permítanme compartir algunas historias reales.

He estado abogando estos consejos de preparación por años, y mis amigos y personal saben que disfruto como tutor y compartiendo tales técnicas. Un día mi secretaria me dijo que el hijo de su doctor había estado tratando infructuosamente durante un año de conseguir un trabajo. El joven tenía un buen currículo, tenía la oportunidad de entrevistas, pero siempre, fracasaba en conseguir una oferta de trabajo. Ella me preguntó si me importaría gastar un poco de tiempo con él para entrenarlo para tener éxito. Dije: "Por supuesto, estaría encantado de ayudarle!"

Me encontré con el hijo del médico. Revisamos durante dos horas mi material de "Cómo prepararse para una entrevista" (el mismo material que va a leer en estos dos capítulos). Una semana después, tuvo una entrevista y ¡consiguió el trabajo!

En otra ocasión, tuve una profesional contable en reemplazo de una jefa de departamento que estaba con licencia por maternidad. La persona que nos estaba ayudando temporalmente, mientras tanto se preparaba para solicitar empleo de tiempo completo en otra parte (no teníamos ofertas de empleo, o la habríamos contratado a ella). Ella era buena en su trabajo, pero siempre se sintió insegura cuando fue a las entrevistas. Ella me preguntó si podía ayudarla a prepararse para las entrevistas de trabajo a tiempo completo. Dije: "Por supuesto que estaría encantado de ayudarle!" Hice mi taller con ella y poco después, consiguió su puesto de trabajo. Le pregunté cómo le fue y me dijo: "Artie, esta vez es cuando me he sentido más cómoda en una entrevista de trabajo. Sabía qué esperar, me sentía preparada y en control, y mi confianza se mostró durante todo el proceso de la entrevista".

Los dos ejemplos que destaqué anteriormente no son los únicos. He disfrutado de la misma opinión de muchos otros que han aprendido que el conocimiento de la preparación y la forma de comunicar su mensaje puede hacer toda la diferencia del mundo. Además, lo que es particularmente importante de recordar es que la historia de la vida de la gente y la experiencia laboral no han cambiado durante nuestra sesión de entrenamiento de dos horas. Lo que cambió fue la forma en que manejó su preparación, y la forma en que manejó la entrevista en sí, con mensajes efectivos, fáciles de recordar y específicos para el entrevistador. Usted puede hacer lo mismo si hace el trabajo de estos dos capítulos.

Nota: estos conceptos básicos se aplican tanto a un entrevistador que se prepara para la selección de candidatos para un puesto de trabajo, como a un solicitante de empleo, tratando de mostrar lo mejor durante el proceso de entrevista. Yo por lo general me centraré en la parte del solicitante de empleo de la ecuación, que puede ser más relevante para usted y su crecimiento profesional personal, pero puede utilizar estos mismos conceptos para mejorar el proceso de la entrevista de selección, si usted es el jefe que busca contratar al mejor candidato. Vamos a empezar con el primero de los tres conceptos clave para la preparación de la entrevista.

Primer concepto clave: Todo trabajo requiere aptitudes fundamentales para el éxito

Esto parece bastante simple. Sin embargo, quiero tomar este importante concepto por partes, para asegurarme de que está muy claro. Todo lo demás que sigue, se basa en entender completamente este primer concepto.

Cada trabajo: *cada trabajo* requiere aptitudes fundamentales para el éxito. Quiere decir todos. No importa si es el director ejecutivo o el portero, cada trabajo requiere aptitudes esenciales para el éxito.

¿Cuáles podrían ser algunas de estas aptitudes? Vamos a hacer un ejercicio rápido. Haga una lista de varias específicas para un director ejecutivo y otra para un portero, a continuación, compruebe la lista de abajo

(Recuerde: Haga el trabajo ahora, no sólo lea. ¡Haga su lista!).

¡Pare! Piense

Lo que sigue son algunas de las posibles aptitudes que podrían ser esenciales para el éxito en cada uno de estos dos trabajos.

Director Ejecutivo: planificación estratégica, visión para los negocios, toma de decisiones bajo presión, negociación de acuerdos importantes, prácticas de negocios éticas, sistemas valores sólidos, desarrollo desde los subordinados para la planificación de la sucesión y el fortalecimiento de la organización, presupuesto, coordinación e integración inter funcional del departamento, hablar en público, etc.

Portero: atención a los detalles, capacidad para seguir una lista específica de tareas, adhesión a normas de seguridad e higiene, aptitud mecánica suficiente como para manejar las necesidades del equipo de trabajo, coherencia en las prácticas de trabajo (asistencia, puntualidad en el trabajo, etc.)

**El director ejecutivo y el portero cada uno tiene
aptitudes específicas para el éxito.**

¿Cómo le fue? ¿Tuvo usted en su lista alguna de las
aptitudes mencionadas anteriormente? No se preocupe si
no las tiene, ya que este era ¡sólo un ejercicio de
precalentamiento! Vamos a seguir adelante con nuestra
aclaración de esta importante definición y concepto.

Aptitudes esenciales: cada trabajo requiere *aptitudes
esenciales* para el éxito. Hay algunas, entre las muchas
que constituyen una descripción de las funciones y
responsabilidades generales, que son más importantes
que el resto. Estas son las aptitudes que pueden hacer o
destruir una carrera si se hace excepcionalmente bien,
mal o nunca.

Cualquier trabajo puede tener cientos de aptitudes
asociadas con la realización de las tareas necesarias.
Algunas de estas habilidades pueden ser de carácter
técnico. Es posible que tenga un determinado grado, o la
experiencia de hacer el trabajo especializado, como por
ejemplo un médico, ingeniero o profesor. Algunas
aptitudes pueden relacionarse con el entorno de trabajo.
Por ejemplo, la capacidad de tolerar largas horas de
concentración bajo condiciones de estrés, tales como el
desempeño de una cirugía delicada, o para completar un
trabajo de reparación de emergencia. Otro tema del

medio ambiente de trabajo podría ser si la persona tiene que interactuar con muchos otros para hacer el trabajo, o si la persona es un miembro que principalmente trabaja solo. Finalmente, una tercera categoría de aptitudes asociadas con el medio ambiente del trabajo son los viajes: si hay muchos o nada.

Voy a explicar un poco este asunto de viaje, sólo para aclarar el concepto de aptitud asociado a factores ambientales. Durante décadas, he trabajado en un entorno de fabricación, donde las plantas químicas funcionan 24 horas al día, 7 días a la semana, durante todo el año (excepto el tiempo de inactividad ocasional prevista para el mantenimiento preventivo y limpieza del sistema, o fallas de emergencia imprevistas).

Como jefe de departamento y director de la planta más tarde, mis deberes incluían 24 horas de responsabilidad. Eso significaba que cuando había una emergencia, habría momentos en que la responsabilidad del trabajo me obligaba a estar en el sitio. De alguna manera (supongo que se puede culpar a la ley de Murphy), los peores problemas siempre parecen ocurrir ¡a las 3 de la madrugada! Recuerdo muchas noches frías y oscuras en Siracusa, Nueva York, Estados Unidos cuando en medio de una tormenta de nieve sería llamado a la planta en las primeras horas de la madrugada debido a la nieve que sopló en una subestación de alta tensión, provocando un corte de energía.

A veces, el trabajo continuaría en la mañana, y se convertiría en un día largo y agotador. Otras veces, el problema sería arreglado, y existía la posibilidad de volver a casa para dormir un par de horas antes de volver a trabajar. Por supuesto, las *aptitudes* adicionales asociadas con este ambiente de trabajo son la capacidad de funcionar bien en condiciones de emergencia repentina, tomar decisiones importantes y mantener el enfoque, mientras comienza la fatiga. Recuerdo una vez mirando la fusión de la nieve, goteando el agua en un activo y expuesto conductor de cobre de 440 voltios, que era la principal fuente de suministro de energía de una unidad de fabricación.

Aunque esto sucedía en medio de la noche, en una llamada de emergencia, yo tenía que mantener la concentración del láser, mientras dirigía un equipo de electricistas para cerrar la unidad de proceso de forma rápida y segura. Sin embargo, a pesar de este ambiente, casi siempre pude regresar a casa a mi propia cama por la noche. Como persona de primera línea de producción, o incluso director de la planta, el trabajo es localizado.

Más adelante en mi carrera, cuando era vicepresidente y gerente general de una división de molduras de plásticos, fui ubicado en la oficina central. Sin embargo, mi entorno de trabajo cambió drásticamente en comparación a mis días en fabricación. Aparte del cambio que se espera al estar en las oficinas corporativas, siempre visible para los directores ejecutivos, y las aptitudes asociadas necesarias para sobrevivir allí, uno de mis mayores ajustes fue viajar. Todos mis clientes se encontraban esparcidos a través de los Estados Unidos y el mundo.

Era común empezar la semana con un vuelo fuera de la ciudad, y volver a casa no antes de la noche del viernes, con el fin de coordinar una productiva serie de visitas a clientes. Para visitar nuestros clientes en el extranjero, el tiempo fuera de casa era aún más largo. Por ejemplo, durante mi primer año en este nuevo trabajo, viajé a Japón en cuatro ocasiones (pues me involucré en la negociación conjunta de una nueva empresa), y estos viajes por lo general duraban hasta dos semanas, para maximizar la productividad de la visita.

Aprendí rápidamente que una nueva aptitud relacionada con el éxito en este trabajo era la capacidad de adaptarme a viajar y pasar tiempo fuera de casa. Afortunadamente, tengo una esposa que me apoya, y juntos hemos hecho los sacrificios y ajustes necesarios para sobrevivir a este factor ambiental relacionado con mi trabajo. El estrés de este cambio extremo en el estilo de vida puede ser un interruptor de la carrera. No subestime la importancia de los factores ambientales del puesto de trabajo teniendo en cuenta las aptitudes importantes para el éxito.

Cuando mi esposa y yo nos mudamos a América del Sur, donde fui gerente general de negocios de nuestra corporación allí, llegamos sin saber hablar español, a una cultura completamente diferente, y estábamos a miles de kilómetros de distancia de nuestra familia y amigos. Este es otro ejemplo de una aptitud que puede hacer o deshacer a una persona, es decir, la capacidad de adaptarse a diferentes culturas, así como la capacidad de adaptarse a estar lejos de su familia. Hay ajustes similares necesarios para el éxito: para sobrevivir en un pueblo rural, si la mayor parte de su vida ha estado en la gran ciudad, o para sentirse cómodo en una ciudad de millones, cuando su experiencia anterior ha sido en pueblos pequeños.

La cultura de la propia empresa es otro factor ambiental. ¿Puede un empleado sobrevivir en un lugar de trabajo con mucha presión? ¿O será la persona capaz de encajar en un grupo de trabajo altamente creativo e interactivo? Estas características de trabajo son factores adicionales que contribuyen a definir las aptitudes esenciales necesarias para el éxito en un trabajo.

Así, al analizar la definición del primer concepto, "Cada trabajo tiene aptitudes esenciales para el éxito", tenemos que mirar primero las obligaciones estándar del trabajo. Luego también tenemos que mirar el entorno en el que se lleva a cabo el trabajo, si tenemos en cuenta las aptitudes. Además, hay que clasificar a través de lo que podrían ser cientos de aptitudes específicas que contribuyen, y filtrar la lista a las pocas que son vitales. Filtrar las pocas esenciales de las muchas necesarias. Concéntrese en las aptitudes de hacerlo a como dé lugar para asegurar éxito a largo plazo. Un director ejecutivo que no puede construir un plan estratégico no sería su primera elección. Un portero que nunca llega a tiempo al trabajo no sería su primera elección. Un cirujano que se desmaya al ver sangre no sería su primera elección.

Hemos hecho hincapié en que no importa el trabajo, cada trabajo en particular tiene un conjunto de aptitudes esenciales que son necesarias para hacer bien el trabajo y tener éxito. Vamos a explorar eso más a fondo en un momento con un par de ejercicios, pero por ahora vamos a continuar con la definición básica del primer concepto clave: Cada trabajo tiene aptitudes específicas para el éxito. Pero ¿Qué queremos decir con "éxito"?

¡Pare! Piense

¿Cómo definiría el "éxito"?

Éxito: Cada trabajo tiene aptitudes esenciales para el "éxito". ¿Qué es lo que usted decidió es la manera de definir el éxito?

¿Incluyó usted en la lista elementos como: cumple con los objetivos de la meta, compite bien con los demás u obtiene promociones? Un pequeño ejemplo puede ayudar a reforzar esta parte de la definición del concepto.

Imaginemos por un momento el estereotipo del vendedor de automóviles usados insistente, resbaladizo y turbio, con un "gran negocio para usted". Digamos que el vendedor realmente hace la venta y usted compra del coche. Poco después, se entera de que ha comprado "un problema". ¿Fue este vendedor "exitoso"? ¿Por qué no? La persona hizo la venta. El objetivo se cumplió. ¿Por qué podría pensar que este individuo no es un ejemplo de vendedor exitoso? ¿Cómo se siente acerca de la compra? ¿Qué hace usted? Probablemente desea presentar una queja ante la empresa y decirle a todos tus amigos que se mantengan alejados de ese lugar o esa persona, ¿verdad?

Para nuestro propósito aquí, una cuestión clave es que éxito significa largo plazo, un rendimiento constante que cumpla con los objetivos fundamentales del trabajo. Por ejemplo, un vendedor es exitoso si sistemáticamente cumple o excede los objetivos de ventas, **y** cuenta con la repetición de negocios porque ha desarrollado una reputación por su excelente soporte y servicio, **y** es capaz de demostrar un crecimiento sostenido de las ventas o penetración en el mercado. Eso sí que es un vendedor exitoso.

Ser promovible no es un factor en la definición de éxito en el actual trabajo. Mucha gente está feliz de permanecer en su trabajo actual, contribuyendo continuamente a la empresa y satisfecha con el trabajo personal. Son competentes y están contentos. Su jefe puede estar feliz de dejarlos donde están, y con alegría les llamaría exitosos en su trabajo. "El Principio de Peter" se basó en gente que siendo buena en su trabajo, fue promovida a un nivel de incompetencia. Estamos hablando aquí acerca de las aptitudes en el trabajo en cuestión, no sobre la posibilidad de ser promovido a otro puesto de trabajo, o el interés de la persona en el traslado a otros lugares. El enfoque de la definición es el trabajo específico en curso y las aptitudes necesarias para ser constantemente exitoso en el cumplimiento de los requisitos del trabajo.

En otras palabras, además de que cada trabajo tenga su propio conjunto de aptitudes específicas esenciales, cada trabajo tiene su propia medición del éxito, que generalmente se traduce a largo plazo, rendimiento de acuerdo con las medidas clave del trabajo cumplidas y superadas. Por lo tanto, para reiterar la regla general de nuestro primer concepto clave, *cada trabajo* tiene *aptitudes esenciales* para el *éxito*.

De hecho, ahora vamos a hacer un rápido ejercicio para perfeccionar sus aptitudes para generar listas útiles de aptitudes asociadas a determinados puestos de trabajo. Yo llamo a esto:

¡La práctica de dos minutos!

Saque su lápiz y papel de nuevo, con un temporizador o un reloj.

Vamos a dedicar unos minutos a la generación de listas de aptitudes claves para dos trabajos diferentes. Vamos a comenzar con un trabajo, y luego hablar de nuestras listas, y luego pasaremos a la siguiente tarea, haciendo lo mismo. Por último, haremos algunas observaciones generales adicionales que le ayudarán más adelante en su propia preparación para la entrevista de trabajo. Estos ejercicios se convertirán en práctica real de las técnicas, así que ¡preste atención!

Aquí están las reglas de este ejercicio:

1. Cuando inicie la lista para un trabajo específico, anote cualquiera y todas las aptitudes que se consideran importantes para el éxito en ese trabajo. La pulcritud no cuenta. Usted será el único que mirará la lista, así que la velocidad y la cantidad son los objetivos (pero estas deben ser listas reales y bien pensadas, no cualquier cosa).

2. No se preocupe por respuestas correctas o incorrectas. Este ejercicio es simplemente para que usted pueda obtener algo de experiencia con esta tarea de listado de aptitudes para trabajos específicos. Con práctica, va a mejorar en este ejercicio, y que pronto va a usar para la preparación de su propia entrevista.

3. Tómese sólo dos minutos para generar su lista. Cuando el reloj complete los dos minutes, PARE y cuente el número de aptitudes listadas.

4. Pase al texto de este capítulo para comparar las listas con los comentarios que le ofrezco.

5. No se adelante en este capítulo. Trabaje las tareas enumeradas aquí en secuencia, leyendo las introducciones para cada ejercitación de dos minutos y luego ajuste su reloj y su lista. Haga la tarea, revise mis comentarios y luego repita el proceso con la siguiente tarea.

Trabajo Uno: *vendedor* (piense en la mejor y peor persona que le ha vendido algo, como un computador, teléfono, ropa, o lo que sea y considere cuáles eran las aptitudes que serían un buen ejemplo de un *gran* vendedor basado en su propia experiencia).

¡Pare! Piense

¡Ajuste su reloj y *parta* (genere su lista ahora)!

Después de dos minutos, mire su lista. Cuente las habilidades que anotó.

¿Cómo le fue? ¿Fue fácil o difícil nombrar las aptitudes para un vendedor?

Las siguientes son algunas posibles aptitudes que podría haber tenido (esta no es una lista exhaustiva, pero puede servir como referencia).

Nota: para el ejercicio, sólo necesitaba nombrar las aptitudes, no es necesario que se incluyan las definiciones (He añadido definiciones a estos 19 ejemplos de aptitudes esenciales sólo para que tenga una idea de por qué las he seleccionado, y lo que he querido decir con cada una. Sin embargo, usted sabe lo que quiere decir cuando anote su aptitud, y por ahora, eso es suficiente).

- Conoce el producto (Poder compartir las características del producto para ayudarle a entender el valor del producto).

- Hace sentir cómodo al cliente (de manera que permanezca un tiempo con el vendedor para aprender más y apreciar el producto).

- Establece relaciones rápidamente (usted se siente bien hablando con el vendedor).

- Parece honesto sobre los detalles (siente que escuchó la verdad sobre este producto frente a otros productos alternativos).

- Simpático (escuchar y hablar con la persona es una experiencia agradable).

- Buen comunicador (las explicaciones son fáciles de entender, siente que está haciendo una elección bien informada cuando elige un producto de este vendedor).

- Sabe escuchar (el vendedor entiende su interés, y confirma que ha comprendido).

- Pregunta por las necesidades, requerimientos, deseos y preferencias del cliente (siente que el vendedor realmente quiere saber que está buscando usted para poder ayudarle con una compra correcta).

- Persistente (a pesar de su duda para efectuar la compra, el vendedor no se rinde, continua agregando más perspectivas para que usted evalúe y hará un seguimiento hasta que complete la compra).

- Maneja el rechazo (comprendiendo que muchos clientes pueden frustrarse y no dar lugar a la venta, un vendedor exitoso debe aprender a vivir con esas fallas y volver con ánimo y alto nivel de energía, una y otra vez, para hacer la próxima venta).

- Permanece calmado bajo presión (especialmente cuando los riesgos aumentan, para los plazos finales, la dura presión competitiva y la negociación del precio; el vendedor mantiene el control con racionales y convincentes puntos de vista).

- Persuasivo (proporciona fuertes argumentos que convencen).

- Solucionador de problemas, buscando la satisfacción del cliente (encuentra la manera de pasar a través de aparentes obstáculos, que pueden ser dudas del comprador, encontrando formas creativas para equilibrar los pros y los contras de un producto frente a otro).

- Buen negociador (permite al comprador influir en el resultado, pero al final encuentra un término medio que permite la venta y la ganancia).

- Buen organizador (capaz de manejar grandes cantidades de datos del producto, limitaciones de tiempo, obligaciones de seguimiento y contratos).

- Cómodo con el desplazamiento por carretera (si el trabajo requiere viajar, esta persona no tiene problemas con estar algunos días fuera de casa, amigos y familia).

- No cede fácilmente y protege la posición de la empresa (encuentra la fina línea entre ganar la aceptación del cliente y no perjudicar a la empresa).

- Hace un seguimiento post venta (incluso después que se realiza una venta, la persona le hace sentir importante ofreciéndole la ayuda necesaria para su satisfacción post venta).

- Bueno para enriquecer la venta con complementos (le ayuda a apreciar el beneficio de comprar más de lo que usted intentaba).

¿Cómo sintió este ejercicio? Con su propia experiencia, o la falta de ella, como receptor de las aptitudes de un vendedor, ¿fue capaz de visualizar fácilmente las aptitudes que serían consecuentes con un vendedor de categoría?

¿Cuántas aptitudes reunió en dos minutos: media docena, una docena, más?

Vamos a probar esto una vez más, con las mismas reglas, y esta vez con un particular como un *contador*. Cuando empecemos la práctica de dos minutos, rápidamente anote todas las aptitudes esenciales que piensa que se deben incluir para ser un *contador* exitoso.

¡Pare! Piense.

¡Ajuste su reloj y parta (genere la lista para un contador ahora)!

Después de dos minutos, mire su lista. Cuente las aptitudes anotadas.

¿Cómo le fue? ¿Fue fácil o difícil nombrar las aptitudes para un contador?

Vamos a comparar su lista con algunas de estas aptitudes que pueden ser incluidas para el éxito en un trabajo de contabilidad:

- Presta atención a los detalles (un punto decimal que se desliza puede significar una gran diferencia en el análisis del proyecto).

- Capaz de trabajar solo (un contador a menudo trabaja largas horas con nada más que una calculadora, un computador y datos. La rutina normal de trabajo puede incluir dispositivos más que trabajar con personas).

- Capaz de manejar el estrés (sobrecarga de trabajo que a menudo llega durante la carga máxima, típica de un informe de fin de mes, informe anual, presupuestos o de otros grandes proyectos que demandan horas extras, horas largas y constantes).

- Conoce las regulaciones (mejores prácticas contables, definiciones legales y detalles técnicos deben ser bien entendidos y practicados).

- Capaz de sacar conclusiones de datos abstractos (en un laberinto de números, el contador ideal puede ayudar a otros a ver el asunto principal y llegar a una decisión).

- Analítico (bueno en el estudio de un tema, viéndolo desde varias perspectivas, trabajando varios escenarios hipotéticos, evaluando los riesgos y las oportunidades, las variables a cuantificar, para llegar a recomendaciones concretas).

- Bueno con el software computacional (genios con Excel y otros programas para organizar evaluar y resumir los datos de forma rápida).

- Capaz de organizar (puede manejar gran cantidad de datos, para su fácil recuperación, análisis y manipulación).

- Fuerte de carácter (enfrentar clientes potencialmente hostiles, tales como los jefes de servicio tratando de obtener la aprobación de un proyecto, o un director ejecutivo que quiere mostrar mayores ganancias, el contador será inflexible al explicarle que los números no soportan la aprobación del proyecto, o que la normativa contable no permite la manipulación de los números sólo para hacer que alguien quede bien).

- Tiene una actitud positiva (tiene la capacidad o habilidad, de persistir, buscar alternativas y encontrar maneras de sacar adelante cuestiones técnicas o complejas donde la mayoría puede bajar los brazos y renunciar)

- Capaz de explicar complejos principios de contabilidad (para ayudar a aquellos que son clientes, como un gerente de nivel superior, compañeros u otros miembros de la organización que tal vez no son expertos en aspectos técnicos de contabilidad).

¿Cómo sintió este segundo ejercicio? Con su propia experiencia como receptor de la aptitud o la falta de ésta, en una persona relacionada con contabilidad, ¿fue capaz de visualizar fácilmente las aptitudes esenciales que serían consistentes con un contador de categoría? Tal vez usted no ha tenido mucho contacto con los contadores. ¿Hizo eso que la tarea fuese más difícil? ¿Cuántas aptitudes reunió en dos minutos: media docena, una docena, más?

Un último ejercicio, y luego vamos a hablar un poco más de nuestros hallazgos generales

Esta vez, la práctica de dos minutos no se ocupará de una tarea específica. ¿Eh? Piense en ello, hemos hablado de dos trabajos diferentes, como un vendedor y un contador. Hemos visto que algunas de las aptitudes son muy diferentes, y algunos de los elementos de las dos listas pueden haber sido los mismos. Sin embargo, hay algunas aptitudes comunes que se pueden aplicar a casi cualquier trabajo. ¿Cuáles pueden ser éstas? Tómese los últimos dos minutos de práctica para anotar habilidades que puedan ayudar a alguien a tener éxito en casi cualquier trabajo.

¡Pare! Piense

¡Ajuste su reloj y parta (genere su lista ahora)!

Después de los dos minutos, mire su lista. Cuente las aptitudes que usted enumeró.

¿Cómo le fue? ¿Fue fácil o difícil llegar a las aptitudes que podrían aplicarse a casi cualquier tipo de trabajo?

Vamos a comparar su lista con algunos de estas aptitudes que se pueden incluir para la mayoría de los trabajos:

- Iniciativa (capacidad de ver lo que se necesita en el ambiente de trabajo y tomar medidas para corregir una deficiencia o perseguir una oportunidad, incluso sin que el jefe o cualquier otra persona se lo pida).

- Capacidad para aprender rápido (para la mayoría de la gente nueva en un trabajo, esta técnica sirve con el fin de integrar más rápidamente las necesidades de la empresa).

- Integridad (capacidad de apegarse a los valores fundamentales como la honestidad, juego limpio y mantener su palabra, a pesar de las presiones externas).

- Puntualidad (si no lo hace constantemente, puede que le despidan).

- Mostrarse sobrio y sin influencia de drogas (una vez más, una posibilidad para ser despedido de inmediato si esta conducta no está presente).

Nos fijamos en las aptitudes esenciales de un vendedor y de un contador, a continuación, algunas aptitudes (o conductas) que podrían aplicarse a cualquier tipo de trabajo. Ahora vamos a pensar en lo que hemos aprendido de estos tres ejercicios.

1. Existen, en realidad, aptitudes esenciales que sirven bien para tener éxito en determinados tra-

bajos. Sin estas aptitudes, una persona puede fácilmente fallar en la realización de esa función.

2. A veces algunas de estas aptitudes específicas se aplican a otros puestos de trabajo.

3. También hay algunas aptitudes que pueden aplicarse a muchos, si no todos los puestos de trabajo.

4. Algunas aptitudes se relacionan con los requisitos técnicos del trabajo (como la comprensión de las normas de contabilidad o de fórmulas de ingeniería, o la capacidad de recordar las especificaciones del producto y las aplicaciones) y algunas aptitudes relacionadas con el medio ambiente del trabajo (por ejemplo, trabajar solo o trabajar con otros, o trabajar en la oficina versus ser capaz de manejar una gran cantidad de viajes). Cuando usted genera su lista, puede activar su proceso de pensamiento, considerando diferentes categorías (técnicas, sociales, ambientales) con el propósito de crear capacidades adicionales que podrían ser pasadas por alto, y que podrían ser importantes para el éxito.

5. En sólo un par de minutos puede generar rápidamente una lista de aptitudes que son fundamentales para el éxito, con más elementos anotados para trabajo familiar, y menos elementos para aquellos en los que ha tenido una exposición limitada.

¿Y qué?

Usted puede estar pensando, "¿Qué significan estos tres ejercicios para mí?" Como se verá en un momento, este proceso (pensar en aptitudes claves para determinados puestos de trabajo) es el primer paso en la preparación de la entrevista. Puesto que cada trabajo tiene habilidades específicas esenciales para el éxito, es importante primero hacer un balance de lo que son esas aptitudes. Estas son las aptitudes que el empleador está buscando para encontrar el mejor candidato. ¿Es su práctica de dos minutos suficiente para generar la lista correcta? No. Pero no hace falta mucho más trabajo para obtener una lista que puede ser lo que usted necesita para su preparación pre-entrevista.

En sólo dos minutos, ha creado una rápida lista de aciertos de aptitudes clave. Ciertamente, si usted dedica cinco o diez minutos, la lista podría haber sido el doble o más. Si hubiera dormido una noche, y luego lo hiciera una vez más a la mañana siguiente, sin duda descubriría algunas aptitudes nuevas e importantes que omitió en la lista inicial.

¡Estos 15 minutos pueden cambiar su vida!

Haga exactamente eso: dé a la tarea unos diez minutos la primera vez y luego de dormir, dele cinco minutos más al día siguiente. Eso es un total de tan sólo 15 minutos, que podrían cambiar su vida. Voy a explicar por qué y cómo, a medida que continuamos con el siguiente concepto clave en este capítulo:

Pronosticando el desempeño

Piense en la predicción del desempeño futuro por un momento. Póngase en el lugar del gerente de recursos humanos, la persona que está haciendo la entrevista. Tiene varios candidatos, habla con cada uno de ellos, y, finalmente, tiene que tomar una decisión sobre cuál elegir. Usted se está jugando el futuro de la compañía, y tal vez su propia carrera, en su selección basada en una breve revisión de currículos y un período relativamente breve hablando con varias personas. ¿Cómo puede pronosticar el desempeño futuro de la persona que busca?

Se le pagará a los nuevos empleados a partir del día uno en el trabajo, con la expectativa de seguir pagando en el futuro. Inmediatamente se gastan recursos para capacitarlos, ponerlos al día sobre los proyectos, normas y reglamentación de la empresa y normas de comportamiento esperado, y se espera que retribuyan la inversión inicial. Todo el riesgo es suyo: paga en primer lugar, invierte recursos y luego cruza los dedos con la esperanza de lo que ellos puedan entregar más tarde.

¿Cómo puede aumentar sus probabilidades de predicción y selección? Tiene que ser capaz de responder a esta pregunta clave: ¿cuál es el mejor indicador del rendimiento futuro?

¡Pare! Piense.

Escriba lo que cree que es el mejor indicador del desempeño futuro.

Bueno, ¿qué escribió? ¿Cuál cree que es el mejor indicador del desempeño futuro?

El desempeño pasado. El mejor indicador del desempeño futuro es el comportamiento pasado en situaciones similares. Este es el segundo concepto.

Concepto dos: El mejor indicador del desempeño futuro es el desempeño pasado.

Los apostadores en Las Vegas ya saben todo acerca de este concepto. Ellos se ganan la vida con este conocimiento. Cuando están calculando las probabilidades de si un equipo deportivo derrotará a otro, o si un caballo va a ganar la carrera, dependiendo de las condiciones de la pista, el tiempo, y la competencia, ¿qué hacen estos jugadores profesionales? Ellos miran el desempeño pasado de ese equipo, persona o animal para ver qué tan bien lo hicieron con las condiciones y retos similares en el pasado.

Usted hace lo mismo cuando ve un evento deportivo. Imagine que un partido de fútbol está en los últimos segundos, que es un empate, y su equipo tiene el balón. Espera que su jugador favorito con capacidad para rematar el juego ponga sus pies sobre el balón, porque usted sabe que él puede ofrecer en una situación de alto riesgo. Puede ser un medio campista, defensa, o delantero dependiendo de la posición del campo. Supongamos en este ejemplo que todo se reduce a un gol. Usted tiene confianza en el resultado ya que el goleador de su equipo estadísticamente llega con un alto porcentaje de éxito, y apuesta en consecuencia. La presión de la situación presenta retos únicos que requieren de habilidades especiales necesarias para tener éxito, y usted sabe cómo su jugador preferido siempre lo ha hecho en el pasado.

Así que ¿por qué debería ser diferente cuando alguien está tratando de hacer predicciones sobre el desempeño en un puesto de trabajo? No lo es. De hecho, para los jugadores de fútbol profesionales, ¡este es su trabajo! Un reclutador o cazatalentos para el equipo va a hacer un análisis de la misma manera que un gerente de una empresa no orientada a los deportes: definiría las habilidades esenciales para el éxito, y buscaría a la persona que ha demostrado tener éxito con estas habilidades en el pasado.

Si el entrenador necesita un goleador que maneje bien el estrés, busca a los jugadores que en repetidas ocasiones salvan el día para su equipo. Del mismo modo, si el entrenador necesita un buen medio campista, defensa o delantero, comprueba las estadísticas de la historia del candidato en esas posiciones. El equipo de fútbol también tiene "equipos especiales" sólo para desafíos particulares, no muy diferente de una empresa que tiene algunos departamentos que se especializan en demandas específicas para negocios.

En el mundo de los negocios (es decir en las empresas no deportivas), si se requieren postulantes para usar exitosamente una aptitud clave en el futuro, la mejor medición de sus probabilidades para hacer lo que sea necesario, es su rendimiento histórico. Tienen que demostrar que en el pasado ya han tenido éxito con esa aptitud, en circunstancias similares.

Por ejemplo, si usted necesita a alguien que pueda manejar una crisis con una tranquila pero decisiva acción (por ejemplo, un bombero o una persona especialista en rescates de emergencia, o tal vez una persona de relaciones públicas, o una telefonista en línea directa atendiendo situaciones críticas), entonces entérese de la experiencia de su candidato en tratar una crisis, del manejo con éxito de incidentes con una actitud calmada y una acción decisiva. Obtenga información sobre múltiples experiencias similares, para explorar la consistencia de esta persona en un desempeño exitoso en estas condiciones.

Del mismo modo, si usted quiere que alguien se sienta cómodo y exitoso al hacer discursos públicos, además de ser bueno para responder preguntas difíciles, entonces busque a alguien que tenga un historial probado de dar discursos eficaces, con aparente orden y control, incluyendo la interacción con un público a veces hostil. Si usted fuera un supervisor, que busca cubrir puestos de trabajo que exigen aptitudes esenciales para el éxito, entonces debe encontrar a la persona que tiene más consistencia, y más éxito, demostrado en estas aptitudes esenciales en particular en el pasado.

El otro lado de la moneda

La situación anterior era desde el punto de vista del entrevistador, tratando de reducir el riesgo de un mal proceso de selección, investigando exhaustivamente los resultados anteriores de varios candidatos en situaciones que se asemejan más a los desafíos que el candidato enfrentará en el nuevo puesto de trabajo. Sin embargo, podemos ver este asunto desde el otro lado de la moneda, donde usted es el que busca empleo, en lugar del gerente de recursos humanos que busca un candidato.

Por lo tanto, si es usted es la persona que quiere ganar la competencia de la entrevista de trabajo, con el fin de obtener la oferta de trabajo, debe abordar el problema desde esta perspectiva. El supervisor quiere saber acerca de los resultados anteriores con las habilidades clave, y desde su punto de vista, su tarea es comunicar eficazmente al entrevistador que usted ya ha manejado con éxito las aptitudes que están buscando. Ya sabe lo que buscan, y les proporcionará los datos para ayudarles a tomar la decisión correcta, es decir, que le contraten.

Usted debe demostrar que es la persona más calificada, con las aptitudes que ellos quieren.

En consecuencia, su primer ejercicio preparatorio antes de tener una entrevista (en realidad antes de escribir su currículo, asunto que vamos a cubrir en un capítulo posterior), es dar prioridad a una lista de aptitudes claves para el éxito en el trabajo que espera obtener. En breve, me refiero a unas 10 ó 15 aptitudes específicas de trabajo, además de 4 a 6 aptitudes genéricas que se aplican a todos los puestos de trabajo. Si no sabe lo que el gerente de recursos humanos está buscando, entonces no está todavía listo para preparar su estrategia previa a la entrevista. Sin embargo, si usted hace el ejercicio que practicamos antes, aumenta en gran medida sus propias posibilidades, anticipando cuáles son las aptitudes que más desean, y evalúa sus propias experiencias en las que las utilizó con éxito.

Comience con su lluvia de ideas sobre el ejercicio para generar la lista de las aptitudes esenciales (15 minutos repartidos en dos días). Si lo hace bien, es probable que pueda generar de 50 a 75 aptitudes clave. Ahora establezca una lista de prioridades que según usted son las más importantes. No es necesario dar prioridad a 50 o más puntos, pero por lo menos asegúrese de que sabe cuáles son las mejores 12 a 24 aptitudes necesarias para tener éxito y obtener ese trabajo.

Ahora que usted tiene su lista de las 12 a 24 más importantes aptitudes clave, que serán de interés para el entrevistador (o entrevistadores), el objetivo es comunicar bien sus propias experiencias en el pasado con cada una de estas aptitudes. Puede que tenga todas las experiencias adecuadas, pero si no puede expresar su mensaje de manera clara, el entrevistador no apreciará lo que usted tiene para ofrecer.

Normalmente, esto es lo que sucede cuando una persona calificada no recibe ofertas de trabajo. Es cómo el hijo del médico de mi secretaria: tenía buena experiencia, pero falló en su entrega del mensaje en la entrevista. ¡Qué lástima! Pero como vio, lo arregló fácilmente (consiguió el trabajo después de una sesión de entrenamiento sólo en estos temas). Ahora usted también verá cómo expresarse clara y concisamente y con un impacto memorable, con el concepto número tres, cómo comunicarse.

Concepto Tres: Cómo ser comunicador estrella (STAR) durante la entrevista

Como es de esperar, y probablemente lo ha experimentado ya, la esencia de una entrevista es la parte en que el entrevistador le pregunta acerca de sus experiencias y aptitudes particulares (en el próximo capítulo, vamos a revisar en detalle cada una de las fases de la entrevista, y lo que debe hacer para brillar en cada parte). Aquí, durante la fase de preguntas y respuestas de la entrevista, usted quiere ser una estrella (STAR) con sus respuestas. Desea destacar única y brillantemente en el amplio campo de competidores. ¿Cómo puede hacerlo? Su éxito en la entrevista está directamente vinculado a cómo responder a las preguntas acerca de sus habilidades.

En primer lugar, vamos a hablar sobre el tiempo. Una vez que el entrevistador le presenta la pregunta, ¿cuánto tiempo cree usted que debe demorarse en su respuesta para describir sus habilidades?

¿Qué piensa usted? ¿Cinco minutos? Esto es lo que mucha gente piensa que es necesario. La mayoría de las personas consideran que se necesitan unos cinco minutos para estructurar una buena respuesta, con detalles y ejemplos para ayudar a que el entrevistador conozca sus capacidades. Vamos a continuar por el momento, con ese ritmo de 5 minutos en mente, y a hacer un poco de matemática.

Si se ejecuta una entrevista de media hora, o tal vez a lo más 45 minutos, la parte de preguntas y respuestas sólo puede ser de unos veinte minutos, aparte de otras cosas que se tratan en la reunión. Si toma cinco minutos para comunicar los detalles acerca de una aptitud particular, ¿cuántos ejemplos de tales aptitudes puede compartir con el entrevistador? La respuesta es cuatro (discutir cuatro aptitudes, de cinco minutos cada una, es igual a los veinte minutos que están disponibles).

¿Cuál es la importancia de este paso? Esto significa que al final de su entrevista, el gerente de recursos humanos se ha enterado que usted es bueno en cuatro aptitudes fundamentales para el trabajo. No es suficiente. Si por el contrario fue capaz de comunicar una historia efectiva usando sólo dos minutos para cada pregunta de aptitud, las matemáticas dicen que usted puede mostrar 10 aptitudes en los mismos veinte minutos. Habrá comunicado más del doble que su competidor durante el mismo período de tiempo. El gerente de recursos humanos se habrá enterado de unas diez aptitudes específicas que usted ha realizado con éxito en el pasado, mientras que sólo se habrá enterado de cuatro de ellas con los otros candidatos. ¡Qué gran diferencia puede marcar en la impresión sobre su entrevista!

Pero, ¿cómo puede comunicar todo lo que quiere sobre una aptitud clave en sólo dos minutos? La respuesta es utilizar una estrategia de comunicación efectiva, nuestro tercer concepto clave. Puede ser una entrevistado "ESTRELLA (STAR)" si simplemente recuerda el uso de técnicas de comunicación STAR que es un recurso nemotécnico para ayudarle a recordar lo que debe hacer.

Wikipedia define "recurso nemotécnico" como *"el procedimiento de asociación mental de ideas, esquemas, ejercicios sistemáticos, repeticiones, etc. para facilitar el recuerdo de algo. Por lo general, son verbales - como un poema muy corto o una **palabra** especial que se utiliza* *para ayudar a una persona a recordar algo - pero puede ser **visual**, kinestésico o auditivo. La nemotecnia se basa en la asociación de construcciones fáciles de recordar que se pueden relacionar con los datos que hay que recordar".*

En nuestro caso, la palabra **STAR** es nuestra ayuda memoria. Puede visualizar una estrella en su cabeza también, para ayudar a activar la secuencia verbal y recordar la respuesta. Cada letra representa un paso en el proceso de preparación y respuesta a cualquier pregunta acerca de su historial de aptitudes. Sólo recuerde los temas **S**ituación-**T**area-**A**cción **R**esultados (**STAR**). Esto es lo que cada parte debe cubrir:

Piense STAR: Situación-Tarea-Acción-Resultado

- **Situación:** esta parte de su respuesta se refiere a la situación que existía cuando tuvo que utilizar la aptitud especial (la que es de interés para el entrevistador), con el fin de resolver un problema. Recuerde, su entrevistador no sabe nada sobre usted o su historia, por lo tanto, primero debe *pintar un cuadro con palabras,* una breve descripción de las condiciones y el medio ambiente en que había que resolver un problema.

- **Tarea:** el reto particular o el objetivo que enfrenta, donde fue necesario ejercitar la aptitud de interés, con el fin de resolver el problema.

- **Acción:** el resumen de todas las acciones que tomó para resolver el problema, el que fácilmente mostrará su competencia en la materia. Este es el objetivo de su respuesta, y la parte que usted tiene que considerar cuidadosamente. Su preparación debe incluir recordar todas las acciones específicas que tomó para resolver un problema. ¿Cómo investigar el tema? ¿Ha trabajado horas extras y fines de semana para estudiar las alternativas? ¿Involucró a otros en su equipo para trabajar en la solución? ¿Cómo les motivó para que ayudaran?

- **Resultado:** Es la conclusión de su historia. El comentario del resultado debería ser un comunicado cuantificable que demuestre lo bien que se solucionó el problema. (Puede ser expresada en dinero o en ahorro de tiempo, ingresos generados, aumento del volumen de ventas, mejoramiento de la cualidad en X porcentaje, etc.). Nota: es importante aquí encontrar *datos objetivos,* cuando sea posible, en lugar de comentarios subjetivos. En lugar de decir subjetivamente "Mejoramiento en las ventas" o "Mejoramiento en productividad", es más eficaz tener datos objetivos y decir "Mejoramiento en las ventas en X%" o "Mejoramiento en productividad reduciendo el tiempo de trabajo en X%, ahorrando $XXXXX por año". Si no recuerda los detalles, es probable que tenga estos datos en sus antiguas revisiones de rendimiento, y otros documentos de trabajo. Tómese el tiempo para investigar estos detalles antes de salir para la entrevista.

Nota: puede utilizar sus propios recursos nemotécnicos para ayudarle a recordar los elementos durante la entrevista, o incluso como sustituto de STAR si siente que otra frase le sirve más. De hecho, cuando enseñé este tema en español como parte del curso que impartí durante un semestre en la Universidad Mayor en Santiago de Chile, en lugar de utilizar STAR (que funciona bien para los hablantes de lengua inglesa), he usado "SER". Les dije a mis alumnos que podían "ser" todo lo que quisieran "ser", sobre todo si se recuerda "**SER**" al responder las preguntas acerca de las habilidades durante la entrevista. Les expliqué que "**S**" sería **S**ituación (o tarea), "**E**" sería **E**volución (el desarrollo o evolución de las medidas que tomaron para resolver el problema) y "**R**" sería **R**esultado (los resultados de sus acciones).

Un pequeño ejemplo puede ser útil aquí para ver cómo utilizar STAR a la hora de abordar una pregunta acerca de una habilidad particular.

Imaginemos que el entrevistador le pidió un ejemplo de iniciativa, en la que llevó a cabo acciones por su cuenta, sin el impulso de su supervisor. La siguiente podría ser una típica respuesta de dos minutos que incorpora cada uno de los elementos de STAR.

Situación: *"Fui promovido para ser el nuevo gerente de la planta de uno de los sitios más grandes y antiguos de nuestra empresa (con más de 700 empleados, dos sindicatos y un departamento que no pertenecía a ningún sindicato). Por desgracia, esta planta tenía reputación de ser la planta de mayor costo en nuestra empresa, con un mal historial ambiental y de seguridad (decenas de incidentes y lesiones por año, notificados por el gobierno federal), y difíciles relaciones con los sindicatos de la empresa.*

Tarea: *"Se me pidió hacer cambios rápidos y drásticos en la cultura de la planta para tener bajo control la* *seguridad y reducción de costos y mejorar las relaciones humanas.*

Acción: *"Inmediatamente les pedí a mi secretaria y a al gerente de operaciones que me ayudaran con una lista con los nombres de todos los empleados de la planta, incluyendo los detalles de cuándo estaría cada uno en su turno (teníamos operaciones las 24 horas al día, los siete días a la semana).*

Luego me reuní y hablé con cada uno de los empleados en su área de trabajo, como el personal de operaciones en sus salas de control, los mecánicos en los talleres, personal de servicio en la planta y el personal de control de calidad en los laboratorios. Yo variaba las áreas de la planta y horas del día para visitarles, incluyendo las tardes los y turnos de noche. En poco tiempo, conocí a todos los empleados cara a cara, y continué con esta práctica todos los días, para conocer de forma individual, y para que cada uno supiera de mí, mis valores, creencias y expectativas. Utilicé esta oportunidad para reforzar un fuerte mensaje de seguridad, calidad y control de costos, la comunicación clara de mi pasión por estas prioridades, así como mi intolerancia absoluta al menor incumplimiento de las expectativas de seguridad y medio ambiente. Cualquier problema surgido de los empleados recibió mi atención y seguimiento.

Resultado: *"Dentro de un año, nuestra planta obtuvo el máximo galardón empresarial por Aumento de Utilidades. En materia de seguridad, redujimos las lesiones a una cuarta parte del anterior mejor desempeño de la historia, de dos lesiones por mes a sólo una cada dos meses. Nuestro cambio cultural espectacular, con atención al detalle, también se redujeron los incidentes ambientales a la mitad y se redujeron las emisiones ambientales SARA (para las normas del Gobierno Federal de EE.UU.) en un 25% en comparación con años anteriores. Las relaciones entre el Sindicato y la empresa, alcanzaron nuevas alturas, con un acuerdo de negociación a largo plazo, que* *evitó una huelga y eliminó la necesidad de implementar caros planes de contingencia".*

Esta es una respuesta completa, y sin embargo necesita tan sólo dos minutos para ser comunicada (si no me cree, lea en voz alta y mida el tiempo). Es sorprendente lo mucho que se puede decir en tan sólo dos minutos, siempre que haya sido bien planificado. Puede incluir una gran cantidad de información en la comunicación cuando ha pensado antes acerca de sus experiencias reales, y organizar el flujo en esta fácil secuencia STAR. El uso de STAR, como estructura para responder a una pregunta acerca de una aptitud particular le permite proporcionar una descripción concisa, sólida del real rendimiento en su pasado.

Sin embargo, usted tiene que estar preparado con antelación para aprovechar al máximo esta oportunidad. Sólo tiene una oportunidad por pregunta para impresionar a su entrevistador con su éxito con la aptitud de interés para él, en el pasado. Entonces, ¿cómo se puede preparar mejor? ¿Y qué hacer si siente que no tiene la suficiente experiencia en ese puesto?

Está recién comenzando, ¿con poca experiencia? No hay problema

El comentario que frecuentemente escucho de los que recién ingresan al mercado laboral, ya sea después de terminar sus estudios o después de las responsabilidades en el hogar ahora en búsqueda de oportunidades de empleo, es que "simplemente no tengo la experiencia suficiente para incluir mi STAR en las preparaciones". Mi respuesta: "Usted tiene 20 o más años de vida activa que pueden servir para demostrar que está listo!"

La clave está en centrarse directamente en las aptitudes necesarias para el trabajo específico y relacionarlas con su propia experiencia de vida fuera del trabajo. Vamos a imaginar que éstas pueden incluir capacidades tan importantes como la capacidad de aprender una nueva tarea con rapidez, atención al detalle, el manejo de un proyecto complejo o siendo un innovador solucionador de problemas. Incluso si usted no ha trabajado durante años en una capacidad profesional, es probable que haya tenido que usar estas aptitudes en muchos de los siguientes contextos: escuela, eventos sociales, actividades benéficas, proyectos personales, actividades extracurriculares, pasatiempos, deportes y dentro de grupos cívicos o religiosos. La demostración de la exitosa aplicación de una aptitud es válida, ya sea para un trabajo remunerado o voluntario, o de un proyecto automotivado.

Tal vez usted tuvo que planear un viaje de vacaciones de la familia o amigos por varios estados con un presupuesto limitado y no mucho tiempo. Su función consiste en optimizar la ubicación, los gastos y el entretenimiento. Esto puede ser un ejemplo productivo de su habilidad resolviendo problemas de forma innovadora, manejo de proyectos, control de presupuesto, motivando el trabajo en equipo y manejando prioridades. Aprender nuevas habilidades y alcanzar la excelencia puede ser fácilmente demostrado con su pasatiempo favorito, logros deportivos o pasiones, como lo pueden ser con experiencias laborales.

Cuando usted proporciona la situación y el contexto de la actividad, muestra lo que hizo para responder al desafío, y luego, ofrece ejemplos de cómo puede medir el éxito (ganó el concurso de música regional; disfrutó de unas vacaciones en 5-Estados en una semana por debajo del presupuesto; construyó una casa de un piso como voluntario en "Un Techo para Chile"), está proporcionando a los entrevistadores, una sólida base para predecir el rendimiento futuro con la empresa, utilizando las mismas habilidades que se necesitan en el trabajo.

Céntrese en las habilidades, no el contexto. Es decir, céntrese en lo que ha aprendido, no donde lo aprendió. En casa o en el trabajo no importa. Usted puede preparar su STAR, como lo haría un candidato basado en el trabajo. Utilice el siguiente formato para estar preparado.

Su ayuda memoria STAR

En la preparación para una entrevista, después de haber hecho los ejercicios de 15 minutos, durante dos días para la creación de su lista priorizada de una docena de aptitudes esenciales para el éxito en el trabajo específico en cuestión, usted debe sentarse con un pedazo de papel que puede servir como su ayuda memoria, o ficha de trabajo. Esto es lo que hace.

En la parte superior de una hoja de papel estándar de 8.5"x 11" (o A4 estándar internacional, 210 x 297 mm) haga cinco columnas para los títulos.

Aptitud   Situación   Tarea   Acción   Resultado

Dibuje líneas a lo largo de la página para estas columnas.

A continuación, por el margen izquierdo de la página, divida la página completa en ocho o diez filas. Puede hacerlo a mano alzada, con lápiz y papel, o puede ponerse imaginativo y crear un formulario en blanco para su uso con un programa de Excel u otro software de texto amigable de usar. Tendrá alrededor de diez de estas páginas para empezar. Debería terminar con un montón de casillas en cada fila, dejando suficiente espacio para poner los puntos a tratar, con palabras que le ayuden a refrescar la memoria en cada categoría. Por ejemplo, en nuestra muestra de preguntas y respuestas anteriores, acerca de la aptitud "iniciativa", leyendo a través de una fila, su hoja puede incluir notas como:

Casilla Aptitudes: una palabra – iniciativa.

Casilla Situación: planta antigua grande, 700+ empleados, relaciones difíciles sindicato, peor en costo, pobre seguridad-medioambiental.

Casilla Tarea: hacer rápidos cambios, cultura/seguridad/ costo/recursos humanos.

Casilla Acción: nombres de empleados, reuniones cara a cara, todos los turnos, conocerse mutuamente, firme mensaje MA/S/$ (si, puede usar abreviaciones y símbolos, como en este caso para "Medio Ambiental/Seguridad/Costo" – esto es sólo para usted, así que ¡hágalo simple!).

Casilla Resultado: premio ganancias, reducción de lesiones 25% del registro anterior, recorte de 25% en emisiones ambientales, negociación sin huelga.

Una vez que complete una fila, ha refrescado la memoria de su experiencia con esta técnica en particular, y también los principales puntos que tendrá que comunicar a su entrevistador cuando le pregunte sobre esta habilidad.

La preparación es un proceso de tres partes:

- En primer lugar, genere una buena lista de probables habilidades esenciales necesarias para el éxito en ese trabajo.

- En segundo lugar, piense en sus mayores y más importantes logros, en los cuáles utilizó esas habilidades, una a la vez, para lograr un objetivo

- El tercer y último paso consiste en rellenar las casillas a través de una fila, para cada aptitud, in- cluyendo los puntos para refrescar la memoria de cada evento. Si es necesario, revise sus archivos personales para asegurarse de que tiene buenos datos para poner en el cuadro de resultados. Por supuesto, nunca divulgue información clasificada, reservada o confidencial.

Mientras prepara las casillas, tómese el tiempo para revisar los antiguos informes de rendimiento anual u hojas de vida que pueda tener en sus archivos, para asegurarse de que recoge las estadísticas reales y las principales acciones que tomó para hacer progresar a su empresa, y también recoge los datos de los resultados que obtuvo. Como se mencionó anteriormente, es mucho mejor poder prepararse con números concretos en lugar de simplemente palabras bonitas.

Para este ejemplo, vale la pena el esfuerzo de investigar y confirmar, "Las lesiones registrables de OSHA eran más de 30 por año cuando llegó a su nuevo trabajo, con al menos dos por mes, y con su esfuerzo fueron capaces de reducirlas a no más de siete incidentes en un año". Esto es mucho más fuerte que sólo poner en la casilla que "La seguridad mejoró".

Nuestra memoria puede ponerse difusa después de un tiempo, por eso, tómese un tiempo *ahora* para la investigación y el recuerdo de su pasado, antes de que vaya a la entrevista (de hecho, antes de escribir su currículo). Llene las casillas con las palabras clave y los datos, que resumen el mensaje que desea comunicar.

Un último punto sobre la ficha de trabajo y sus respuestas a las entrevistas, antes de pasar a la recapitulación de detalles acerca de su preparación. Una vez que tenga puntos a tratar, ¿trata de memorizar un guión para cada habilidad? No. El ejercicio de desempolvar la memoria, y la investigación de sus archivos, es sólo para refrescar la memoria de eventos especiales en su historia personal que puede demostrar que ha utilizado con éxito cada habilidad para resolver un problema. Sin embargo, esta es su vida. No es la vida de otro.

Su respuesta a la entrevista no debe ser diferente a la historia que casualmente cuenta a un amigo acerca de algún evento en su vida, mientras que ambos charlan en un café. Usted estuvo allí. Se acuerda de lo que pasó.

Conoce los hechos a comunicar. La única diferencia es que para esta importante conversación (la entrevista) desea revisar sus "Resultados" en primer lugar, a fin de que estén en la punta de la lengua, y desea estructurar la conversación para ser eficiente con su tiempo y lograr todos los puntos fuertes en dos minutos.

La estructura de STAR le proporciona el flujo para que pase de la situación, a la tarea, a las acciones y resultados. De hecho, una vez que haga el gráfico, puede que ni siquiera tenga que mirar de nuevo, más que un rápido vistazo antes de la entrevista. ¡Pero tiene que hacer el gráfico! Ese proceso hace que se graben en su memoria estos momentos de su vida.

¿Qué sigue en el formulario?

Después de completar una fila con los detalles de una aptitud, como la iniciativa, ¿qué hacer a continuación en el formulario? ¿Introducir una nueva aptitud en la siguiente fila? ¡No!

Usted debe introducir la misma aptitud por lo menos dos veces más, con un mínimo de al menos tres ejemplos diferentes para la misma "aptitud" en la planilla. ¿Por qué es esto? Déjeme darle un ejemplo real de una entrevista que le mostrará lo que puede suceder cuando no se ha preparado bien.

Como antecedente, cuando yo tenía un puesto de trabajo vacante y entrevistaba a los candidatos, incluía siempre la *iniciativa* como una de las aptitudes clave que quería conocer del pasado del candidato. ¿Por qué es esto? Porque como gerente, con mucho que hacer, no quería mal acostumbrar a mis subordinados, dándoles instrucciones todos los días acerca de lo que tenían que hacer. Esperaba que ellos tomaran la iniciativa en el trabajo. Quería que ellos utilizaran su experiencia para ver lo que era necesario reparar, buscaran las soluciones por su cuenta, y buscaran nuevas oportunidades e hicieran que sucedieran. Quería contratar a un candidato con un historial probado de resultados exitosos en el inicio de mejoras en su trabajo anterior.

Un día, estaba entrevistando a un candidato que llamaremos John, y nuestra memorable conversación fue la siguiente (es real, no es una historia inventada):

Yo: *"John, por favor deme un ejemplo de su pasado en el que tomó la iniciativa para resolver un problema. Es decir, en el que vio la necesidad de una mejora, y sin que el jefe u otra persona le pidiera hacer algo al respecto, se adelantó y se hizo cargo de la situación e hizo las correcciones necesarias".*

John: *"Hmmm, esa es una buena pregunta. Déjeme pensar".*

Yo: *Pacientemente esperando por un resumen de iniciativa de John.*

John: *Respirando profundamente, blanqueando los ojos.*

Yo: *Observando el lenguaje corporal de John (tragando saliva, el sudor empezando a aparecer en su frente, el ceño fruncido).*

John: *"No se me ocurre nada por ahora, pero por favor, deme un momento".*

Yo: *Sin ayudarle, y sólo esperando y observando (el tiempo iba pasando, tal vez un minuto de silencio que, sin duda, a John, le pareció como si se tratara de una hora.*

John: *"Oh si! Hace como dos años atrás…" (Y John me contó algo que había hecho por su cuenta).*

Después de que John explicó este particular ejemplo de su iniciativa, ¿cuál cree que fue la siguiente pregunta de habilidad que le pedí? Sigamos

Yo: *"Gracias John. Ahora, por favor, deme otro ejemplo de su iniciativa".*

John: *"Hmmm. Déjeme pensar".*

Yo: *Más espera.*

John: *(finalmente después de mucho retorcerse) "Caramba, creo que realmente no puedo pensar en otro ejemplo en este momento".*

En ese momento de la entrevista, yo ya había tomado mi decisión: ¡nunca contrataría a esta persona en mi organización! Rápida y cortésmente terminé nuestra entrevista con algunas preguntas más y pasé al siguiente candidato. Era obvio que la iniciativa no era una de las fortalezas del grupo de habilidades de John. O, al menos no se había preparado para esta entrevista, anticipando que esta aptitud en particular podría ser importante, para que pudiera refrescar su memoria antes de la entrevista con ejemplos reales donde hizo uso de ella. En cualquier caso, para mí, la iniciativa era una de las aptitudes esenciales para el éxito, y por lo tanto la deficiencia de John con ésta era motivo para no llegar a un acuerdo.

Es comprensible que con el estrés de una entrevista, su mente se pueda bloquear. Incluso si tiene buenas experiencias para compartir, puede quedar en blanco durante la entrevista y, por la Ley de Murphy, recordará los mejores ejemplos sólo después de terminarla. Por lo tanto, para evitar que la mente se bloquee, y para refrescar su propia memoria con sus logros, es vital que se establezca la práctica de la preparación previa a la entrevista llenando el formulario con las columnas Habilidad, Situación, Tarea, Acción y Resultado, y las filas de las habilidades específicas, con al menos tres ejemplos para cada una.

Para consolidar su estrategia para convertirse en el mejor candidato que se entrevista, debe hacer el trabajo. Aprenda fácil y olvide rápido. Aprenda arduamente, recuerde siempre. ¡Haga la hoja de trabajo!

Por lo tanto, que su hoja tenga al menos tres ejemplos de cada aptitud, antes de pasar a la siguiente aptitud clave que está en la lista para el trabajo en cuestión. Si tiene mejores ejemplos, siga adelante y escríbalos en su hoja también. No hay nada malo en tener ejemplos adicionales en su hoja de trabajo. De esta manera, si el entrevistador le pide darle otro ejemplo de esta misma aptitud, estará preparado. Hay otra razón por la que desea tener por lo menos tres ejemplos para cada aptitud: diferentes entrevistadores.

Es bastante común, sobre todo para las grandes empresas, que se le pida reunirse con varias personas durante su visita. Podría ser el gerente de recursos humanos, luego el jefe de contrataciones, el gerente general (tal vez el jefe del jefe de contrataciones) y tal vez alguien en un mismo nivel o de otro departamento. ¿Por qué? Debido a que la empresa quiere varias perspectivas de cada candidato. Al final del día, después de todas las entrevistas, los entrevistadores se reúnen y comparan notas. Aquí es donde clasifican a los candidatos y comparten anécdotas sobre cómo fueron las conversaciones.

Imagine lo que pasaría si varios de los entrevistadores le piden que proporcione un ejemplo de una aptitud, como la iniciativa. Usted viene preparado con su mejor ejemplo, pero sólo uno. Le da a cada uno de ellos el mismo ejemplo. ¿Qué sucede cuando se comparan las notas? El primer gerente puede decir, "era un tipo genial! Me encantó el ejemplo de su iniciativa en la que hizo ..." Entonces, los gerentes siguientes dicen: "Hey, ese es el mismo ejemplo que me dio. ¿Acaso sólo tomó la iniciativa una vez en su carrera?" En lugar de eso, usted desea que el equipo de la entrevista compare notas y descubra que cada uno tiene nueva información para compartir con los demás acerca de sus aptitudes. Esto refuerza aún más la profundidad de su experiencia y el valor que aportará a su empresa.

Use bien su tiempo de preparación. Anote múltiples experiencias de su vida usando las aptitudes que son esenciales para el éxito en el trabajo que está buscando, para que esté bien preparado para dar con facilidad su respuesta STAR de dos minutos.

¿Debería referirse a su hoja de trabajo en la entrevista?

Unas pocas páginas atrás le pregunté si se debería memorizar su respuesta STAR a la pregunta de aptitud, y la respuesta fue "No". Ahora, vamos a imaginar que está en la entrevista y el entrevistador le pregunta acerca de una aptitud particular. ¿Se puede decir lo siguiente? "Un momento, aquí tengo un buen resumen con los puntos clave y datos de mi uso anterior de esta aptitud". De esta manera no tendrá que memorizar nada, sólo puede mirar sus notas. ¿Qué piensa usted?

Respuesta corta: ¡no! El propósito de la hoja de trabajo es para su preparación, no para ser utilizado como una ayuda memoria ni como un documento de uso en la entrevista. El ejercicio consiste en organizar sus pensamientos, para darle el tiempo para investigar los archivos y volver a revisar las estadísticas, antes de programar cualquier entrevista. Por supuesto que puede (y debe) tener su lista, para tener algo para mirar mientras está esperando (similar a mirar sus notas, antes de entrar a una sala para rendir un examen).

Sin embargo, una vez que esté en la entrevista, estos puntos deberían ser fácilmente recordados por su preparación anterior. Fue su vida, y los detalles deberían ser fáciles de recordar. Usted ha investigado la historia, y ha refrescado su memoria sobre resultados cuantificables. No debería ser necesario hacer referencia al documento, de nuevo, durante la entrevista. Se vería ridículo tomar la hoja y leer al contestar una pregunta sobre su propia vida. Una vez que le hayan hecho una pregunta, respire profundamente y piense paso a paso en su respuesta STAR.

Trabaje y juegue

Recuerde también, que la experiencia en esa aptitud, no tiene por qué limitarse sólo a situaciones de trabajo. Individuos en el hogar, o empezando una carrera (o recién salido de la universidad), candidatos que llevan mucho tiempo sin trabajar y empleados que permanecen mucho tiempo en un trabajo, pueden sentir que no tienen suficientes ejemplos para preparar sus formularios. ¡Error!

Como se mencionó anteriormente en este capítulo, cada aplicación de una aptitud cuenta. Si usted ha ejercido esta aptitud como parte de un grupo de voluntarios, en el hogar, club social, o en cualquier otra función, la demostración de la aptitud sigue siendo válida. Formule bien la situación y la tarea, muestre los detalles de cómo la utilizó para resolver un problema difícil y luego muestre los resultados cuantificables. Un buen entrevistador va a ver que tiene esta aptitud.

Un buen entrevistador también apreciará si usted puede demostrar su habilidad para aprender rápido. Su hoja de preparación debería tener muchos ejemplos de cómo usted aprende rápidamente las tareas. Estos son ejemplos de habilidad especialmente importantes si no ha estado en el mundo del trabajo por un tiempo, es nuevo en su carrera, o solicita un trabajo en un campo que es muy diferente a lo que usted está haciendo actualmente. Por lo menos puede darle confianza al entrevistador de que aprende rápida y exitosamente las tareas necesarias en el trabajo, ya que puede demostrar que ha hecho esto muchas veces en el pasado con similares nuevas tareas o nuevas responsabilidades.

Para algo más que aptitudes

Su hoja de trabajo STAR también se puede utilizar para prepararse para otras preguntas que se hacen durante la entrevista, como "Cuénteme sobre un área en la que fracasó, y lo que aprendió de la experiencia". Su preparación para la entrevista no sólo debería abarcar todas las aptitudes para el éxito en el trabajo, sino también para las posibles preguntas dirigidas a su crecimiento, desarrollo, retos, u otras características de la personalidad. Sin embargo, el mismo formato de las respuestas STAR le puede servir para responder estas preguntas.

En el siguiente capítulo nos ocuparemos más de esto, a medida que hablamos de lo que se puede esperar en cada fase del proceso de la entrevista. El punto aquí es saber que puede utilizar esta misma hoja en situaciones puntuales, en las que se enfrentó a retos, mostró lo que hizo para sobrevivir aprendiendo y creciendo a partir de esa experiencia, y recuerda cómo sucedieron las cosas. Anticípese a las preguntas, prepare y utilice este formulario para ayudarse.

En resumen

Si ha hecho el trabajo, su preparación para una entrevista reducirá la tensión sobre qué esperar. Además, estará armado con ejemplos específicos de las aptitudes que ha dominado, con historias exitosas para cada uno, de modo que sus entrevistadores vean que va a ser un gran aporte a su organización. El éxito en la entrevista radica en la preparación. Haga su hoja de ayuda memoria, piense en el trabajo específico en cuestión (incluyendo la obtención de la opinión de otros más familiarizados con las obligaciones del trabajo), haga su lista de aptitudes priorizadas, y llene el formulario con múltiples ejemplos de cómo utilizó con éxito cada una de estas habilidades en el pasado.

Recuerde estos tres conceptos clave:

1. Cada trabajo requiere aptitudes esenciales para el éxito.

2. El mejor indicador del rendimiento futuro es el comportamiento pasado.

3. Comunique sus experiencias con STAR:

   a. Situación

   b. Tarea

   c. Acción

   d. Resultado

En nuestro próximo capítulo, vamos a revisar las fases típicas de una entrevista, y cómo se puede preparar mejor para cada parte.

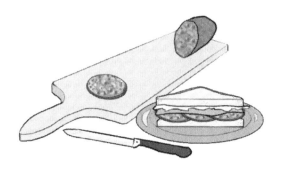

Capítulo 16

Cómo Prepararse para una Entrevista – Parte II

Las Partes de una Entrevista, y Cómo Prepararse para Cada Fase

Miedo

Al pensar en tener una importante entrevista, ¿sus palmas comienzan a sudar de sólo pensar? ¿Su estómago comienza a apretarse y hace que sus intestinos empiecen a soltarse? Disculpe si soy muy gráfico, pero es la realidad. ¿Pierde el sueño por la preocupación? Puede que no le haga sentir mejor, pero ¡no está solo! Sin embargo, lo que *puede* hacer que se sienta mejor es saber qué hacer de manera diferente. Puede reducir el miedo cuando conoce las causas y los remedios. Nos ocuparemos de estos dos en este capítulo.

Su capacidad para reducir la ansiedad antes y durante la entrevista hace una gran diferencia en lo bien que puede transmitir su mensaje, y cómo va a ser percibida por el equipo entrevistador. Cuando tiene miedo, su capacidad de concentrarse en las preguntas formuladas por el entrevistador puede estar disminuida. Del mismo modo, su capacidad de pensar, para componer rápidamente las respuestas, puede llenarse de momentos de bloqueo mental, donde lucha para ordenar sus pensamientos con las aptitudes esenciales para una descripción concisa y productiva de sus experiencias pasadas. Por último, el lenguaje corporal puede enviar señales de incertidumbre e inseguridad, los cuales no proyectan la imagen que desea. La clave para la reducción de la ansiedad es la preparación y el control.

En un momento, vamos a discutir en detalle cada parte del proceso de la entrevista, y cómo puede prepararse mejor para cada fase, pero primero vamos a comenzar con el miedo y la comprensión de cómo reducir el suyo en relación con la entrevista.

Control

¿Alguna vez se sentó en el asiento del copiloto (lado del pasajero del asiento delantero) de un automóvil, mientras que el conductor fue irresponsable (en su opinión) moviéndose en medio de un denso tráfico? ¿Se encontró presionando el suelo debajo de sus pies, como si hubiera un pedal de freno (o hubiera deseado hacerlo)? Sin embargo, si usted hubiera estado en el asiento del conductor, es probable que no hubiera sentido la sensación de riesgo de la misma manera, independiente de su estilo de conducción. ¿Por qué? Permítame ofrecer un ejemplo más, antes de abordar la posible respuesta.

Imaginemos que tenemos un concurso donde se pide clavar un clavo en un bloque de madera con un fuerte golpe de un martillo, para ver cuál competidor penetra más en la madera. ¡Realmente tiene que darle un buen golpe a ese clavo! Usted afirma el clavo en forma perpendicular a la madera con los dedos de una mano, posiciona el martillo sobre el clavo con la otra mano, y luego levanta el brazo para golpearlo. La tarea puede ser un desafío, pero es probable que no genere tanto miedo como no sea, tal vez, el miedo de no ganar este hipotético concurso. Sin embargo, ¿qué ocurre si hacemos el mismo ejercicio, pero le pido que sostenga el clavo mientras yo tengo el martillo para golpear?

¿Miedo? ¿Quién sostiene el clavo y quién sostiene el martillo?

¡Una gran diferencia! De repente, siente que sus dedos están muy vulnerables y expuestos a un riesgo. ¿Por qué?

En ambos ejemplos, se trata de una cuestión de percepción de control. Usted nunca está muy seguro de lo que la otra persona puede hacer, ya sea un accidente con otro coche, o aplastarle los dedos con el martillo. Si le permitiera sujetar el volante del coche o tener el martillo, vuelve su sentido de control y seguridad. Siempre sentimos que somos conductores seguros, ¿no? Creemos que el problema es que la otra mitad de la población está por debajo del promedio (por definición) en sus habilidades de conducción. Asimismo, si bien no puede ser el mejor carpintero, todavía se siente más seguro sosteniendo usted el martillo cuando necesita clavar un clavo, que tener a cualquier otra persona con él. Se reduce el miedo al sentir un mayor control de la situación.

En el proceso de la entrevista, muchos de los entrevistados tienen la sensación de falta de control. No saben lo que se les pedirá, no saben qué esperar del proceso y no saben cómo los va a ver el entrevistador. El miedo comienza a invadir, incluso antes de llegar al lugar de la entrevista.

En realidad, usted tiene mucho más control de lo que piensa. En primer lugar, el quid de la entrevista es sobre usted. Los entrevistadores son los que no saben quién es y lo que puede ofrecerles. Ellos son los que carecen de una persona para hacer las tareas necesarias en la empresa, y no están seguros de si, o cuando, van a encontrar la persona adecuada. Ellos también tienen un grado de temor acerca de los resultados, apostando su éxito futuro en candidatos desconocidos.

Con su preparación STAR, usted sabe que puede hablar con confianza acerca de su propia vida. Sabe que puede comunicar claramente el mensaje acerca de cómo su experiencia y aptitudes se relacionan con sus necesidades. Sabe que con este método para entregar sus puntos clave, se le percibe como un candidato competente, capacitado y profesional. Está en completo control cuando está hablando de su propia vida, especialmente cuando ha organizado sus pensamientos de cómo agrupar estos mensajes en pequeños resúmenes STAR de alto contenido.

Además, tiene el control cada vez que está hablando, ya que maneja el ritmo y el contenido de sus respuestas. De hecho, como veremos más adelante, también puede controlar los mismos temas, en base a sus propias preguntas y su propio manejo del ambiente de discusión. El *volante* o el *martillo* está en sus manos.

Por último, se tiene un gran sentido de control cuando se sabe lo que viene. Hay fases de rutina en cualquier entrevista típica, y vamos a discutir qué esperar y cuándo. Además, vamos a discutir cómo prepararse para cada parte del proceso de la entrevista.

Preparación

La clave para reducir el miedo, además del control, es la preparación. Los dos van de la mano. A medida que entienda el proceso de la entrevista, y se prepare para cada parte, comenzará a sentirse más cómodo consigo mismo. Sabrá que está lo más preparado que puede y tendrá que ensayar mentalmente la variedad de preguntas que se le puedan preguntar. Esta preparación le proporciona una mayor sensación de control y reduce el nivel de miedo, ya que libera su mente para pensar con claridad y eficacia. Con la preparación de su hoja STAR, ya sabe cómo puede responder las preguntas relacionadas con las aptitudes.

Sin embargo, hay otras partes de la entrevista, además de las preguntas basadas en aptitudes. Por lo tanto, usted necesita saber de qué se trata cada parte, y cómo puede prepararse mejor. Vamos a tratar eso ahora.

Las partes de la entrevista

¿Cuántas partes hay? Piense en todo el proceso, desde el momento en que entra a la oficina del entrevistador hasta después de su salida. ¿Cuáles son las diferentes fases de ese proceso, y cuántas hay? La respuesta más simple es que hay tres partes, el comienzo, el medio y el final. Bueno, eso una simplificación un poco excesiva.

Yo diría que hay cinco elementos clave en el proceso de la entrevista, cada uno con su propio enfoque. Usted debe prever el objetivo de cada etapa por separado, y estar preparado para ofrecer la impresión más favorable para cada uno. Estos elementos son:

1. Las primeras impresiones, y la ruptura del hielo. Esto podría ser en dos partes, pero para nuestros

propósitos, en esta fase de la entrevista, todo se relaciona con cómo ser percibido inicialmente por el entrevistador, antes de entrar en conversación seria acerca de sus aptitudes.

2. Preguntas basadas en aptitudes. Este es el meollo de la entrevista.

3. Sus preguntas al entrevistador. Esta parte de la entrevista puede ser la mayoría de las veces olvidada y pasada por alto.

4. El cierre o momento de recapitulación de la entrevista.

5. La nota de agradecimiento. Aunque oficialmente *después* de la entrevista en sí, es otro paso importante en el proceso global que puede ser pasado por alto, pero no debe ser olvidado.

Pasemos por cada una de estas cinco etapas de una en una.

1. La primera impresión y la ruptura del hielo

Usted ha oído el comentario, "Sólo tienes una oportunidad para una primera impresión". Es cierto, así que haga la mayor parte de ella sabiendo lo que es importante. Pensemos por un momento cuánto tiempo podría tomar para generar la primera impresión. ¿Cuánto tiempo piensa usted? ¿Sólo unos pocos minutos? Eso es lo que la mayoría de los participantes en mis seminarios dicen, ya que visualizan que la ruptura inicial del hielo en las conversaciones permite a las personas conocer a los demás.

Desafortunadamente, algunos expertos dicen que es una cuestión de segundos, de uno a siete. Al principio, esto puede sorprender, pero a medida que reflexiona sobre sus propias reacciones cuando conoce a alguien por primera vez, verá que esto es más la norma que la excepción. Probablemente tiene que ver con la arraigada programación de lucha o huida de nuestra especie desde hace unos pocos millones de año. Como animales, todos sobrevivimos por la rápida interpretación y reacción a potenciales amenazas. Sin duda, nuestro sentido casi instintivo, para buscar y analizar muchas pistas sobre un animal o persona que se acerca, permite que nos sintamos bien o amenazados por la otra persona. También usamos estos breves segundos para sacar muchas conclusiones iniciales acerca de ellos.

Si este concepto de impresiones rápidas de los demás le interesa, le sugiero que lea "The One-Second Personality" ("La Personalidad en Un Segundo") por Dean Bellavia, Ph.D., publicado por la empresa Bio-Engineering. Por sorprendente que pueda parecer, el Dr. Bellavia describe un proceso para el desarrollo de un preciso análisis de la personalidad en un segundo.

Aunque es posible que modifiquemos nuestros primeros sentimientos a medida que aprendemos más sobre la otra persona, sin embargo nos formamos una primera impresión en cuestión de segundos. Todo esto sucede antes de pronunciar una palabra. ¿Cuáles son entonces las claves?

El lenguaje corporal. En consecuencia, es necesario pensar en su propio lenguaje corporal durante esos segundos iniciales y de importancia vital en su primer acercamiento con el entrevistador. Durante mis talleres, simulo ser una persona que entra a una oficina para saludar al entrevistador, y luego le pido a la audiencia que dé su opinión sobre lo que sintieron por mí, a partir de las claves del lenguaje corporal que difundí.

Dado que el formato escrito no lo permite, yo en cambio le pediré que pare por un momento, cierre los ojos, y piense pistas positivas y negativas del lenguaje del cuerpo que puedan proyectar los estilos de personalidad al entrevistador. Comience con una lista de las negativas.

Revisaremos esas y luego terminaremos con un conjunto similar de las positivas.

¡Pare! Piense.

Haga su lista escrita o mental de un lenguaje corporal o posturas negativas

¿Qué generó? Algunas de estas características pueden haber estado en su lista:

- La aproximación a la otra persona se hace lentamente, con la cabeza hacia abajo y poco o ningún contacto con los ojos.

- La persona tiene movimientos tentativos, que parecen inciertos o miedosos.

- Los ojos giran alrededor, o miran hacia abajo.

- Se ofrece un débil apretón de manos.

- La expresión facial es tensa, o sin expresión, con continua falta de contacto con los ojos.

- La postura en el asiento es cerrada, con los brazos y las piernas cruzadas, y el cuerpo puede estar encorvado o muy relajado.

- Masticando goma de mascar.

En general, el entrevistador recibe al instante mensajes de todos estos movimientos físicos mostrados por el candidato al entrar en la sala de la entrevista. Estas posturas y gestos comienzan a establecer una idea de la persona y pueden colocar al entrevistado en cualquiera de las siguientes categorías, incluidas las personas que parecen inseguras, temerosas, sin confianza, antisociales o con un comportamiento inapropiado para el evento.

Para aquellos que pensaron que mascar goma es apropiado, dando mayor importancia al buen aliento que a la postura del cuerpo, sería mejor que utilizaran otra forma de refrescar el aliento. Si quiere olores agradables (no se exceda en el perfume o loción para después del afeitar tampoco), pero puede usar una pastilla de menta, una de esas películas delgadas para el aliento o utilice un práctico aerosol de bolsillo.

Hagamos el mismo ejercicio ahora para los movimientos y posturas más positivas. Cierre los ojos y visualice a alguien carismático y agradable acercándose a usted (como si fuera el entrevistador).

¡Pare! Piense.

Haga su lista escrita o mental de un lenguaje corporal o posturas positivas.

¿Cómo le fue con esta lista? Son algunos de estos elementos similares a los que usted incluyó en su lista?

- El movimiento dentro de la oficina se lleva a cabo con pasos decididos, vigorosos y directos.

- Cabeza erguida, la espalda y el pecho rectos, y los ojos centrados directamente en la cara y los ojos del entrevistador.

- La cara iluminada con una sonrisa sincera, y las cejas levemente elevadas.

- Manos extendidas para un firme apretón, manteniendo al mismo tiempo el contacto visual.

- La presentación personal se hace, usando el nombre del entrevistador, si es posible, al tiempo que expresa una declaración positiva que es consistente con el lenguaje corporal. Por ejemplo, *"Buenos días, Sra. Jones, mi nombre es Artie Lynnworth, y estoy feliz de estar aquí hoy para la entrevista para el cargo de consejero de carrera. Gracias por su tiempo para entrevistarme"*.

- Cuando se le ofrezca asiento, el candidato se sienta con una postura de alerta, ya sea con la columna vertebral apegada al respaldo de la silla o cerca del borde frontal del asiento mostrando interés e intensidad por el momento. El candidato evita los brazos y las piernas cruzadas, para dar una impresión de mayor apertura.

Debo mencionar aquí que estos comentarios acerca de la interpretación de la conducta son en el contexto de la cultura Norteamericana. En otras culturas, puede haber diferentes reacciones a estas mismas *buenas o malas* posturas (como se define aquí), por lo que en lugar de aparecer amable y controlado, la persona que se aproxima puede ser vista como agresivo y demasiado atrevido en una cultura diferente. En lugar de parecer tímido o reservado, las acciones de esta persona pueden ser interpretadas como respetuosas y adecuadas. Esto es algo para tener en cuenta si se va a reunir o entrevistar con personas de otra cultura. El punto, sin embargo, es que para su área, cultura y circunstancias, debe tener en cuenta y considerar cuál sería el mensaje adecuado para entregar en sus primeros segundos de exposición a la otra persona.

He visto las instrucciones de entrenamiento para los entrevistadores que advierte que el entrevistador *no* debe categorizar a los candidatos sobre la base de sus impresiones iniciales, sino para mantener opiniones abiertas, en espera de los datos asociados a habilidades reales. Por desgracia, esto es más fácil decirlo que hacerlo. Es mucho mejor para el candidato comenzar con una impresión positiva, que tener que luchar para recuperar la credibilidad y la admiración de un entrevistador que puede dar rápidamente de baja a un candidato basándose en los primeros segundos de exposición.

Suponiendo que usted ha dado una primera impresión agradable, con gestos amistosos, abiertos e interesados, la siguiente parte de la primera fase de una entrevista es la de romper el hielo. Se trata de un breve período en que el entrevistador hace que el candidato se sienta cómodo, y establece un poco de relación entre los dos, antes de entrar en negocios con preguntas de sondeo sobre las aptitudes y la historia de su pasado. Como candidato para un nuevo trabajo, también es necesario saber qué hacer aquí.

La ruptura del hielo suele incluir algunas frases del entrevistador, tales como, "Por favor, cuénteme un poco acerca usted mismo". Esto es con la intención de que sea una pregunta abierta, para alentar al candidato a hablar un poco. Es una forma de aliviar la entrevista formal, mientras se inicia el proceso de recopilación de datos. Recuerde, cada momento que esté en la sala con el entrevistador es una oportunidad para ganar puntos, informar y captar el interés por parte del entrevistador. No hay momentos *extraoficiales.*

Otra cosa para tener siempre en mente: la entrevista es siempre acerca de ellos, el empleador, no de usted. Por supuesto, el objetivo de la entrevista es para decirles todo acerca de usted, pero mi punto es que esta entrevista es para beneficio *de ellos*. Son ellos los que necesitan conocerle, por supuesto, pero son las necesidades, los intereses y los objetivos de ellos, los que deben cumplirse

Venga a la entrevista con una mentalidad orientada en el servicio al cliente. ¿Cómo puede servir mejor a los intereses, curiosidad y deseos de ellos? ¿Cómo puede confirmar que sus habilidades son las que ellos quieren? Usted debe sintonizar con lo que están pidiendo, lo que quieren saber y lo que se quiere de usted en el futuro. Antes de poner un pie en la oficina de la entrevista, usted ya tiene que haber hecho una investigación sobre la empresa y el trabajo, para anticipar las aptitudes clave que pueden estar buscando.

En consecuencia, aun cuando se le pida que "hablar de usted mismo", tiene que hacer esto dentro de un contexto que les permita apreciar que es usted ese alguien que quieren tener a su servicio. ¿Qué debe cubrir, cuánto tiempo debe tomar y qué debe enfatizar?

Durante esta ruptura del hielo, una buena fórmula para seguir en relación con contar una visión de su historia de vida es este proceso de cuatro pasos:

- Niñez
- Educación
- Experiencia
- Puente hacia "Por esta razón estoy hoy aquí …"

Niñez: esto debería ser una rápida recapitulación sobre sus raíces y las de su familia. El mensaje clave de la infancia es su sistema de valores, ya que es algo que le acompaña toda su vida, y se aplica a los empleadores, en relación a cómo va a comportarse en su cultura. ¿Viene de una familia grande en la que tuvo que aprender a ser independiente y contribuir a las actividades de la familia con las tareas, funciones y obligaciones? ¿Fue usted un hijo único que aprendió a hacer sus tareas antes de jugar, y a comer su carne y las verduras antes de pedir el postre? ¿Qué le enseñaron sus padres y hermanos sobre el trabajo, responsabilidad, honestidad, respeto por los demás y juego limpio? Estos son los tipos de instantáneas de su infancia que pueden ser fácilmente comunicadas y entendidas.

Educación: ¿qué es importante para el fututo empleador? ¿Qué tan relevante es su educación para su trabajo? ¿Reflejan sus calificaciones inteligencia, disciplina y compromiso? ¿Fueron sus calificaciones un poco bajas, pero ha participado en muchas actividades con responsabilidad de autoridad, liderazgo y control? ¿Tiene las credenciales específicas que sabe que son necesarias para realizar las tareas requeridas por el trabajo en cuestión?

Experiencia: usted tendrá toda la entrevista para hablar en detalle en que trabajó, cuáles fueron sus responsabilidades y qué contribuciones hizo a sus empleadores. Este no es el momento de repetir todo eso. Sin embargo, es el momento de tener listos sus tópicos, o su discurso del ascensor. Tiene que saber cuál será el estilo de su *mensaje* cuando esté en la entrevista.

¿Cuál es el concepto básico que quiere que ellos conserven cuándo piensen en usted? Podría ser, por ejemplo, una declaración sólida de las tres aptitudes más importantes que ellos necesitarán en el trabajo: (1) orientado a los resultados, (2) aprende rápido, (3) dedicado a la atención a los detalles. Sea cual sea su mensaje, ahora es el momento de poner su experiencia previa (personal y profesional) en una resumida identidad de lo que es y lo que esto significa para ellos. Este es el estilo de su mensaje.

Un pequeño ejemplo de este comentario sobre *experiencia*, con otros tres puntos, podría ser algo como: *"Mis diez años en la industria han sido interesantes oportunidades para una mayor responsabilidad, con un promedio de promoción y nuevas funciones cada tres o cuatro años. Después de entrar a un trabajo de nivel técnico, tuve la suerte de ser responsable primero por pequeños equipos de trabajo de tres a cinco personas, hasta mi trabajo más reciente como gerente regional con cerca de veinte personas, logrando varios premios por "Mejor en ventas", "Mayor incremento de la rentabilidad año a año", y "Las más altas calificaciones de servicio al cliente" en la empresa. Creo que mis promociones fueron el resultado directo de (1) mi enfoque en metas y resultados, (2) un énfasis en el logro de la excelencia a través de trabajo en equipo, y (3) una filosofía de servicio al cliente (tanto a clientes internos como externos)".*

A veces un simple gesto, como el recuento de los puntos clave 1, 2 y 3 con sus dedos, a medida que usted los menciona, podrá reforzar su mensaje hablado.

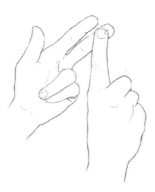

Simples gestos pueden reforzar su mensaje.

A partir de aquí, usted puede pasar suavemente al cuarto y último comentario de recapitulación.

Puente hacia "Por esta razón estoy hoy aquí ..." Es necesario hacerles saber por qué quiere trabajar para ellos. De esta forma puede pasar directo desde sus comentarios sobre su experiencia a un mensaje de recapitulación, como, *"He disfrutado inmensamente estos últimos diez años, pero la estructura de mi empresa actual se ha convertido en un callejón sin salida, sin potencial para el crecimiento y contribución. Sin embargo, cuando vi la oportunidad de que me entrevistaran para el puesto de jefe nacional de su compañía, con la oportunidad de ser responsable de organizaciones más grandes, mayor responsabilidad y para una compañía que es conocida por el crecimiento interno y las oportunidades de desarrollo, me dije, "¡Perfecto!" "Esa es la razón por la que estoy hoy aquí".*

¿Cuánto tiempo debería gastar entregando esta visión general de su vida? Más o menos los mismos dos minutos de ejercicio que practica para cualquiera de los puntos destacados de su STAR. Una vez que se resumen los puntos de la infancia, la educación, la experiencia y la razón por la que se entrevista con ellos, usted será capaz de expresarlo sin problemas de una manera memorable y específica que no podrá exceder de dos minutos. Una vez más, esto no debe ser memorizado ni sonar como un guión, sin embargo, debería haber sido practicado lo suficiente por usted para asegurar que va a tocar los puntos clave de cada uno de los cuatro pasos para "decirles algo acerca de usted".

Esto completa la primera fase de la entrevista. Aunque su primera impresión dura no más de un segundo o dos, y luego sus dos minutos de hablar sobre sí mismo sólo duran unos pocos momentos, esta es una parte importante de la entrevista que establece el escenario para todo lo que seguirá. Durante este período inicial, trabaje en el mantenimiento apropiado del lenguaje del cuerpo, mostrando interés, respeto, atención y amabilidad. Trate de usar el nombre del entrevistador al menos tres veces durante estos primeros minutos, con el fin de fortalecerlo en su propia mente, y para que el entrevistador pueda ver que se centran en él o ella. Esto también es un buen momento para disfrutar de su entorno para tener una idea de la personalidad de su entrevistador. De hecho, antes de pasar a las preguntas y respuestas de una entrevista (el segundo paso), quisiera hablar primero sobre este importante punto para ayudarle a conectarse con el entrevistador.

Reconocimiento

Mientras está rompiendo el hielo con su entrevistador, trate de tener una idea de la personalidad y el estilo de esa persona. Es una tarea simultánea que implica hablar, mirar y escuchar bien. Si tiene suerte, la entrevista será en su oficina, donde hay muchas pistas sobre sus intereses y personalidad. De hecho, también le puede ayudar en las conversaciones para romper el hielo. Por ejemplo, a medida que se está acomodando en su asiento y se inicia la entrevista, si ve trofeos de tenis, puede hacer comentarios como, "Oh, parece que usted es un buen tenista (con todos esos trofeos). ¿Juega en cancha de arcilla o asfalto? He estado jugando dobles hace unos diez años, con amigos dos veces por semana, en canchas techadas".

El punto aquí, es buscar la manera de construir una buena relación con el entrevistador, encontrando intereses y puntos comunes. "Me encantan sus fotos de la familia. ¿Usted tiene tres hijos? Se ven muy felices juntos. ¿Dónde fue tomada? ¿Cuánto tiempo hace?" Esto debe ser cómodo y natural, en vez de forzado. Así que mantenga sus ojos abiertos y busque oportunidades para conectarse.

Asimismo, mire que otra cosa hay en la oficina que pueda ser un indicio de la personalidad del entrevistador. ¿Hay cuadros y gráficos por todas partes, mostrando los objetivos y metas? ¿La persona tiene montones de papeles apilados sobre el escritorio y estanterías? ¿O usted ve una oficina con un montón de recuerdos de familia y amigos, lo que indica que es una persona más social, orientada a las personas, en lugar de una persona más técnica orientada a los datos? ¿Por qué importa todo esto?

En pocas palabras, a la gente le gustan otros que tienen enfoques e intereses similares. Siempre que sea posible, sintonice con la personalidad de los demás y responda a su estilo de comunicación en consecuencia. Esto no significa que tenga que convertirse en otra persona. No falsifique quien es. En cambio, esté orientado al cliente, y ofrezca un mensaje en un paquete que se adapte a sus intereses. Permítame explicarle.

Cada uno de nosotros es diferente. Sin embargo, hay libros y estudios que dicen que todos podemos ser clasificados en ciertas categorías. Por ejemplo, un libro, "Discovering Your Personality Type" ("Descubriendo su Tipo de Personalidad"), por Don Richard Riso y Russ Hudson, afirma que todos cabemos dentro de los 9 tipos de personalidad. Otro libro dice que nuestro comportamiento sigue cuatro estilos fundamentales. En el libro del Dr. Bellavia "The One-Second Personality" ("La Personalidad en Un Segundo"), nos agrupa en lo que él llama Analizador, Director, Relator o Socializador. Por supuesto, cada uno de nosotros muestra rangos dentro de cualquiera de estas clasificaciones de comportamiento, a menudo modificando nuestros comportamientos dependiendo de las condiciones, tales como volver a nuestros estilos naturales cuando estamos bajo estrés o usando uno de nuestros estilos secundarios en otras situaciones.

Independientemente de las categorías específicas identificadas en estos estudios o listados por estos autores, ustedes lo saben intuitivamente. Algunas personas son orientadas al detalle y otros prefieren ver las cosas de una manera más global o general. Algunas personas son más orientadas a los datos pero otros son más sociales. Algunos son más locuaces y otros callados o tímidos.

Las personas con valores e intereses similares tienden a disfrutar la compañía mutua, a pesar del adagio de que "los opuestos se atraen". Hablo mucho, y mi esposa es el tipo de persona callada. Nos amamos mucho, y hemos estado felizmente casados durante más de 40 años. Sintonizamos con los demás estilos, y somos sensibles a los indicios que muestran interés o aburrimiento, atención o ensoñación. ¡Tal vez eso es parte de lo que hace un matrimonio feliz! De todos modos, la atención a estos detalles también hace que una entrevista sea exitosa.

Con indicios en la oficina, y retroalimentación del lenguaje corporal del entrevistador, puede conseguir un arranque anticipando los tipos de respuestas que el entrevistador puede preferir. Una persona orientada a los datos puede preferir una respuesta corta y objetiva, aunque un entrevistador más social puede disfrutar de una respuesta más larga que incluya detalles más anecdóticos sobre situaciones y personas relacionadas con el tema. Aún sin pistas sobre la oficina, como una entrevista realizada en una sala de conferencias, se puede buscar pistas de retroalimentación por parte del entrevistador.

¿El entrevistador parece interesado o aburrido, es paciente a medida que le proporciona más detalles o parece que quiere pasar al siguiente tema o pregunta? Busque estos reveladores indicios y responda en consecuencia. Vaya al grano rápidamente con un entrevistador, y adorne más con otro. En cualquier caso, siempre haga seguimiento de su propio tiempo y control con el fin de mantener un ritmo consecuente con su objetivo de avanzar tanto como pueda, a través de sus aptitudes.

2. La parte de preguntas y respuestas de la entrevista

Después de la fase de conocerse y romper el hielo de la entrevista, se pasa a la segunda etapa. Este es el corazón de la entrevista, cuando el entrevistador pregunta acerca de las habilidades necesarias para tener éxito en el trabajo determinado, y tiene la oportunidad de compartir experiencias que ha tenido usando estas aptitudes con resultados exitosos. Simplemente, éste es su tiempo para las respuestas STAR.

Una expresión clave que le puede ayudar durante esta fase es el uso de la frase "Por ejemplo". Esto abre la puerta a experiencias de vida, acciones que ejecutó, resultados que generó. La frase "Por ejemplo", le dejará hablar sobre su vida, y usted puede utilizar la estructura STAR para hacer llegar el mensaje con eficacia. Si el entrevistador le pregunta si tiene una experiencia sobre su iniciativa que pueda compartir, le puede decir, "Sí, puedo. *Por ejemplo* ... (y luego ir a su STAR sobre iniciativa)".

Asegúrese de evitar respuestas de estilo sí o no cuando sea posible, ya que no le permiten reforzar sus experiencias o ampliar los detalles de sus aptitudes. Mantenga en mente su plan de juego relacionado con las aptitudes específicas que desea compartir. Si es necesario, haga un puente con su tema, de la misma forma que lo hacen los políticos para cambiar de la pregunta hecha por un periodista a una respuesta que de alguna manera puede tener sólo una conexión remota con el tema tratado, pero dejemos a los políticos lidiar con sus temas.

Este es el sistema de "respuesta más uno". Dé su respuesta, y luego añada otro comentario que se relacione, y le permita tocar su punto determinado. Si su estrategia es seguir reforzando sus tres habilidades definidas (por ejemplo, aprende rápido, atento a los objetivos y resultados, y enfocado al equipo), entonces siga buscando cómo entregar estos mensajes y centrar el escenario. Como siempre, siga utilizando el nombre del entrevistador, al mismo tiempo mantenga su lenguaje corporal de forma positiva y atenta.

No todos los entrevistadores le harán la "pregunta correcta". El entrevistador puede describir un acontecimiento hipotético y preguntarle lo que haría. Es decir, podría hacer una pregunta, como "¿Cómo manejaría este tipo de situación?" Esto es realmente una pobre manera de hacer la pregunta, desde el punto de vista de conocer la historia de una persona, ya que el candidato puede dar una respuesta sacada de un libro sobre lo que *podría* hacer en el futuro. Sin embargo, como ya hemos discutido, esto no le dará al entrevistador ninguna información real de lo que el candidato probablemente haría. El mejor indicador de lo que un candidato, probablemente haría (como ya sabe) es lo que esta persona ha hecho en el pasado en circunstancias similares.

Si un entrevistador le hace este tipo de preguntas, todavía tiene la oportunidad de utilizar el enfoque STAR. Todo lo que necesita hacer es empezar con un comentario de transición como, *"De hecho, en realidad experimenté una situación muy similar a la que usted describe, y tal vez la mejor manera de responder a su pregunta es hablarle sobre el suceso real y cómo lo manejé correctamente. Por ejemplo, …"* Siempre trate de usar su respuesta STAR, con datos reales de la experiencia pasada, le haya hecho o no, el entrevistador, la pregunta de la manera más profesional.

Internet está lleno de enlaces a las preguntas que los entrevistadores le pueden hacer. Es productivo estudiar estas preguntas. A veces son menos sobre habilidades y mucho más sobre lecciones. Por ejemplo, los entrevistadores pueden decirle: "Hábleme de su peor fracaso, lo que pasó, y lo que ha aprendido de esto". Una vez más, STAR funciona para enmarcar la situación y el problema, incluyendo por qué le fue mal, pero usted también debe tener listo su seguimiento STAR. Refiérase a un caso más reciente en condiciones similares, donde tomó decisiones correctas, aprendiendo la lección anterior, y habiendo entregado ahora una solución adecuada y con mejores resultados.

En otras palabras, ellos no están seleccionando la aptitud por usted (de hecho, se le pedirá que usted la elija), y debe estar listo con su conjunto de ejemplos de aptitudes que eran débiles en el pasado y que ahora han mejorado o se han fortalecido. Como se mencionó en el capítulo anterior, agregue experiencias de aprendizaje a la preparación de su ayuda memoria: incluya el desempeño que mejoró a medida que maduró en su papel o refinó sus habilidades.

El entrevistador también puede sondear las relaciones interpersonales. Es posible que se le pregunte sobre su experiencia con una persona difícil y cómo resolvió cualquier fricción entre usted y la otra persona. Sin embargo, si piensa acerca de esto, el entrevistador está realmente preguntando acerca de habilidades, tales como resolver conflictos, construir relaciones, saltar vallas u organizar trabajo en equipo. Éstas son habilidades también. Usted está de vuelta a STAR para su respuesta.

A veces el entrevistador lo sorprenderá con algo que no había anticipado durante su preparación para la entrevista. Eso está bien también. Simplemente respire profundo. A continuación, repita la pregunta con sus propias palabras para: (1) asegurarse que entiende lo que la persona quiere, y (2) para ganar tiempo mientras recuerda su historia personal. Una vez que usted recuerde una situación en la que trató este tema, vaya a su STAR para estructurar su respuesta.

Busque pistas de lenguaje corporal de su entrevistador para ver si usted está dando demasiado o muy poco con la respuesta. En caso de duda, menos es mejor que demasiado. El entrevistador siempre puede pedirle que aclare. Demasiado, y usted aburre al entrevistador y desperdicia tiempo que puede usar para mostrar otra habilidad.

¿Qué pasa con el salario?

El entrevistador puede preguntarle cuáles son sus pretensiones de renta. Tenga cuidado con su respuesta. En general, la entrevista no es un buen momento para hablar de sueldos, sino para centrarse en sus aptitudes. Sin embargo, si tiene que responder, en primer lugar puede intentar algo como lo siguiente para su respuesta, *"Confío en que su oferta de salario será competitiva. En esta entrevista no estoy basado sólo en el salario propuesto para un primer trabajo con su empresa, sino más bien en la oportunidad de comenzar lo que espero que sea una carrera a largo plazo. Además, entiendo que discutir sólo salario, sin tener en cuenta beneficios, oportunidades de carrera y otros temas que no son dinero, sería injusto para usted y para mí. Prefiero seguir aprendiendo más sobre su empresa y los beneficios, y que usted me conozca mejor, antes de entrar en los detalles de las ofertas específicas de salario".*

Si la empresa lo quiere, tendrá que proporcionar un salario y un resumen de beneficios en el momento de hacer una oferta. Aquí es cuando usted puede ver si cumple con sus expectativas, en el contexto de todo lo demás que ha aprendido acerca de la empresa, su cultura, el trabajo, sus posibilidades a futuro con ellos y cualquier otra cuestión pertinente para usted y su familia. En ese momento, se puede negociar, aceptar o rechazar la oferta. Mantenga sus opciones abiertas el mayor tiempo posible, en lugar de cerrarse en una cifra durante su primera entrevista.

¿Por qué es bueno aplazar la discusión salarial? Porque lo que traté en la respuesta anterior es real y relevante. Su salario es sólo un elemento de compensación. Los beneficios pueden considerar un tercio más que el salario, cuando se incluyen cosas tales como seguros, cobertura médica, medicamentos, cobertura dental, reembolso de matrícula para estudios superiores, entrenamiento para el desarrollo profesional, bonos, vacaciones, y una multitud de otros componentes que no son dinero en efectivo. Asegúrese de que está comparando manzanas con manzanas al evaluar las diferentes ofertas de empleo. Puede ser su ventaja a largo plazo para tener un cambio a un trabajo similar que le dará la posibilidad para saltar a otro nivel u obtener otros beneficios financieros o de carrera poco tiempo después. No se trata sólo del sueldo.

En segundo lugar, a medida que la empresa conoce sus habilidades, a lo largo del proceso de entrevista, usted y ellos pueden descubrir que usted tiene mucho más para ofrecer que simplemente completar el trabajo para el cual se está entrevistando. Usted puede darles la oportunidad de consolidar posiciones, ya que ofrece una mayor profundidad en las competencias que el candidato típico. Ellos pueden ahorrar dinero mediante la consolidación de empleo, y usted puede ganar más por lo que sería una descripción del trabajo y una escala de salarios completamente diferente. Usted también puede ser capaz de dar mayor dimensión al trabajo que su descripción original.

Estos detalles sólo serán evidentes para ellos *al final* del proceso de la entrevista, cuando todos han tenido la oportunidad de comparar notas y revisar sus propias opciones de la forma de atraerlo a su empresa y para mantenerlo motivado quizás con un trabajo mayor al que tanto usted como ellos habían previsto.

Habiendo dicho esto, si usted está en última instancia, presionado para dar una cifra, entonces, dé un rango, en lugar de un valor único, donde el mínimo es una verdadera pre-considerada negativa. Usted ya debería haber hecho su tarea. Investigue cuáles son los salarios competitivos en el mercado para su categoría de trabajo para saber que rango será razonable para el trabajo que estás buscando.

Se trata de una pérdida de tiempo para ellos y para usted si no tiene un piso financiero para comparar todas las ofertas, y que el valor de su piso está dentro de lo competitivo para justificar tener una entrevista con esta empresa. Dé un rango, para que ellos todavía puedan negociar sobre la base de ese trabajo en particular y las necesidades de la empresa. Si ha demostrado sus aptitudes únicas, por medio de su STAR, entonces las discusiones salariales pueden ser más productivas.

¿Folletos?

Sí, es conveniente contar con muestras de su trabajo (no confidencial, por supuesto) que es posible que desee mostrarles o darles. Espere la pregunta correcta, y puede sacarlos de su bolso o maletín para proporcionar un anzuelo visual, con el fin de reforzar un punto, e involucrarlos en los detalles, tocando y discutiendo los materiales. Los documentos pueden ser muestras de varios de sus folletos de marketing, o un artículo que ha publicado. Tenga algunos adicionales si quiere dejarlos con los entrevistadores.

A pesar de que esta fase de preguntas y respuestas de la entrevista es la parte principal, y pueda utilizar el 80% de su tiempo total, en algún momento la entrevista pasará a la siguiente fase cuando se le pregunte, "¿Tiene alguna pregunta?"

3. Ahora le corresponde preguntar a usted

Esta nueva fase de la entrevista es importante, aunque a menudo pasada por alto por los candidatos. Usted puede aprender mucho acerca de la compañía, el trabajo, la cultura, y oportunidades futuras con su preparación y selección de preguntas clave para cada entrevistador. Una de las cosas que muchas veces me frustraba cuando entrevisté a los candidatos, y les pregunté si tenían preguntas para mí, fue cuando me dieron una respuesta cortés, pero tonta como: "Gracias por preguntar, pero realmente no tengo ninguna pregunta para usted. Todos los entrevistadores anteriores hicieron un buen trabajo al hacer frente a todas mis inquietudes y preguntas, así que estoy listo".

¡Una estupidez! ¡Oportunidad perdida! ¡Mala impresión! ¿Por qué? Esta falta de preguntas da muchas señales negativas. Los candidatos, al dar este tipo de respuesta, han perdido la oportunidad de demostrar su interés e iniciativa antes de la entrevista. Un buen candidato ha estudiado sobre la empresa y genera una lista significativa de problemas reales que necesitan respuestas de aquellos que trabajan para la compañía. Sobre todo en mis últimos años de trabajo, donde yo era el jefe de las divisiones de la empresa o el gerente general de un núcleo de negocios independiente, estaba en una posición única para ofrecer puntos de vista acerca de la empresa, diferente de cualquiera de los otros entrevistadores del candidato.

Si llegara un candidato (por lo general soy el último en la secuencia de las entrevistas del día) y me dijera que no tiene preguntas, mis pensamientos destellarían en los siguientes términos (aunque sería más agradable, con una respuesta real del entrevistado). Estaría pensando: "No me importa lo que otras personas en mi grupo le dijeron;

ninguno de ellos puede hablar como el jefe de esta organización. Si usted fuera inteligente, me preguntaría cuál es mi punto de vista del negocio, como jefe de esta parte de la empresa.

"Debería preguntarme acerca de nuestros competidores, el mercado, la proyección para los próximos años, mi filosofía acerca de cómo ejecutar este negocio, cómo desarrollar a las personas, la forma de hacer algo que pudiera estar bajo mi control e influencia directa. Podría aparecer mostrando que estudió el informe anual de la compañía en Internet, antes de venir a la entrevista, y notó que hubo un cambio de enfoque durante los últimos años acerca de X, y que habría un nuevo énfasis en las áreas A, B y C.

"Luego debería preguntar acerca de estos temas desde mi punto de vista. Esto me mostraría que hace cosas por su cuenta para prepararse para los acontecimientos importantes. No mostrar ninguna iniciativa me dice mucho más (todo mal). Sólo puedo dar las respuestas. Usted debería estar feliz con la posibilidad de obtener respuestas directamente de la boca del jefe, de la cabeza de la empresa, en lugar de ser tímido o no mostrar curiosidad.

"Al no preguntar directamente, me han demostrado que ha perdido una importante oportunidad, o que no le importa. Ninguna de estas impresiones son favorables".

Por supuesto, ninguna de estas palabras nunca salió de mi boca. Pero se me pasaron por la mente mientras miraba al entrevistado que me miraba sin comprender y que me acababa de decir "Gracias, pero no tengo ninguna pregunta para usted".

Estos son algunos ejemplos de posibles preguntas que un candidato inteligente podría preguntar a casi cualquiera de los entrevistadores:

- ¿Cuáles son los principales objetivos específicos de la oferta de empleo / trabajo / función del departamento?

- ¿Cuáles son los comportamientos más importantes para ser exitoso en este trabajo?

- ¿Cómo se mide el éxito en este trabajo?

- ¿Cómo llegó a su trabajo? ¿Cuáles fueron las experiencias laborales que le hicieron estar listo cuando surgió la oportunidad de trabajo?

- ¿Qué preparación hizo en su carrera para estar listo?

- ¿Cuánta de esta preparación fue diseñada, y no suerte, para estar donde estaba cuando surgió la oportunidad? ¿Qué debería estudiar o donde debería tratar de adquirir experiencia para un trabajo similar, en comparación con qué experiencia general puede servirme bien donde estoy en mi carrera, mirando hacia el futuro?

- ¿Qué le sorprendió sobre las responsabilidades de su trabajo una vez que estaba en el trabajo, en comparación con lo que podrían haber sido sus expectativas anteriormente? ¿Cómo podría aprender de esta perspectiva recalibrada? En otras palabras, ¿qué puede no ser evidente para un extraño sobre lo que es importante, y qué se hace más evidente para el éxito una vez que esté en el trabajo?

- ¿Qué consejo me daría para conseguir la mejor preparación para este trabajo?

- ¿Cómo es un día típico, y qué habilidades entran en juego más a menudo, o son más importantes para el éxito? Nota: hay muchas maneras diferentes de llegar a los comportamientos clave para el éxito en un puesto de trabajo, y a veces hacer la pregunta de manera diferente llevará a la persona a través de otras líneas de pensamiento que pueden ser más informativas para usted.

- ¿Cuáles son las perspectivas de avance más allá de este trabajo? ¿Cuáles son las habilidades clave necesarias para los posibles siguientes puestos de trabajo? ¿Qué hace la empresa para darme la oportunidad de ganar experiencia y preparación para estas competencias necesarias para el progreso? ¿Cómo puedo obtener estas experiencias por mi cuenta?

- ¿Por qué está este puesto vacante ahora? (Si es debido a una promoción que se le ofreció al titular anterior de este puesto, ¿qué hizo esa persona, para que se le concediera el ascenso? Si la persona fue despedida de su trabajo, ¿qué es lo que no pudo hacer e hizo que la organización buscara un reemplazo?)

- ¿Cuáles son las alegrías y satisfacciones con este trabajo? ¿Por qué le gusta?

- ¿Cuáles son las frustraciones con este trabajo, y cómo lidiar con ellas?

- ¿Qué otras organizaciones dentro de la empresa son una fuente común de interacción? ¿Hay habilidades específicas que se requieren para hacer estas relaciones inter grupales más productivas?

- ¿Cuáles son los mayores desafíos que enfrenta en su trabajo? ¿Qué es una buena preparación para poder manejar tales desafíos?

- ¿Cómo se compensa la visión a largo plazo con obligaciones a corto plazo?

- ¿Qué cambios prevé en este trabajo? ¿Por qué?

- ¿Qué quiere que haga el nuevo empleado en el primer año de trabajo en este puesto? ¿Cuáles son los objetivos específicos, metas y medidas para resultados que serán utilizados para medir la actuación del titular? ¿Cómo van usted y esa persona a saber que el éxito se ha logrado?

- ¿De qué manera encaja este departamento en la organización general de la empresa? ¿Cuáles son los objetivos de la empresa, y cómo sirve este trabajo para este objetivo?

- ¿Cuáles son los proyectos más importantes del departamento para este año y durante los próximos 3 a 5 años? (¿Existe un plan de largo alcance para el departamento y el trabajo?)

- ¿Cuál es la filosofía de gestión y el estilo de relación con los recursos humanos? ¿Cómo son tratadas las personas? ¿Cuál es la autonomía dada a los participantes individuales? Donde se encuentran normalmente los empleados desde el rango de micro-gestión hasta la total autonomía, y cómo los supervisores diferencian entre las personas según su nivel de habilidad en una tarea en particular que va desde una habilidad rutinaria frente a una nueva habilidad que se está desarrollando?

- ¿Qué puede decirme acerca de la persona que va a ser mi jefe inmediato, y de los demás con quienes pueda tener la oportunidad de trabajar de forma rutinaria?

- ¿Cómo describiría los objetivos fundamentales más básicos del departamento y del trabajo, y que hace grande a un gran titular?

Usted puede haber notado que varias preguntas le piden al entrevistador describir las aptitudes más importantes o esenciales para el éxito en el trabajo. Es lo mismo que acercarse a la maestra antes de un examen y preguntarle qué preguntas se harán en la prueba. No hay nada malo en preguntar eso, y de hecho, hay varias ventajas al hacerlo.

La ventaja obvia es que si se lo pedimos a la primera entrevista, y logra que se le mencione un conjunto de aptitudes particulares, puede tratar de incluir estas aptitudes particulares de su pasado cuando hable con otros entrevistadores durante el día. Mientras más tiempo obtiene para reflexionar sobre sus conocimientos del pasado que puedan ser de interés para la empresa, más probable es que componga mejores comentarios STAR durante el proceso de la entrevista.

Otra de las ventajas de preguntar sobre aptitudes de trabajo es comparar la forma en que cada gerente responde a sus preguntas acerca de estas aptitudes necesarias para tener éxito. Si todos le nombran las mismas aptitudes clave fundamentales para el éxito en el trabajo que está buscando, debería estar impresionado con lo bien alineados que está el personal en lo que es importante en ese trabajo y en esa empresa.

Sin embargo, si cada persona le da una lista diferente, esta disparidad debería hacerle preguntarse si están bien coordinados, y si tienen una imagen unificada de la misión de la empresa, valores y objetivos. Usted puede hacer la misma pregunta acerca de la estrategia de negocio, objetivos o cualquier otro tema para ver cómo responden los gerentes a lo que debería ser una demostración de interés común y prioritario. Se aprende mucho acerca de la compañía, su gente y su cultura con este tipo de preguntas. Además, ellos siguen aprendiendo acerca de usted.

¿Cuánto tiempo debe continuar haciendo preguntas?

Ésta es su oportunidad de aprender. Lo ideal es hacer tantas preguntas como desee, con el propósito de aprender más acerca de temas importantes para usted.

Después de todo, esta será la base para tomar una decisión acerca de dónde va a trabajar. Sin embargo, usted tiene que respetar dos cosas. Una de ellas es el horario de entrevistas. ¿Está atrasado o adelantado? La otra cuestión es si usted está en el modo de compra o venta (que explicaré en un momento).

En primer lugar, vamos a hablar de las limitaciones de tiempo. Es común programar un grupo de candidatos para realizar las entrevistas el mismo día, cada uno va rotando a través de entrevistadores diferentes. Si cada uno está programado para una entrevista de media hora, y luego un entrevistado o el entrevistador van más allá del límite de tiempo todo el programa se desequilibra. ¡Tiene que ser sensible a esto, y entender las pistas de su entrevistador. Si el entrevistador está mirando el reloj constantemente, puede significar que está presionado por el tiempo y prefiere que usted vaya más rápido.

Está bien que usted diga algo como: *"Veo que estamos completando la media hora programada para la entrevista, y no quiero alterar el tiempo asignado. ¿Estaría bien que le enviara unas cuantas preguntas más tarde, o me reuniera en otra oportunidad con uno de los miembros del personal para aclarar algunos puntos pendientes que tengo?"* Esto demuestra respeto por el tiempo del entrevistador, y su interés de tener todos los hechos para poder tomar una decisión adecuada. Por supuesto, no pierda el tiempo con decenas de detalles no esenciales y agradables de conocer que se pueden conseguir en otra parte (tales como Internet o los folletos que le podría dar acerca de la compañía). Céntrese en algunas cuestiones clave que demuestran madurez y consideración.

El tema de la *compra* o *venta* también dictará su propio ritmo con las preguntas. En la primera parte de la entrevista, usted está vendiendo y el entrevistador está comprando. Lo que quiero decir con esto es que al principio, usted quiere que ellos lo compren. Usted quiere que lo contraten sobre la base de sus habilidades y su capacidad de contribuir. Está mostrando sus características igual que un proveedor o vendedor trata de convencer a un posible comprador sobre las características y beneficios del producto. Usted y el vendedor están trabajando para mantener el interés, comunicar los elementos que estimulan la imaginación y la atención del comprador (el empleador), con el fin de hacer su venta.

Sin embargo, en algún momento de la entrevista los papeles pueden cambiar (usted tiene la esperanza de que eso suceda), sobre todo cuando el candidato comienza a mostrar las habilidades requeridas por el empleador. Busque las señales.

En un momento dado, el empleador, o el entrevistador, se convierte en el vendedor y usted se convierte en el comprador. El entrevistador quiere que usted compre el producto. Es decir, el entrevistador quiere que trabaje para la empresa. El entrevistador comienza a promocionar elogiosamente las características de su propio producto (de la empresa), con la esperanza de que usted enganche con los beneficios.

Busque las señales de venta. Cuando el entrevistador empieza a entregarle más información sobre la empresa, o le tienta con las descripciones de los beneficios, posibles desafíos futuros únicos que podrá disfrutar, o le ofrece otras elogiosas descripciones que reflejan argumentos de venta, entonces usted puede responder en consecuencia. Si el entrevistador le quiere, entonces el proceso de la entrevista será menos sensible a las limitaciones de tiempo. De repente usted se convierte en la prioridad, en lugar del horario.

Aunque puede ser el caso que usted vea que el entrevistador esté dispuesto a ir más allá del tiempo asignado, debería ser generoso y amable preguntándole si el plazo para el término de la entrevista debe ser respetado o extendido. Si su anfitrión dice algo como, "No se preocupe por el tiempo, queremos responder a todas sus preguntas", entonces siga aprendiendo lo que pueda, mientras siga respetando el tiempo. Manténgase atento a signos del lenguaje corporal de paciencia o impaciencia, y actúe en consecuencia.

Probablemente dos o tres preguntas clave son suficientes para demostrar que ha hecho su tarea, está interesado y se preocupa por tomar las decisiones correctas. Cualquier momento para preguntas adicionales es un regalo. Consiga lo que pueda, pero no abuse del tiempo del entrevistador.

¿Debería usted sacar su lista de preguntas y referirse a ellas?

En la parte I de esta sección en la preparación de la entrevista me hizo una pregunta similar sobre si usted debería llevar su hoja de STAR, durante la entrevista, como guía de referencia para recordar los puntos clave. La respuesta fue "No".

Le hago la misma pregunta ahora. Al llegar a la parte de la entrevista donde el entrevistador le pregunta si tiene alguna pregunta, ¿está bien buscar en sus documentos y sacar su lista de preguntas, y referirse a ellas? ¿Qué piensa usted, y por qué?

La respuesta: está bien mirar la lista. Incluso si usted acaba de sacar su lista y dice algo similar a lo siguiente, puede ser útil para demostrar preparación, orden, interés y madurez: *"Usted y su personal han sido excelentes al abordar mis preocupaciones y consultas. No creo tener otras sin respuesta, pero por favor, déjeme echar un rápido vistazo a la lista de preguntas que redacté antes de venir aquí, sólo para asegurarme".* Saque su lista (preguntas cuidadosamente mecanografiadas que serán visibles desde el otro lado del escritorio), revíselas rápidamente, y concéntrese en una o dos de interés real. Esté atento a las señales de paciencia e impaciencia, venta o compra, y actúe en consecuencia.

Suponiendo que ha agotado su lista de preguntas clave, o el tiempo disponible con el entrevistador, la entrevista ahora se relajará durante la siguiente y última fase. Esta es su última oportunidad para dejar un mensaje positivo de despedida. Vamos a revisarlo ahora.

4. El cierre, o la recapitulación de la entrevista

Con todo cubierto, su anfitrión probablemente cerrará con algunos comentarios corteses sobre la entrevista, y un resumen de lo que puede esperar después (si aún no ha hecho esta pregunta durante esta fase), por ejemplo, cuando pueden ponerse en contacto con usted en relación con el trabajo. Por último, usted tiene su comentario de cierre antes de despedirse de este entrevistador. Esta es su última oportunidad para proporcionar su impresión cara a cara, y debería tener el mismo impacto positivo que su primera impresión. ¿Qué se debe comunicar?

Aquí, usted debe pensar en tres cosas:

1. Gracias (sonrisa, apretón de manos, contacto visual).

   o Dele al entrevistador un sincero comentario de agradecimiento por su tiempo e información.

   o Recuerde las señales del lenguaje corporal, mantenga el contacto visual mientras le da un firme apretón, de manos al entrevistador, mencionando su nombre.

2. Refuerce su interés, con emoción y energía.

   o Demuestre que está entusiasmado con todo lo que ha aprendido.

- o Incluso si está cansado de un largo día de estrés y de entrevistas, muestre entusiasmo y no fatiga.

- o Sea específico sobre algo que realmente captó su curiosidad o es una característica de motivación de la empresa, como "Me interesó mucho saber que su programa de orientación permite a los nuevos empleados tener un buen inicio con el apoyo de la empresa, por lo que las contribuciones pueden comenzar desde el principio. Este es un enfoque innovador y útil que no he visto en otras compañías".

3. Refuerce su habilidad (¡puedo hacer el trabajo, estoy listo, quiero!).

- o Vincúlese con las necesidades de la empresa una vez más, con un mensaje sobre quién es usted y que les aporta.

- o Refuerce su interés por ellos.

- o Consolide su afán de contribuir a las metas de la empresa.

Siempre tendrá la oportunidad más adelante de rechazar cualquier oferta de trabajo, por lo que sus comentarios al final de la entrevista no son un compromiso u obligación para que trabaje para ellos. Simplemente les deja con un sabor positivo sobre su interés en ellos. A medida que la entrevista avanza, desde de la primera persona a la última, mantenga una lista de control mental (o incluso haga una lista entre entrevistadores) de los elementos que encuentra interesantes, progresistas, o útiles, que puede utilizar al final de su entrevista en este comentario de cierre. Prepárese para que sus palabras de despedida sean rápidas, selectivas y sólidas. Que sean sencillas, que sean sinceras.

Al salir por la puerta, aún no ha terminado. Su último gesto y final para diferenciarse de la competencia es la nota de agradecimiento a cada entrevistador.

5. La nota de agradecimiento

Dentro de las 24 horas de su visita, debe enviar una nota de agradecimiento a todos los miembros del equipo de la entrevista que conoció, además de cualquier otra persona que le ayudó a pasar el día (por ejemplo, si alguien le dio un recorrido por la planta o la oficina, o si un administrativo asistente había arreglado todos los detalles para su viaje, visita y alojamiento). En los viejos tiempos, se podría haber esperado recibir una carta por correo, pero hoy en día un correo electrónico a tiempo es mejor que una lenta carta. Lo peor sería no enviar nada.

Anticipando que tendrá que enviar un correo electrónico, asegúrese de pedirle una tarjeta de visita a cada persona que conozca. Esto no sólo ayudará a echar un vistazo en el nombre del entrevistador durante la entrevista (puede mantener la tarjeta sobre la mesa frente a usted, en lugar de ponerla en su bolsillo), sino que además tendrá una dirección de correo electrónico e información de contacto para referencia futura.

Utilice su tiempo mientras va de un entrevistador a otro. Mientras las conversaciones estén frescas en su mente, tome notas. Puede tener sólo unos instantes entre los entrevistadores, para una escapada al baño, o puede que tenga que esperar hasta que la siguiente persona en la programación esté disponible. Puede hacer un buen uso de estas breves pausas. Use el reverso de cada tarjeta para ello. Ponga algunos comentarios para refrescar su memoria más tarde con las palabras clave. Pueden ser cosas simples como: *fecha y hora de la entrevista, trofeos de tenis, 3 niños, se crió en Nueva York, pero se fue a California después de Penn State. Habló sobre el programa de capacitación para los nuevos empleados.*

Estos detalles le ayudarán a recordar más tarde a un entrevistador de otro, después de haber conocido a media docena o más personas.

Su nota de agradecimiento puede ser en su mayoría en formato genérico, pero asegúrese de dejar una parte personalizada. A pesar de que cada uno de los miembros del equipo de la entrevista puede comparar notas después, cada uno verá que por lo menos una parte de ésta era sólo para él o ella. Su agradecimiento puede ser muy similar a sus comentarios de cierre en la misma entrevista. La carta debe ser breve, con sólo unos pocos párrafos. Exprese su interés en la empresa, agradézcales por su tiempo y la información recibida, e informe al representante que espera tener noticias de la compañía con una posible oferta de trabajo.

En medio de su formato, mencione al menos un elemento clave que fue único en su conversación con esa persona en particular. Esto le recordará a todos los entrevistadores de quién es usted (ellos también han visto muchos de los entrevistados, todos sólo brevemente, y es necesario recordarles lo que es y lo que puede aportar a su empresa para ayudar a alcanzar sus objetivos).

Así, con la preparación previa a la entrevista, y sabiendo qué esperar en cada una de las fases del proceso de la entrevista, usted será capaz de reducir el miedo, mantener un sentido de control, mantener su mente enfocada y presentar la mejor imagen posible a los entrevistadores de lo que es y las contribuciones que pueden esperar de usted si le ofrecen un trabajo con ellos. Sin embargo, así y todo, recuerde que siempre depende de ellos!

Lo puede sorprenderle es que su currículo es todo acerca de ellos también. ¿Cómo puede ser? ¡Siga leyendo para saber más!

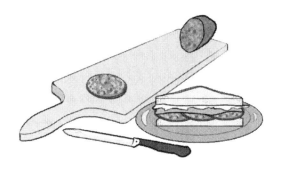

Capítulo 17

Cómo Mejorar Su Currículo

Fundamentos primero

No comience aquí. Si todavía no ha leído los dos capítulos anteriores, sobre "Cómo Prepararse para una Entrevista", vuelva atrás y comience allí. Será mucho más fácil la tarea de escribir un currículo una vez que entienda los conceptos básicos de detección basados en habilidades o en el comportamiento que los empleadores utilizan para seleccionar los mejores candidatos. A partir de la base que ganará en esos dos capítulos, todo lo que sigue aquí, será un juego de niños.

¿Cuál es el propósito de un currículo?

Siempre suelo empezar esta parte de mis seminarios preguntando acerca de la finalidad de un currículo, porque si usted no entiende el objetivo de este documento, entonces es más difícil estructurarlo adecuadamente. ¿Para qué sirve su diseño y contenido? Por favor tómese un momento para considerar lo que piensa, es el objetivo principal del currículo.

¿Coincidió su respuesta con cualquiera de las respuestas que normalmente recibo durante mis seminarios, con comentarios como estos?

- El objetivo de un currículo es un resumen conciso de su historial de trabajo.

- El currículo se prepara para mostrar las diferentes responsabilidades y obligaciones en cada trabajo que ha realizado.

- El currículo tiene la intención de ofrecer no sólo experiencias de trabajo, sino también la educación y asuntos personales de interés.

- El currículo incluye toda la información de contacto necesaria para un potencial empleador en el futuro.

- El currículo es un documento de síntesis que tiene por objeto proporcionar una visión general de los puntos destacados del trabajo, la escuela y la familia, así como los principales logros.

¿Estuvo cerca su respuesta a alguna de éstas? ¿Quiere cambiar su respuesta? Dependiendo de lo que escribió, puede unirse a otros que proporcionaron estas respuestas típicas, y estará completamente equivocado, o tal vez se quede con lo que tenía y podría estar en lo cierto. Voy a explicar un poco más, la idea del *propósito* y luego volveré a la razón específica para escribir un currículo y por qué las respuestas anteriores son incorrectas.

Supongamos que me presento ante ustedes con varios elementos sobre mi mesa de trabajo. Se puede ver una tabla, un zapato, una llave inglesa, un ladrillo, un martillo, un bate de béisbol y un clavo. Si yo le dijera: "Su objetivo es clavar el clavo en la tabla", ¿que buscaría para ejecutar la tarea? Sospecho que el clavo y el martillo. ¿Por qué el martillo? Debido a que es la herramienta más eficaz para el trabajo. Quiere clavar el clavo en forma limpia y rápida en la madera, y aunque alguno de los otros elementos pueda servir (y aunque alguna vez usted o yo, en realidad, ¡hubiéramos utilizado estas alternativas!), el martillo está claramente diseñado para la tarea.

Si yo le preguntara, "¿Cuál es el propósito del martillo?" ¿Me contestaría con respuestas como éstas?

- Un martillo es un dispositivo con un mango en un extremo, y en el otro extremo un trozo de metal sólido cuya forma incluye dos ganchos y una superficie plana.

- Un martillo es una de muchas herramientas que se encuentran en una caja de herramientas de un carpintero.

- Un martillo es sostenido por una mano para controlar su movimiento.

- Un martillo puede ser grande o pequeño, pero siempre tiene un mango y la cabeza.

¿Qué hay de malo en todas estas definiciones para describir los efectos de un martillo? Todos ellos explican lo que el martillo parece, o cómo se maneja, pero no para qué es. El propósito de un martillo es clavar un clavo (o con los ganchos se podría utilizar para sacar uno). En el propósito u objetivo del equipo es en lo que tenemos que enfocarnos.

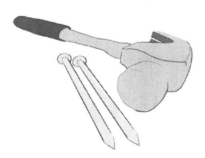

El propósito de un martillo: clavar un clavo.
¿El propósito de un currículo?

Por lo tanto, preguntando una vez más cuál es el propósito de un currículo, no se debe describir lo que parece, o qué elementos componen el documento, sino lo que se pretende llevar a cabo. El objetivo de un currículo es conseguir una sola cosa: *obtener una entrevista.* Punto.

Éste es el documento que capta el interés de alguien. Podría ser el director de recursos humanos, que evalúa cientos de currículos, un reclutador (headhunter) contratado para encontrar a los candidatos, o cualquier otra persona en el proceso de selección de personas para entrevistar.

Por lo tanto, la herramienta para este trabajo, para conseguir una entrevista, es el currículo. Bien escrito, es la herramienta más efectiva. Hay otras maneras de obtener acceso a una entrevista. Un ejemplo es una conexión personal (un favor) donde puede llegar, incluso sin mostrar a nadie su historial de trabajo. Sin embargo, puede que no consiga mucho más allá de ese paso. Para nuestros propósitos, estamos hablando de métodos de contacto en frío (es decir, sin previa influencia personal) para obtener la oportunidad de ser entrevistado. Un currículo bien escrito es la herramienta para lograr este objetivo.

Hay una cadena de mando en el proceso de selección pre entrevista. Para cualquier oferta de empleo determinado, podría haber decenas, cientos o miles de solicitantes, cada uno con su mejor currículo, tratando de obtener el visto bueno para lograr una entrevista. Normalmente se le pide a alguien hacer la revisión inicial de la mayor parte de los currículos, como una firma de reclutamiento (headhunters), el director de recursos humanos de la empresa, o tal vez un delegado del director de recursos humanos.

Desde el primer paso en el proceso de selección el grueso de los currículos se reduce a un número manejable para ver. Por último, un número reducido de éstos es elegido para seguimiento y los candidatos recibirán una invitación para la entrevista. La mayoría de los currículos no cumple con los criterios de selección, y sólo unos pocos pasan a la próxima etapa.

Algunas compañías utilizan una entrevista telefónica además para pre-ordenar los candidatos antes de invitar a uno, a una entrevista personal. Afortunadamente, las técnicas descritas en los capítulos anteriores, sobre cómo prepararse para una entrevista, funcionarán tanto para una entrevista telefónica, como para una entrevista personal. Sin embargo, usted todavía tiene que captar el interés de la persona con quien hable, para estar en la lista de candidatos después de la entrevista telefónica. Por lo tanto, volvemos a la pregunta de ¿cómo puede aumentar las probabilidades de hacer que su currículo genere la entrevista telefónica o personal?

Haga que ellos quieran conocerle

El currículo tiene que captar su atención de inmediato y mantenerla hasta que hayan leído cada palabra. Después de revisar todo el documento, usted quiere que ellos piensen, "¡Esta podría ser la persona que queremos!" Tiene que haber *anzuelos* para que sigan leyendo y para hacerlo parecer como alguien que tiene lo que ellos desean.

¿Qué desean? Bueno, si ha aprendido algo de los anteriores dos capítulos, quieren a alguien que tenga habilidades esenciales para el éxito, y un historial de desempeño que demuestre la aplicación constante y exitosa de esas habilidades en situaciones similares.

Por ahora, esto debe sonar igual que un disco rayado, repitiendo una sección una y otra vez (¿cuántos de ustedes han oído ese ruido?). ¡Bueno! Por ahora, espero que hayan aprendido de memoria los conceptos fundamentales acerca de las entrevistas y la adecuación de las capacidades con las necesidades de trabajo. La misma estrategia de comunicación que funciona en una entrevista cara a cara también lo hace sobre papel. Es necesario que evalúe primero las habilidades que es probable que sean de interés para la empresa, a continuación, elabore su currículo con STARs.

Con demasiada frecuencia, los currículos son simplemente un resumen de títulos de trabajo, descripciones de puestos, fechas y ubicaciones geográficas. Se muestra sólo *cuándo y dónde* una persona tiene un título en particular, pero poco acerca de cómo cada uno contribuyó a su compañía, mientras tenía esa responsabilidad. Debe haber menos énfasis en la descripción de los puestos de trabajo, y un mayor enfoque en los resultados, las contribuciones y el legado que dejó.

Un error común

Digamos que como empresa estamos buscando un Gerente de Ventas Nacionales. ¿Cómo será el grupo de probables candidatos? Sospecho que va a suponer que la mayoría de los solicitantes serán ahora Gerentes Regionales de Ventas, responsables de un gran sector del país, pero no de toda la nación. Este es el grupo de personas que ya han demostrado habilidades en ventas, han tenido la responsabilidad de liderazgo para una gran área, pero probablemente nunca han tenido la responsabilidad general de todo un país. Podrían denominarse como un pequeño pez en un estanque grande, que ahora están tratando de convertirse en un pez más grande.

Otro grupo de candidatos puede que ya sea responsable de las ventas nacionales, pero en un campo diferente o en una compañía más pequeña (un pez grande en un estanque pequeño). Ambos grupos de candidatos están esencialmente en búsqueda del progreso, ya sea en su propio tamaño (la responsabilidad) o el tamaño del estanque (los mercados más grandes), y el empleo que se les ofrece parece un camino hacia la realización de sus propias carreras.

Cuando me ha tocado seleccionar currículos para una de esas vacantes, con demasiada frecuencia veo currículo tras currículo entrar en demasiados detalles que describen la responsabilidad de un gerente de ventas regional o nacional. ¿De cuántas maneras diferentes se puede escribir la misma cosa? Por otra parte, yo ya sé lo que son estas funciones. ¿Por qué debería elegir a un candidato en lugar de otro, cuando todos están esencialmente diciendo las mismas cosas sobre sí mismos? ¿Qué, si es que hay algo, captará mi atención o interés? La verdad es que este tipo de currículo no destaca en nada. No hay anzuelo para que yo seleccione este currículo o candidato para avanzar a la siguiente etapa con una entrevista.

Sin embargo, si unos pocos de los candidatos con experiencia similar, se enfocan en los logros que tuvieron en esos trabajos, entonces eso, en efecto, llama mi atención. Un gerente de ventas regional de inmediato pasa a la parte superior de mi corta lista de candidatos que quiero conocer personalmente en una entrevista donde pueda demostrar un crecimiento constante de los mercados, retención de clientes, la penetración del mercado, rentabilidad superior a los objetivos y desempeño sin precedentes.

Este cambio, mostrando aportes y logros, puede marcar la diferencia en evitar que un currículo se una a un montón de cartas de "no, gracias", y en cambio permita su incorporación a un pequeño montón de individuos programados para entrar a una entrevista. Aléjese de las largas listas de obligaciones y descripciones del trabajo y en lugar de concéntrese en las habilidades y resultados.

Ponga anzuelos y siga usándolos paso a paso

¿Cuántos de ustedes leen un periódico de principio a fin, o leen una versión en línea de principio a fin? Probablemente ninguno. ¿Qué es lo que todos hacemos en cambio? Echamos un vistazo. Entonces, ¿dónde nos detenemos a leer? Nos detenemos en los titulares que captan nuestro interés (deportes, política, noticias locales, ciencia, eventos nacionales o lo que sea)!

El estilo de un periódico es una guía de referencia para el estilo de buen currículo. Se inicia con un titular, permite a la frase y al párrafo introductorios captar la atención con un poco más de detalles que resumen el mensaje principal, y luego entra en más detalles para aquellos que buscan los detalles adicionales. Su currículo debe seguir el mismo patrón. La diferencia, sin embargo, es que para el periódico, el lector se puede saltar secciones enteras y sólo concentrarse en un tema o artículo. En su caso, usted quiere captar la atención del lector de inmediato por sus titulares, a continuación, seguir leyendo más detalles hasta que ha leído su currículum completo. Usted debe llamar la atención del lector y mantenerlo durante todo el currículo, lo que lleva al lector a la conclusión de que necesita contactarlo para concertar una entrevista.

Vamos a trabajar el camino desde la parte superior de la página de un currículo normal, y continuar por el resto, para entender el diseño y el contenido.

En la parte superior debe estar toda la información de contacto que la empresa necesitaría para contactarle. Póngalo en primer lugar, hágalo en forma clara y haga que sea fácil para ellos llamarle o escribirle para concertar una entrevista. Asegúrese de que su dirección de correo electrónico es profesional, como su nombre, y no alguna expresión linda y divertida que hace reír a sus amigos, pero no está de acuerdo con un documento de negocios. Por ejemplo, una dirección como yomandoencasa@mimail.com podría obtener una sonrisa, pero podría ser una razón más para lanzar su currículo al papelero.

Información general

La siguiente sección de su currículo es una gran manera de entregar su mensaje en forma global, anticipadamente, como los titulares. Este bloque de información general es donde se puede resumir el objetivo de la carrera, con el tipo de trabajo que busca, y la dirección general que espera que siga. Después, piense en las dos o tres habilidades más importantes que el empleador puede estar buscando y los puntos fuertes más destacables para poner sobre la mesa. Si este titular inicial de sus habilidades principales se adapta bien a las necesidades de la empresa, entonces tiene una gran posibilidad de que los inspectores lo lean, y finalmente lo seleccionen para una entrevista. Recuerde que depende de ellos, no de usted. Los candidatos que tengan las habilidades que ellos necesitan son más propensos a ser seleccionados para la entrevista. Siempre mire y escriba desde la perspectiva de las necesidades e intereses de la empresa.

Si usted se etiquetara a sí mismo, con una declaración de su estilo, como hacen los vendedores con los productos, ¿por qué características desearía usted ser conocido? ¿Qué habilidades esenciales querría reforzar a medida que avanza la entrevista? ¿Qué medidas de desempeño demuestran que siempre se destaca en estas habilidades? Este listado es el mismo conjunto de habilidades clave que ha preparado en su lista STAR para su primera fase de la entrevista, cuando entrega una pequeña reseña acerca de quién es. Esto es similar a su "discurso del ascensor", donde de manera sucinta establece lo que ofrece a la empresa.

Incluya estas características y éxitos en la información general de su currículo. Haga los informes objetivos (usando números) y comprobables. Aquí es donde van sus primeros titulares de desempeño, hablando de logros tales como: la persistencia en la penetración de nuevos mercados generó un aumento del 15% en las ventas; la motivación de su equipo de trabajo dio como resultado una reducción en los costos de un 5%; la solución de problemas en forma creativa trajo un aumento de la productividad del 13%; la atención al detalle trajo un descenso del 8% en las tasas de fracaso; la solución de problemas técnicos fomentó un incremento en la calidad mostrada por los niveles de desecho reducido al 12%; el enfoque en los clientes disminuyó las quejas en un 7%; la pasión por mejorar la productividad impulsó una reducción de las horas extras en 30 %; y cualquier resumen similar de habilidades y contribuciones esenciales. Cualquiera que sea la habilidad que pregone, vincúlela a un resultado directamente relacionado con el uso de esta habilidad para lograr un resultado notable. La información general conecta las habilidades (que ellos quieren) a los resultados (que ellos quieren también).

El cuerpo del currículo puede tomar una de tres formas generales

El equilibrio del currículo se concentra en su historia y habilidades. Normalmente hay tres estilos de currículo, incluyendo el orden cronológico (el más popular), un currículo basado en habilidades, y una combinación ambos.

El currículo cronológico, simplemente comienza en la parte superior (después de la información general) con la experiencia laboral más reciente, y luego viaja atrás en el tiempo hasta el inicio de su carrera. A pesar de los años que usted ha trabajado, su objetivo es hacer que el currículo tenga alrededor de dos páginas y no más de tres. Más allá de eso, es probable que no se lea, y se lance en la pila de los rechazados. Construya su currículo basado en las habilidades esenciales y los resultados.

Si ha tenido muchos trabajos de corta duración durante un largo período, de modo que parece que necesita mucho espacio y por lo tanto varias páginas para detallar todo, simplemente consolide la historia. Puede decir algo como "múltiples asignaciones de contratista independiente desde 1995 hasta 2005 en la industria aeroespacial, informática y robótica", y luego ir a los logros en detalle. Una pequeña nota al pie de la página puede decir que puede proporcionar más detalles por empleador y por año a su petición. De hecho, debe tener esa lista con usted en la entrevista (o lista para enviarla por correo) en caso de que un entrevistador o reclutador se lo solicite. Este tipo de historial de trabajo, sin continuidad con un empleador o un campo, puede ser una razón para utilizar el currículo basado en habilidades en lugar del formato cronológico.

El currículo basado en aptitudes es a menudo ideal para aquellos que han mostrado progresión ininterrumpida estándar desde menor responsabilidad a mayores obligaciones a medida que la fecha se acerca hasta el presente. Del mismo modo, su historial de trabajo puede mostrar sólo corta duración con cualquier empleador. El currículo cronológico permite mostrar el crecimiento en el empleo y la lealtad/continuidad. En un currículo cronológico, el revisor ve que, por ejemplo, el candidato ha pasado de trabajar como un vendedor administrativo (por ejemplo, vendedor en una tienda por departamentos), a la responsabilidad local y luego regional (tal vez con la responsabilidad específica del producto), con resultados positivos en cada tarea (mostrando estadísticas de crecimiento del volumen de ventas y ganancias).

Sin embargo, si su propia historia no parece favorable en este formato, o si hubo un largo período sin trabajo, que también podría notarse en el currículo con formato de tiempo, entonces, el currículo basado en habilidades es para usted. El formato se impulsa por las habilidades particulares, y dentro de una clasificación de habilidades usted puede destacar varios puestos mostrando dónde y cuándo hizo su marca utilizando esa habilidad.

La combinación de la cronología y las habilidades se puede lograr siguiendo los plazos relacionados con su carrera, y dentro de cada grupo tiempo, enfatizar los bloques de habilidades para resaltar ejemplos de logros. Hay muchas referencias en los sitios de Internet con detalles útiles para su currículo y su diseño, pero el mensaje clave aquí es centrarse en las competencias y los resultados, independientemente del formato. Enganche al lector, mostrando que tiene las habilidades que necesita, entregue suficientes datos objetivos para apoyar esa conclusión, y seduzca a esa persona para que le llame para una entrevista.

Educación e Información Personal

La última parte de su currículo es el lugar para poner los títulos, certificaciones y calificaciones, así como la información personal que le interese incluir. Una vez más, si los datos no refuerzan una habilidad que ellos necesitan, no se moleste en ponerlos allí.

El posible empleador puede necesitar niveles de educación y certificación profesional, ya que estos pueden ser un requisito del trabajo, o tal acreditación demuestra ciertas habilidades (por ejemplo, la persistencia para completar un título demuestra enfoque a largo plazo y sacrificio para alcanzar un objetivo). Si usted ha obtenido un reconocimiento especial, como alta reputación en clase u otros premios, estos deben ser incluidos aquí.

La vida personal, aparte de ser un tema a menudo ilegal para entregar, debe limitarse a los elementos que mejoren su currículo en las áreas que aún no se mencionan. Por ejemplo, el voluntariado y liderazgo en actividades no laborales puede aumentar la profundidad de las experiencias que puedan demostrar habilidades importantes o adicionales. A veces sólo tenerlas en su currículo despierta el interés, u ofrece una conexión con la vida personal de alguno de los entrevistadores.

Por otro lado, no se pise innecesariamente su propio pie. Usted puede estar orgulloso de sus actividades con un grupo social radical o no popular, pero puede generar reacciones negativas de aquellos que todavía no le conocen. A menos que haya una conexión directa con el trabajo que está tratando de conseguir, normalmente es mejor omitir asuntos personales, y sólo referirse a las experiencias de trabajo profesional.

Compruebe tres veces si hay errores

No hay manera de exagerar la importancia de la expectativa básica de tener un currículo perfectamente escrito. Todos los currículos son una indicación inmediata de su propio orgullo por el trabajo, enfocado en los detalles, dedicado, y cualquier otra característica de rendimiento que cualquier empleador busca. Esa primera impresión, antes de que le conozcan, no puede tomarse a la ligera.

Se espera que este importante documento se haya confeccionado con gran cuidado, y verificado por sí mismo, amigos, familiares y cualquier otra persona de su confianza, que le retroalimente en forma exacta y honesta. El par de ojos extra es a menudo la única manera de encontrar un pequeño error que usted puede omitir con su propia revisión. Ya que estamos tan familiarizados con el trabajo y lo hemos leído varias veces, es muy fácil pasar por alto el detalle y no darse cuenta de algún error. Necesita un buen leñador en su equipo para ver el bosque. Escoja un amigo orientado a los detalles (¿Qué le parece? Está utilizando una evaluación de la habilidad para seleccionar a alguien que haga una tarea para usted, que usted sabe que ha hecho bien en el pasado). La corrección ortográfica automática del software no reconocerá las palabras inadecuadas que se han escrito correctamente. Busque ayuda, y no presente un currículum vitae hasta que esté perfecto.

La calidad del currículo lo refleja directamente a usted. Así como me he beneficiado de los ojos extra y los comentarios de amigos y miembros de mi familia que me ayudaron a revisar este libro, la precisión final del texto recae en mí. No les puedo culpar por no detectar un error. Yo soy el autor. La responsabilidad es mía. Es lo mismo con su currículo. Usted es el responsable final, así que asegúrese de que esté libre de errores.

Cartas de presentación

El envío de su currículo se hace a menudo con una carta de presentación, un breve documento que se refiere a su currículo adjunto, y que pone en relieve los elementos clave para los lectores. El mismo mensaje se aplica aquí: refiérase a las habilidades que los lectores quieren en su organización, y anticipe algunos de sus principales resultados. Este anzuelo hace que se interesen en leer más. A continuación, siga con más anzuelos para fomentar la lectura de todo su currículo.

Siga la ruta de habilidades y resultados para tener éxito con las ofertas de trabajo

El currículo es el primer paso para una oferta de trabajo. El objetivo de éste es ser llamado a la entrevista. La entrevista es necesaria para dar a conocer su talento. Un currículo, con anzuelos de interés para los lectores, incluyendo un claro resumen de las habilidades y contribuciones, obtendrá una invitación para que usted vea el empleador con el fin de proporcionar más detalles.

Durante la entrevista en sí, su único objetivo es conseguir una oferta de trabajo. Usando su preparación con las técnicas de comunicación STAR, dejará una impresión positiva de su potencial aporte a su organización, sobre la base de su éxito anterior con las habilidades que ellos requieren.

Con una o más ofertas de trabajo en la mano, se puede seleccionar la empresa que mejor se adapte a tus intereses profesionales, los objetivos financieros y los beneficios, el potencial a largo plazo, y una cultura que encaja con su estilo de vida. Con su resultado final en mente, ha podido estructurar un plan de preparación previo a la entrevista y un currículo que le lleve a ser llamado para ésta. ¡Con este planteamiento bien planificado y practicado puede obtener el trabajo que usted quiera!

Esto completa los segmentos en los preparativos previos a la entrevista, sabiendo qué hacer en cada una de las fases de la entrevista misma, así como la forma de preparar su currículo para llegar a ella. Sin embargo, antes de concluir con las rebanadas de este libro, o consejos para la vida y el liderazgo, quisiera hacer frente a un concepto que se aplica en todas las fases de lo que hemos abordado hasta ahora.

Eso es, la consideración de las conductas éticas y basadas en los valores. Además, vamos a cerrar el libro con las perspectivas para ayudar a su equilibrio trabajo-vida, a buscar la armonía con las prioridades de su vida. Por favor, ¡continúe leyendo con gran avidez para aprender un poco más!

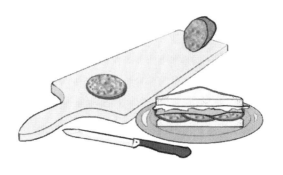

Capítulo 18
Ética y Valores

Se trata de respeto

Cuando comencé este libro tenía un proyecto de capítulos de temas relacionados con los conceptos de liderazgo y consejos, pero quería tener la perspectiva personal de un querido amigo y compañero de trabajo, Steve Kemp, cuya opinión respeto. Su respuesta fue inmediata: "Artie, debes incluir un capítulo sobre ética y valores". Esto dice mucho de Steve. Él tenía toda la razón.

Steve y yo trabajamos juntos durante casi 30 años. Ha sido una inspiración y un modelo para mí a lo largo de estos años y posteriormente. Sus habilidades de liderazgo crecieron con el tiempo, al igual que sus logros y su reputación. Su carrera siguió un camino natural y bien merecido, al momento de escribir estas líneas, como vicepresidente corporativo de la salud, medio ambiente y seguridad de Occidental Chemical Corporation, una gran empresa internacional, con sede en Dallas, TX, EE. UU., con un número aproximado de empleados contratados a tiempo completo de 5000 trabajadores.

Un crédito al liderazgo de Steve, el segmento de empresas químicas (OxyChem) de Occidental Petroleum Corporation (Oxy), contribuye a la estatura de la empresa matriz como uno de los más seguros empleadores del mundo. Al escribir este libro, la tasa de Incidentes por Enfermedades y Lesiones fue de 0,63, lo que significa que menos del 1% de los empleados resultó lesionado por año.

Más importante aún, esta cifra representa sólo una fracción de la media de EE.UU., con Oxy teniendo una impresionante baja del 15% de la tasa de 4,20 de toda la industria de los EE.UU. En otras palabras, si nuestra empresa tuviera una lesión, entonces el promedio para los demás en todo el país ¡sería casi siete! Steve no es sólo un líder eficaz en guiar a su empresa a tal excelente rendimiento global, sino que es un líder ético. Pronto verá que los dos van de la mano.

Por consiguiente, cuando Steve me sugirió que incluyera Ética y Valores como un tema a enfocar, inmediatamente vi la sabiduría de esta propuesta y estuve de acuerdo con su importancia. De hecho, gran parte de lo que se expresa en este capítulo se basa en el excelente análisis de Steve de su filosofía sobre este tema, que él presenta a los futuros líderes de la compañía como parte de seminarios de capacitación interna. Agradezco a Steve, no sólo por su contribución a este capítulo, sino, además, por el modelo que nos ha proporcionado a mí y a miles de personas en nuestra compañía y en otros lugares. Mi respeto para él, su ética y sus valores, no tiene límites.

¿De qué estamos hablando aquí?

¿Cómo encaja el tema de la ética en un libro sobre técnicas de liderazgo para el éxito? Para empezar, la revisión de las distintas definiciones que podemos encontrar navegando por Internet cuando buscamos la palabra "ética":

- Un sistema de principios morales.

- Normas de conducta reconocidas para un particular tipo de acciones humanas o un grupo en particular, cultura, etc.

- Principios morales, a partir de un individuo.

- Rama de la filosofía que trata los valores relativos a la conducta humana, con respecto a lo correcto e incorrecto de ciertas acciones, y a la bondad y la maldad de los motivos y fines de tales acciones.

Como líder, usted juega un papel clave en el establecimiento de las normas de su grupo de trabajo o red social. Esto incluye lo básico, como obedecer las leyes de la sociedad, sensibilidad y respeto a las relaciones raciales, comprensión de los problemas de género, evitando los prejuicios, apreciación de la igualdad de oportunidades de empleo y toma de decisiones honorables.

He aquí una cita ideal para usted, que leí hace años en el libro de Linda y Kenneth Schatz "Managing by influence" ("Gestión por influencia"). Los autores afirman: **"Nunca se puede no liderar"**. ¿Qué significa esto?

Los autores lo explican de esta forma:

> "Todo lo que hace, y todo lo que *no hace*, tiene un efecto. Usted lidera por actos de *comisión*, y lidera por actos de *omisión*. Usted siempre está liderando e influenciando".

Ellos van a sugerir que se haga La Pregunta de la Influencia: "¿Qué hice (o no hice) para que esto sucediera (o no sucediera)?" Asimismo, nos recuerdan "Dese cuenta que las acciones dicen más que las palabras (y también que las palabrerías)".

En otras palabras, le guste o no, una vez que esté en un papel de liderazgo todos sus comportamientos están expuestos a su organización, su familia y su comunidad.

Los líderes son admirados, y sirven como modelos a seguir. Usted debe siempre predicar con el ejemplo. Nunca hay un momento en que no esté liderando. "Nunca, puede no liderar". No se puede evitar.

Lo que puede ser sorprendente es que muchos de los que ocupan posiciones influyentes en su compañía o en la comunidad no tienen idea de que son vistos como líderes, o que sirven como modelos de comportamiento. Ellos quizás no se dan cuenta que sus acciones pueden tener tanta influencia directa sobre los comportamientos de los demás. Sin embargo, una vez que internalizan la poderosa capacidad que tienen para guiar a otros, también tienen que recordar que la ética y los valores son parte del paquete. No se trata sólo de lograr objetivos, alcanzar cuotas o superar a la competencia, sino también se trata de cómo se lleva a cabo la tarea. Los *medios* al final *si* cuentan.

Vamos a usar un pequeño ejemplo. Si la política de seguridad corporativa dice que siempre use anteojos de seguridad cuando esté en un área de trabajo de mantenimiento, como en un taller, debe predicar con el ejemplo cuando se está en estas áreas. Si pasa rápidamente a través de una de estas zonas sin usarlos, aunque sólo sea para tomar un atajo para ir al baño, su comportamiento de seguridad envía un mensaje sobre su compromiso con las normas y los reglamentos de la empresa.

Su hábito de seguir las reglas está siempre a la vista, o la observación de que de vez en cuando (o con frecuencia) toma atajos, contrariamente a las reglas establecidas, también está a la vista. Su comportamiento inapropiado socava su credibilidad, sobre todo si en algún momento futuro pudiera castigar a un empleado por no seguir las reglas. Incluso su comportamiento fuera del trabajo, el tiempo personal, es observable y relevante. Es sólo parte del trabajo, y parte de lo que un verdadero líder entiende.

Algunos dicen que la organización se hará en la personalidad de sus principales líderes. Sabemos que las organizaciones, de forma similar a las comunidades y las naciones, tienen una cultura, o un conjunto de normas. Estos son comportamientos que se consideran normales (típicos, apropiados) para el grupo en su conjunto. Algunas empresas son más formales, otras más informales, algunas se enorgullecen de sus acciones rápidas y dinámicas para tomar riesgos, y otros están orgullosos de sus bien planificados y eficientemente ejecutados planes maestros. En este amplio sentido, de estilo o cultura, hay una base de valores, que determinan lo que se considera la forma correcta de realizar un trabajo en esa empresa.

La ética es la base del liderazgo

No es de extrañar que mi amigo Steve incluya los siguientes tres puntos sobre sus expectativas, en su explicación previa a la contratación, cuando entrevista a los candidatos que deseen unirse a su departamento:

- Ofrezca valor y servicio a nuestros clientes.
  - o Es básico hacer bien las tareas y funciones para su trabajo en particular, ejecutando exitosamente las habilidades esenciales, centrándose en el servicio al cliente y valor a la compañía.
- Diviértase haciendo lo que hace.
  - o Tiene que ser apasionado por su trabajo, para disfrutar levantándose todos los días para hacer lo que le pagan por hacer; de lo contrario, tiene que encontrar algo más para hacer.
- Compórtese éticamente.
  - o Esta es la esencia de las expectativas de Steve, la cual conduce al trabajo en equipo, cre-

dibilidad, proporcionando valores para los accionistas y respalda la ética de la compañía.

Steve visualiza la relación entre un liderazgo eficaz y la ética con el uso del diagrama de triángulo, que se muestra a continuación. En la parte inferior de la figura está la base de la honestidad e integridad, lo que genera credibilidad y confianza, y es la base para la dirección de la compañía. En la parte superior del triángulo están los resultados, es decir, lo que la compañía espera lograr. Vamos a hablar de lo que se interpone entre estos dos extremos del triángulo.

Su concepto es que si está construyendo una empresa desde cero, usted y otros líderes honestos y creíbles comenzarían con su filosofía de la forma en que desean dirigir la compañía, basados en su teoría de los principios de gestión, y las visiones de la organización. Todo se basa en la honestidad e integridad. A partir de esta base, se podría desarrollar su visión de los enunciados y políticas. Por último, el detalle de una organización eficaz se desarrolla más con procedimientos específicos de cómo se va a ejecutar el trabajo, con el fin de producir los resultados que se espera que apoyen la misión, visión y propósito de la empresa.

Sin embargo, los resultados mismos aún deben ajustarse a los fundamentos de la empresa. Una débil base corporativa, basada en la deshonestidad y la desconfianza es probable que obtenga resultados que están lejos de ser sostenibles, o deseables. Por otro lado, cuando los valores fundamentales de la compañía son fuertes, en lo que se refiere a la ética, y la base se ve reforzada a través de los estilos de liderazgo que demuestran con hechos lo que las palabras confirman, entonces el resultado puede ser un sólido y honorable rendimiento de larga duración.

Creo firmemente que las empresas basadas en valores éticos, practicados día a día por líderes que demuestran un comportamiento ético (y demandan no menos de sus subordinados), disfrutarán de resultados sostenibles, en el supuesto de que tengan un plan de negocios sólido. Sin embargo, incluso con un sólido plan de negocios, las empresas que se basan en débiles fundamentos éticos, o dejan que se deterioren con el tiempo, pronto se darán cuenta de que sus resultados están lejos de las expectativas. Aunque los clientes, empleados, comunidades y grupos de interés se unan a líderes éticos, es probable que rápidamente se puedan desvincular de líderes y compañías sin ética.

HONESTIDAD E INTEGRIDAD SON LAS BASES DE LA CALIDAD DEL LIDERAZGO

RESULTADOS

PROCEDIMIENTOS

POLÍTICAS

TEORÍAS Y FILOSOFÍA DE LA GESTIÓN

LIDERAZGO

HONESTIDAD E INTEGRIDAD = CREDIBILIDAD Y CONFIANZA

Es común escuchar que el objetivo de una empresa es proporcionar valor para los accionistas. ¿Qué valoran los accionistas, y cómo puede proporcionarlo? Sin duda, buscan administrar de manera responsable la empresa, respeto sustentable por el medio ambiente, preocupación por los interesados, protección de los activos y cumplimiento de las leyes y reglamentos. Los líderes demuestran estos valores por sus acciones. Cuando ellos y sus empleados abrazan y practican comportamientos éticos en la empresa, está claro que sus acciones son coherentes con sus palabras. Practican lo que predican. Las expectativas de la organización y de los individuos debe ser la práctica de elevadas normas de ética.

¿Cuáles son sus valores?

Antes de profundizar en el tema de la ética y los valores del liderazgo, con un par de ejercicios, y algunos ejemplos del mundo real de los momentos que ponen a prueba sus propias normas, en primer lugar preste atención a la pregunta básica acerca de sus propios valores y ética. ¿De dónde vienen y qué tan estables son?

Como ya comentamos en el capítulo 16 sobre las fases de una entrevista y sus comentarios para romper el hielo con respecto a su infancia, he mencionado que debe hablar acerca de la influencia que tuvieron sus padres en la creación de su sistema de valores. Durante nuestros años de formación, nuestros padres son probablemente la influencia más grande en la forma en que aprendemos el bien del mal, y cómo desarrollamos un sentido de normas de conducta coherentes con la responsabilidad cívica y la ley. Aprendemos sobre el respeto a los demás, valorando las diferencias de género, raza y cultura. Se nos enseña acerca de la integridad personal y a no mentir o hablar mal de los demás.

Estos valores se han arraigado en nuestros códigos internos de conducta, entregándonos la conciencia que años después nos servirá de guía para el comportamiento apropiado. A no ser que un evento emocional significativo ocurra más tarde en nuestra vida, que pueda modificar nuestra visión de la vida o los valores, es probable que nuestros principios no cambien mucho.

Desafortunadamente, algunos niños crecen en situaciones difíciles, donde los valores cívicos, la honestidad y el respeto a los demás pueden no haber sido parte de su formación. En ese caso, a los entrevistados les sirve más referirse a las posteriores experiencias que les permitieron desarrollar valores propios adecuados para las normas esperadas.

En un ambiente de trabajo, o en un entorno social, es posible que las normas de comportamiento del grupo en general o de los individuos en particular, sean muy diferentes a las suyas. En ese momento, es probable que enfrente conflictos entre sus sistemas de alarma interna y estas influencias externas. Una voz interior comienza a susurrar: "Eso no está bien". Cuanto más tiempo tolere este conflicto, menos paz, felicidad y comodidad siente en su vida, trabajo y amistades.

Qué hace entonces, después de escuchar que la voz comienza a separar el líder ético de los otros. ¿Permite que sus pies decidan, levantándose y saliendo de la situación desagradable? ¿Decide comenzar a buscar con tiempo, un trabajo en otro lugar? ¿Les dice a los otros que usted siente que están mostrando un comportamiento inapropiado, animándoles a alinearse más con sus valores? ¿O cambia su propio comportamiento para adaptarse?

El siguiente ejercicio puede ayudarle a entender mejor cómo usted y otros ven diferentes estilos de comportamiento. Un poco más adelante en este capítulo, voy a dar algunos ejemplos de situaciones reales que pueden servir como guía para lo que puede hacer cuando se enfrentan a un posible conflicto.

Un ejercicio…..

En su vida personal y laboral, sin duda se ha encontrado con muchos tipos de personas. Tómese un momento y piense en dos extremos: una persona que usted conoce y que considera un buen modelo de conducta ética, y otro individuo que usted podría considerar poco ético en la forma en que va por la vida, en el trabajo o fuera de éste. Anote varias palabras clave para describir cada uno de estos individuos.

¡Pare! Piense.

Por favor, no sólo lea, sino en cambio pare un momento, cierre los ojos para visualizar a las dos personas, y haga dos listas por escrito, al reflexionar sobre sus experiencias con cada uno de ellos, para generar un resumen de características.

¿Qué incluyó en la lista? Veamos primero el ejemplo que eligió para la persona ética. ¿Incluyó alguna de sus descripciones lo siguiente?

- Honesto.

- Confiable.

- Estable.

- Demuestra fortaleza de carácter.

- Sin miedo a contradecir opiniones o comportamientos.

- La palabra de esta persona vale.

- Las acciones de esta persona son irreprochables, en regla y consistentes con las políticas previstas, los procedimientos y la ley.

- El comportamiento coherente de esta persona genera respeto por él como individuo.

¿Qué piensa de él como persona o líder? ¿Ha sido motivado a seguir a este líder?

¿Qué hay de la persona sin ética en quién usted pensó?
Fue alguna de estas descripciones similar a los suyas?

- Deshonesto.

- Poco confiable.

- Inestable.

- Muestra debilidad o carácter cambiante.

- Esta persona va con la corriente, por lo que nunca sabe donde se encuentra (este individuo actúa de acuerdo a la situación, en lugar de demostrar que tiene un compromiso con los valores personales).

- No se puede contar con que esta persona cumpla lo prometido.

- Las acciones de esta persona son cuestionables, con un trasfondo de conductas marginales (o abiertamente así), en contra de las políticas requeridas, los procedimientos o las reglas.

- El comportamiento de esta persona genera falta de respeto por él como individuo.

Me imagino que los términos descriptivos aparecieron con bastante facilidad a medida que pensó en estas personas; la ética y la no ética. Estas personas son rápidamente etiquetadas por su comportamiento. Sería lo mismo para aquellos que piensan en usted. ¿Cómo sería descrito? Si los que le conocen hicieran su lista, en qué categoría le colocarían? La respuesta a esta pregunta proviene de sus comportamientos diarios y a largo plazo, no de sus discursos o de sus palabras. Una vez más, tenga en cuenta que esta es la base del triángulo de liderazgo, la base desde la cual se establece la credibilidad del liderazgo.

Momentos de la verdad

"Los administradores hacen las cosas correctamente. Los líderes hacen las cosas correctas".
(Warren Buffet and Burt Nanus).

Día a día los comportamientos nos proporcionan el escenario de cómo otras personas ven a los líderes. Esto ocurre a través de interacciones de rutina, una conversación casual o proyectos detallados relacionados con el trabajo. El rendimiento diario constante de un líder crea la base de cómo éste se percibe. Sin embargo, hay momentos especiales que vamos a llamar "momentos de la verdad", cuando los valores y la ética de un líder son probados. Esta es la prueba de fuego. Esto separa a los líderes éticos de los demás. Aquí es cuando o bien se mantienen firme en sus valores o se dejan amedrentar por las presiones impuestas por sus compañeros, la cultura de la empresa o la situación, y que o bien miran hacia otro lado cuando alguien cruza una línea ética, o ellos mismos pisan en el territorio no ético.

Recuerdo que al principio de mi carrera, en mi primer trabajo de gerente de la planta, recibí una llamada telefónica de un proveedor de productos. Estaba haciendo un lanzamiento de sus artículos, a sabiendas de que yo tendría la última palabra para aprobar cualquier pedido para las compras locales. Básicamente, me ofreció un soborno. Me explicó que por mi voluntad de aprobar sus productos, sería recompensado con un televisor en color (¡en ese momento esa era una buena recompensa!), que se entregaría directamente a mi casa (lo que implica que nadie se daría cuenta). Ese fue un momento de la verdad. Por supuesto, decliné la oferta, y le conté a mi director de compras sobre el incidente, para pedirle que retirara este proveedor inmediatamente de las listas de nuestros proveedores.

Más adelante en mi carrera, como gerente de planta en el lugar de mayor producción de un producto en particular en Estados Unidos, me llamó la atención que nuestro ducto de ventilación de procesos *podría* estar fuera de norma para un determinado producto químico. Yo era nuevo en la planta, y el gerente de medio ambiente tenía la oportunidad de informarme de una situación que antes había sido tabú. Le inquietaba debido al enfoque de la gestión anterior a este asunto (el gerente anterior de la planta se había marchado abruptamente y me trajeron a mi).

Si, en realidad, el ducto estaba fuera de norma, podría significar que ¡tendríamos que cerrar toda la planta hasta que se llevara a cabo una reparación, la interrupción de las ventas a clientes en todo el mundo durante el tiempo que se podría necesitar para solucionar el problema! Otro momento de la verdad. ¿Debo mirar hacia otro lado, pensando que la actuación de mi predecesor estaba bien, de manera que yo podría seguir su ejemplo, o debería tomar una acción personal? Cuento corto, es que de inmediato pedí ayuda corporativa, busqué expertos para revisar nuestra situación, y afortunadamente, después de una revisión exhaustiva de las condiciones permitidas, datos de muestreo y las leyes aplicables, se aclaró que nos encontrábamos dentro de los límites legales. Di un suspiro de alivio. ¡Por lo menos todavía tenía una planta para manejar!

El punto es que los líderes se enfrentarán a momentos de la verdad, como el ofrecimiento de un soborno, o aprender acerca de posibles violaciones a la reglamentación, cuando deben tomar una decisión verdadera sobre *si se debe ocultar o revelar un problema, divulgar u ocultar información a otras personas.* Nunca hay que olvidar que en estos momentos, sus empleados, amigos o familiares estarán observando las acciones que tome. Que es cuando la ética y los valores se ponen a prueba. Que es cuando los líderes se ponen a prueba. Es decir, cuando su reputación se ha establecido de una manera u otra. Que es cuando llega a estar *en la lista de la gente buena o en la lista de la gente mala* como un modelo de liderazgo. Además, independientemente de si alguien lo mira, estos momentos de la verdad dan forma a las decisiones de cómo va a vivir con usted mismo. ¿Termina cada día sabiendo que va a llevar una vida ética o una que cambia con límites poco claros entre el bien y el mal?

Expectativas y acciones

Aparte de su propio comportamiento durante los momentos de la verdad, un buen líder debe tener el valor de demandar los mismos estándares de todos los empleados que dependen de él. No es suficiente ir a la cama cada noche sabiendo que en los momentos decisivos no violó la confianza de sus empleados, ni abusó de su poder. También debe asegurarse de que sus subordinados están siguiendo estas mismas normas. Si usted encuentra que no lo están haciendo, o bien *los desarrolla* (los entrena para comprender la importancia de exhibir un comportamiento ético) *o se deshace* de ellos (los saca de la organización para que no se produzca la destrucción del carácter moral de la organización).

Aquí hay un par de ejemplos de mi propia experiencia, que pueden guiarle para cuando se enfrente a momentos similares. Sus críticos momentos de la toma de una decisión, sin duda, tienen sus propios desafíos. Sin embargo, espero que las siguientes situaciones reales le proporcionen ejemplos de cómo puede proceder con el fin de permanecer en el lado correcto de liderazgo ético.

¿Un ladrón en nuestra nómina?

Una vez cuando manejaba una planta, alguien me alertó de que pensaba que uno de los supervisores estaba recibiendo sobornos de un contratista. Mi primera reacción fue "¡No es posible!" Este empleado tenía una larga y satisfactoria reputación con la empresa, y fue visto en general como un consciente colaborador. ¡Cómo me sorprendió en esta acusación!

Como administrador del lugar, con nuestra planta ubicada lejos de la oficina corporativa podría, con nuestros recursos internos limitados, haber sido fácil sólo una corta y silenciosa investigación por mi cuenta, de modo que mi planta y yo no quedáramos mal ante los ojos de la empresa. El miedo a la exposición de los pobres controles internos puede ser un gran incentivo para ocultar los fracasos de la administración superior. Otro momento de la verdad. Elegí el camino más visible y ético.

Alerté a la alta dirección y pedí ayuda. Con la ayuda de nuestro departamento de seguridad corporativa, un grupo de apoyo altamente capacitado, se inició una investigación muy confidencial. Resumiendo, en realidad se determinó que el supervisor estaba conspirando con su amigo contratista. La utilización de expertos forenses y de "un seguimiento al dinero", demostró un sólido caso de fraude. Al final, el empleado fue llamado a mi oficina para defenderse. Después de declarar enérgicamente su inocencia, finalmente se quebró y declaró la verdad cuando se enfrentó con la documentación inequívoca que se había reunido. Fue expulsado de inmediato de la empresa. Esto fue más que *desarrollar* al empleado a niveles más altos. Este fue el momento para *deshacerse de él*.

Nunca pierda de vista el hecho de que su comportamiento es observado por los demás, a veces sólo por unos pocos que pueden saber que está estudiando un asunto confidencial, y en otras ocasiones puede haber muchos que no sabían que había una situación hasta finalmente usted toma una acción que se haga pública. Independientemente de cuántos consideran su desempeño en temas sensibles, su proceso de decisión y su comportamiento ético apoyarán la confianza en usted como un líder honorable y orientado a los valores.

Las apariencias también cuentan

Un gerente de relaciones públicas que trabajó mucho tiempo para mí, solía decir: "Las apariencias son la realidad". La forma en que las cosas se ven, crea la impresión como si fueran reales. Es algo más que el acto de hacer algo mal lo que constituye un liderazgo no ético. La *apariencia* de hacer algo mal también cuenta.

Voy a contarle una última historia de gerente de planta, como un ejemplo de cómo lidiar con las apariencias. Tenía un gerente de recursos humanos que trabajaba para mí, justo al final del pasillo donde se encontraba mi oficina en la planta. Vamos a llamarlo Fred. Todo nuestro personal administrativo se encontraba en el Edificio de la Administración en la parte delantera de la planta, junto al estacionamiento y al lado de la entrada principal de los empleados. Fred era un hombre casado, bien conocido en la ciudad y gerente de la planta por largo tiempo.

Un día, una empleada se me acercó para expresarme en privado que estaba preocupada porque pensaba que Fred estaba teniendo una aventura con una de las secretarias de la oficina. Me explicó que Fred y la secretaria (llamémosla Sally) tenían, muy a menudo, conversaciones privadas a puertas cerradas, y que, simplemente, a ella no le parecía bien. Yo era nuevo allí, y todavía no había visto nada de esto por mí mismo. Sin embargo, le di las gracias por reportarlo para mi consideración, le dije que protegería su información confidencial, y le expliqué que yo mismo me encargaría del caso.

Mi siguiente paso fue llamar a Fred a mi oficina para corroborar la información. Sin decirle quién me lo dijo, le pregunté si había algo de verdad en la sospecha. Fred, dijo: "¡De ninguna manera! Estoy felizmente casado, y

mis actividades con Sally son netamente profesionales".
"¿Entonces por qué tener todas las reuniones a puertas cerradas?" le pregunté. Fred me explicó que Sally era responsable de la nómina de sueldos de los empleados, y que los dos tenían que discutir, a menudo, asuntos confidenciales sobre los empleados, sus salarios y otros asuntos privados. En nuestra pequeña oficina, Fred dijo que tenía que proteger la confidencialidad de los empleados de posibles escuchas por parte del personal cercano.

Para mí, esto se convirtió en un momento de *desarrollo* para mi gerente de Recursos Humanos. Le expliqué a Fred que si no estaba haciendo nada inapropiado con la secretaria a puerta cerrada, era peligroso para su carrera, su reputación, la de la secretaria y la imagen de la empresa, dar la impresión de que podría haber algo inconsistente con las prácticas éticas.

Como líderes, debemos asegurarnos de que la organización entienda y practique nuestras normas y valores. Mi entrenamiento a Fred fue una oportunidad para ser bien claro acerca de mis expectativas de su desempeño. Los estándares éticos de nuestra empresa y mis valores propios como líder se vieron reforzados. Quería que estuviera plenamente consciente de lo que esperaba, y las consecuencias de cualquier actuación inapropiada.

Como dice el refrán, "donde hay humo hay fuego", y esto debería servir de guía para tomar medidas. En la investigación, los hechos pueden o no confirmar las especulaciones iniciales. Sin embargo, los líderes no se avergüenzan de enfrentar situaciones incómodas o difíciles. Deben enfrentarse de frente, con la confianza de que el enfoque ético va a ganar a largo plazo.

Desde ese día, empecé una vigilancia más estrecha sobre Fred. A pesar de que siguió mis instrucciones de nunca tener en una reunión a solas y a puerta cerrada con Sally, seguí dándole entrenamiento al ver cualquier cosa que pudiera parecer inapropiada. A mí me parecía que todavía estaba haciendo demasiadas visitas a esa secretaria en particular (podría simplemente hacer una rápida llamada telefónica a Sally para discutir los problemas, en lugar de caminar hacia su escritorio para conversarlos). En mis conversaciones con Fred, le expliqué que su lenguaje corporal, incluida la distancia entre los individuos, seguía proyectando una impresión inadecuada. El liderazgo incluye dar contribuciones precisas y expectativas específicas, en lugar de hablar de generalizaciones. Fred tenía que saber lo que había sido, o podría ser observado, y qué comportamiento se esperaba. Me dio las gracias por la orientación, y me aseguró que no pasaba nada.

Como acotación al margen, los líderes no deben actuar sólo en rumores. A medida que surgen los problemas, asegúrese de recabar información, incluyendo sus propias observaciones personales con el fin de que pueda tomar decisiones plenamente informadas. Hice una observación particularmente esclarecedora, no mucho después.

Al entrar al estacionamiento una mañana temprano, pasé frente a Fred y Sally en su camino a la oficina. Por desgracia, Fred tenía su brazo alrededor del hombro de Sally, mientras que los dos caminaban juntos por el estacionamiento, como si fueran amantes paseando en el parque. Cuando levantó la vista y me vio a través del parabrisas de mi coche, la cara de Fred mostró la culpa al instante. Había sido sorprendido.

Por supuesto, le exigí entrar en mi oficina inmediatamente. Tuvimos nuestra propia sesión a puertas cerradas, y él fue destituido de su puesto de trabajo en nuestra la planta ese mismo día.

Habría preferido relatar una historia que terminara con un cambio de comportamiento sobre las apariencias, pero opté por ésta para demostrar que es responsabilidad del líder exhibir sus propios comportamientos éticos como líder, y exigir lo mismo de todos los miembros de la organización. Esperaría que la acción correctiva fuera tan simple como entrenar individuos inconscientes de la impresión que dejan a los demás. Sin embargo, si es necesario, el líder tiene que continuar las observaciones, el desarrollo y el entrenamiento hasta que la persona cambie su comportamiento o la persona sea removida. No se conforme con menos que un comportamiento ético.

Fred tuvo varios momentos de reales oportunidades. Desperdició cada uno de ellos. Cada vez que hablamos, podría haber admitido su problema, cambiar su comportamiento y tomar el camino ético como un empleado y representante de la empresa. Sin embargo, cada vez, Fred tomó la decisión incorrecta. Lo cubrió, en lugar de exponer la realidad. Ocultó la verdad, en lugar de revelar la situación. Aunque a Fred le costó su trabajo, se estableció el fuerte precedente para todos los otros empleados que, como empresa, pondríamos la ética y los valores donde corresponde: como expectativas concretas de comportamiento a ser seguidas sin falta.

La prueba del sí o no

Cuando se enfrente a un dilema ético, hágase las siguientes preguntas para ver cuál es su situación.

- ¿Representarán mis acciones un comportamiento legal y ético?
- ¿Cumplirán mis acciones con las políticas y procedimientos de la compañía?
- ¿Cumplirán mis acciones con el rol y las expectativas de mi empresa?
- ¿Avergonzarán mis acciones a mi compañía, a mi familia, a mis amigos o a mi mismo?

- ¿Siempre se ajustan mis apariencias a un comportamiento ético, y lo harán ahora?

Usted probablemente ha visto la prueba de *la vergüenza* que se puede aplicar, en donde uno se pregunta: "Si mis acciones y mi comportamiento aparecen en los titulares del periódico de la mañana, ¿se sorprenderían y avergonzarían mis padres, cónyuge, hijos o amigos?" Si la respuesta a esa pregunta es "Sí, me daría vergüenza", o "Sí, esto sorprendería a la gente que me importa", entonces no lo haga. Eso se convierte en el momento de la verdad: seguir el camino ético.

Una de las ironías de esta auto-evaluación para la toma de decisiones es que a una persona no éticamente pura, el uso de esta prueba, probablemente no le importa. Tal persona puede no sentir vergüenza, ni preocuparse de cómo reaccionan sus amigos. Además, aquellos que conocen a esta persona pueden no ser sorprendido al leer acerca de él o ella en los periódicos. Por lo tanto, cuando una persona se enfrenta al momento de la verdad, simplemente puede tomar el camino más conveniente sin tener en cuenta el honor, la dignidad o la moral, y nunca mirar hacia atrás. Obviamente, este libro está destinado a una especie más noble: ¡Espero que a usted! Las pruebas pueden guiar a aquellos que son éticos, y aunque puedan tener la tentación de desviarse de vez en cuando, pueden utilizar estas pruebas como guías para el comportamiento apropiado.

Después de todo, ¿cómo quiere ser visto o recordado como líder cuando ya no esté? Al final, todo lo que tenemos se reduce a respetar. Nuestro comportamiento ético refuerza ese sentido, y nos permite ser líderes efectivos. El comportamiento no ético destruye el respeto. Si en algún momento pierde la confianza y el respeto de sus empleados, nunca podrá recuperar el respeto y la estima. Ellos pueden ser capaces de perdonar, pero nunca olvidar. No sacrifique inútilmente su esencia de liderazgo.

¿Se acuerda cuando en el Capítulo 2, "Vea las Llamas, Huela el Humo", hablamos sobre la comunicación eficaz? La cuestión de hacer que la gente tenga un sentido de urgencia para iniciar el cambio dependía de la capacidad del líder para transmitir un mensaje claro e inspirador. Hemos discutido la importancia de eliminar los filtros del canal de comunicación, para mejorar el potencial para que el mensaje sea entregado claramente, con una recepción del tema, por parte del oyente, lo más cercano a 100%. Un filtro importante es la credibilidad. Si el oyente no tiene respeto por la persona que entrega el mensaje, hay pocas posibilidades de que el mensaje sea creído, o seguido. El mensaje no llega a través del filtro de la falta de respeto. Un líder tiene que proteger su continua inversión en la construcción de credibilidad y respeto. La búsqueda de comportamientos éticos es una de las mejores formas de proteger esa inversión.

Etica, respeto, liderazgo

Hemos cerrado el círculo. Este libro se ha dedicado a compartir consejos para el éxito en el liderazgo. Muchos de los capítulos se centran en una determinada habilidad o concepto. Por ejemplo, "Cortar el Salame", le recuerda que debe hacer los cambios paso a paso. El capítulo de "Vea las llamas, Huela el Humo", debería recordarle cómo crear un sentido de urgencia, con una comunicación efectiva en situaciones críticas. La sección titulada "Si Sólo Tuviera el Tiempo", le ayudará a administrar mejor su tiempo. En "No Usan Zapatos", tuvo la oportunidad de reflexionar sobre las actitudes y la forma en que influyen en el rendimiento. "Visibilidad", reforzó la importancia de conocer a su gente, a verlos y a ser visto. Por último, "Los Tres Ojos", fue la imagen de una manera simbólica de comprender la progresión de los sueños a la realidad. Sin embargo, el trasfondo a través de todos estos capítulos y consejos regresa a la credibilidad del líder.

Puede hacer un esfuerzo para visitar a sus empleados todos los días, predicando su mensaje, pero si no le respetan, entonces realmente no le escuchan, y no van a responder de la manera que espera o desea. Puede tratar de aplicar la "La Regla del Cuatro a Uno", ayudar mucho a los demás, pero si no le sienten sincero y creen que sólo está ofreciendo su ayuda a fin de posicionar a los demás para sus propios egoístas intereses, nuevamente no tuvo éxito como líder. Puede esforzarse en ser un agente de cambio, la esencia del liderazgo, pero todo está perdido cuando el respeto se pierde. Puede llegar con las manos vacías cuando alcance el cambio.

Para convertirse en el líder destacado que espera ser, todos los elementos de liderazgo deben basarse en un sólido comportamiento ético y de valores. Su palabra es su fianza, y su comportamiento es la medida de su estatura ética. Tiene que pasar los momentos de verdad con fuerza y convicción, sabiendo que es lo correcto para hacer. En última instancia, las recompensas serán muchas. El liderazgo comienza con ética, para ganar el respeto, para ganar la posición de liderazgo que usted desea.

Una vida orientada a la ética conducirá a una paz interior al saber que ha funcionado y dirigido a otros de manera responsable con su ejemplo ("Nunca se puede no liderar"). Hay otros comportamientos que también puede fomentar para proporcionar tranquilidad y felicidad. Vamos a revisar esto en el capítulo final, "Sea Feliz!"

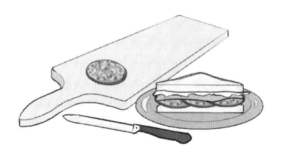

Capítulo 19
¡Sea Feliz!

Más que un emoticón

☺ Antes de empezar, con el fin de ver la sorprendente historia de la cara sonriente, eche un vistazo en el enlace http://en.wikipedia.org/wiki/Smiley. ¿Quién habría imaginado que esta pequeña carita feliz de color amarillo con una amplia sonrisa y dos ojos redondos ganara protagonismo en tantos ambientes y, finalmente, se adaptara también a las computadoras y a los símbolos de mensajes de texto?

Una pequeña iniciativa puede cambiar el mundo. No es que una cara sonriente sea materia del Premio Nobel, pero quizás ha animado a bastante gente en todo el mundo, o traído una sonrisa a la cara de alguien, incluyéndose usted, como para merecer al menos un momento de tranquila reflexión. ¿Acaba de reflexionar tranquilamente? Bien por usted. ¡Todos necesitamos hacerlo más! De eso se trata este capítulo final. Del mismo modo, un pequeño cambio en nuestras rutinas diarias puede cambiar nuestra perspectiva, punto de vista y alegría.

Diviértase. Sea feliz! ;>) Tenga un gran día. La vida es más que un ensayo general. ¡Relájese! Estas expresiones y símbolos, a menudo con la difundida cara sonriente de color amarillo, pueden ser más que el enunciado de un emoticón y pueden cambiar su vida. Usted recordará la historia en el Capítulo 13, "Tiempo Facultativo", sobre el frasco de mayonesa, las pelotas de golf, las piedras, la arena y el vino? Léalo otra vez si es necesario. Me encanta esta historia debido a su simplicidad, facilidad de visualización, y en última instancia su poderoso mensaje. ¡Sus prioridades!

A veces nuestros días pasan demasiado rápido, trabajando nuestras listas de control, saltando de una emergencia a otro difícil asunto, y perdiendo de vista lo que puede ser más importante: nuestra salud y los que amamos. Pero, como dice la expresión, cuando estamos con nuestras botas en los caimanes, es difícil recordar que fuimos enviados a drenar el pantano. Dé un paso atrás, respire profundamente, y restablezca su reloj de prioridades.

Equilibrio trabajo-vida

Por más de 15 años, he tenido el placer de trabajar como mentor voluntario para una empresa mundial, Menttium, cuyo objetivo es proporcionar a mitad de carrera, a ejecutivos de alto potencial, un mentor de fuera de la empresa que le sirva como guía en su carrera (ver www.Menttium.com). Mis pupilas han sido todas mujeres profesionales destacadas, a menudo con grandes organizaciones bajo su mando, difíciles desafíos comerciales y muchas de ellas con un dilema casi imposible de conciliar como es el equilibrio trabajo-vida.

Me acuerdo de la pasión por mi propia carrera y los problemas de equilibrio en la vida. Por un lado, las demandas del trabajo pueden dictaminar interminables horas en las instalaciones, y fuera de ellas. Sin embargo, cuando nos apasiona lo que hacemos, simplemente no lo sentimos como trabajo. La mayoría de nosotros no se quejaría si pasa muchas horas haciendo un pasatiempo divertido. Si el trabajo puede ser divertido, no se siente como si fuera trabajo. El problema es que podemos dejarnos atrapar por un aumento continuo de dedicación a esa actividad dentro de nuestras 24 horas, a riesgo de perder el contacto con otras facetas de nuestra vida, familia y amigos.

Recuerdo un curso de formación de liderazgo en el que el instructor habló sobre el beneficio de obtener una vida fuera del trabajo. A partir de sus comentarios y mi propia experiencia, llegué a pensar acerca de este problema como un ex atleta. La formación de la empresa y las lecciones de mi propia vida me ayudaron a entender la importancia fundamental de dos asuntos: las prioridades y el descanso.

Cuando estaba en la escuela primaria en Nueva York, mi hermano mayor era gimnasta en la escuela secundaria. Empecé temprano este deporte, inspirado por el ejemplo de mi hermano. Recuerdo que cuando era niño, viendo la televisión, mi hermano y yo practicábamos caminar en las manos y hacíamos flexiones en la sala durante las pausas comerciales. Nuestro padre instaló una barra fija para nosotros, en el cielo de la habitación, apoyada en el techo del ático, de manera que pudiéramos continuar con las rutinas diarias de fuerza. Él, incluso nos proporcionó algunos incentivos, un centavo por cada dominada adicional que pudiera hacer (en ese momento, ¡eso era un incentivo para seguir haciendo ejercicio!). El tiempo dedicado a los ejercicios no era trabajo. Era divertido.

Cuando entré al Brooklyn Technical High School, había sido enganchado por el deporte. Trabajando en el gimnasio de la escuela secundaria y en el YMCA de Brooklyn Central, también (donde, dicho sea de paso, los gimnastas olímpicos ocasionalmente se unían a nosotros), me beneficié de modelos destacados a imitar por dedicación, compromiso con la excelencia y trabajo en equipo. Los buenos hábitos comenzaron a establecerse, incluyendo la persistencia hacia un objetivo a largo plazo (por ejemplo, centrarse en los detalles con el fin de aprender un nuevo movimiento o ganar un concurso), la disciplina y la dedicación para alcanzar los objetivos (la práctica perfecta hace la perfección), y el arduo trabajo (fuerza y flexibilidad, tiempo y esfuerzo). A propósito, ¿Se ha dado cuenta de cómo experiencias no laborales pueden ser utilizadas para reforzar las *competencias* necesarias para ser exitoso?

La inversión de tiempo y esfuerzo valió la pena. Cuando era estudiante de último año en la escuela secundaria, había sido elegido capitán de mi equipo y me mantuve campeón invicto de la ciudad de Nueva York, en las barras paralelas. Con el asesoramiento de mi hermano mayor, cuando seleccioné una universidad para estudiar ingeniería eléctrica, escogí una que también tenía un equipo de gimnasia. La universidad dónde estudiaba hermano no lo tenía, y él dijo que se perdió la posibilidad de seguir formalmente el deporte más allá de la escuela secundaria. Por esa razón, me fui a la Universidad de Siracusa, donde otro gimnasta de Brooklyn Tech estaba estudiando ingeniería y estaba trabajando en el equipo de gimnasia.

Allí, me gustó aún más el deporte. En la universidad, el nivel de competencia es otro. La mayoría de los gimnastas olímpicos desarrollaron sus habilidades en los equipos universitarios de todo el país, y se pueden imaginar el nivel que el equipo de nuestros hombres tenía que cumplir. Nuestra Región Este compitió contra el Ejército, la Marina, el Estado de Pensilvania, la Universidad de Massachusetts, de Pittsburgh, sur de Connecticut, Springfield y Temple. Solía dedicar tres horas diarias, seis días a la semana a mi entrenamiento de gimnasia, con el fin de desarrollar y mantener la fuerza, la flexibilidad y la precisión en la ejecución necesaria para nuestras competitivas demandas interuniversitarias. Me encantaba el deporte, por lo que no lo sentía pesado. Sin embargo, ¡estuve a punto de reprobar la universidad! Había perdido de vista mis prioridades. Mi entrenamiento diario se convirtió en prioridad, en vez de estudiar para obtener un título en ingeniería eléctrica, mi razón para ir a la universidad. En lugar de ejercitar mi mente, estaba ejercitando mi cuerpo. No fue ninguna sorpresa que mi primer año tuviera como resultado dos asignaturas con calificación Suficiente y tres Regular. Sin embargo obtuve ¡un Sobresaliente en gimnasia!

Por supuesto, tuve que replantearme mis prioridades. Tomé un descanso en gimnasia. La ironía es que, durante mi primer semestre ni siquiera tomé en cuenta que podía reducir el tiempo dedicado a la gimnasia con el fin de dedicar más tiempo a los estudios. ¡Niños! ¿Qué saben ellos? Me concentré en mis estudios, aprendí mejores técnicas de estudio, equilibré mejor mi tiempo y las prioridades, subí a la Dean's List ("Lista del Decano" que es una categoría de los estudiantes en un college o universidad, que alcanzan altas calificaciones durante su estancia en un curso académico o año académico), volví a la gimnasia, gané Varsity Club Letter (es un premio ganado en Estados Unidos por excelencia en las actividades), con el tiempo me convertí en capitán electo de mi equipo universitario, me gradué en ingeniería eléctrica, y más tarde hice un Master en administración en ingeniería en la jornada nocturna.

Por eso, cuando oigo a mis pupilos hablar de equilibrio trabajo/vida, inmediatamente pienso en mi propia experiencia en la universidad, así como el curso de formación que estimuló la perspectiva y el descanso de la rutina de trabajo. En la universidad, tuve que aprender las prioridades. Además, sé por experiencia, como sin duda usted también, que sus músculos se cansan con demasiado trabajo. Aunque quiera desarrollar su fuerza, no puede someter a un esfuerzo excesivo a los músculos las 24 horas del día. Ellos necesitan descansar. Trabaje duro, pero luego descanse para recuperarse.

Nuevas perspectivas

Nuestras mentes funcionan de la misma manera que nuestros músculos. Lo hacen mejor con los períodos de descanso. Como se dijo en el capítulo 13, relacionado con el tiempo facultativo, y dejarse el tiempo para descansar y volver a empezar, ¿cuántas veces se ha ido a la cama con un problema en su mente, y ha despertado con la solución? Durante el reposo, el cerebro es capaz de llegar a nuevas respuestas.

Durante el día, puede ser igual. En lugar de seguir luchando por la respuesta, a veces lo mejor es alejarse, tomar un respiro, hacer otra cosa, y volver al asunto más adelante. Mientras tanto, el subconsciente parece abordar el tema con más libertad y creatividad.

Cuando hice ese curso de liderazgo, el profesor mencionó que cuando uno se dedica a otras actividades además del trabajo, nuestros horizontes se amplían. En el aprendizaje continuo, y sobre todo con nuevos pasatiempos, expandimos la conciencia sobre temas nuevos y diferentes. Entonces, lo qué puede sorprendernos es que nuestras mentes pueden vincular elementos aparentemente no relacionados para proporcionar mejores métodos de resolución de problemas y mejores soluciones. Empecé a descubrir que mientras el tiempo fuera del trabajo me proporcionaba nuevas experiencias, que no fueran sólo trabajo en casa por la noche, en mi trabajo aumentó la productividad. Me pareció generar soluciones nuevas y más creativas a los desafíos de mi lugar de trabajo.

En consecuencia, a partir de mis propias experiencias, animo a mis aprendices y a usted a que piensen en cómo dividen el día. Le recomiendo que deje de lado el tiempo en el trabajo, por descanso obligado e incluya el tiempo facultativo en su horario personal. Esto puede incluir 15 minutos de tiempo a solas el viernes por la tarde, o diez minutos de caminata diaria durante la hora de almuerzo.

Durante su tiempo después del trabajo, debería explorar nuevos pasatiempos, lo que significa en primer lugar que deja el trabajo, y deja el trabajo allí. La inspiración de aprender algo nuevo da vitalidad a su vida. Cada nueva experiencia refina sus propias técnicas de cómo estudiar, cómo priorizar su tiempo (de modo que pueda disfrutar de la nueva afición), la forma de aprender de los demás (que mantiene su cuerpo y mente abierta al cambio), y muchas otras habilidades que inciden directamente en el trabajo. Usted puede conectarse mejor con otras personas que puedan compartir los mismos intereses, descubriendo nuevos amigos en el trabajo, o nuevas alianzas con compañeros de trabajo y clientes.

Mi carrera nos ha permitido a mi esposa Margy y a mí, movernos por el país y por el mundo, y también nos ha proporcionado una oportunidad automática para restablecer nuestras vidas. Con nuestros traslados, nuestras aficiones y nuevos pasatiempos, es casi como si redefiniéramos quiénes éramos. Aprender a volar (recibí mi licencia de piloto privado y volé un mono motor Cessna durante 5 años), aprender a tocar el banjo bluegrass de 5 cuerdas, aprender a tocar la guitarra clásica, aprender un nuevo idioma, hacer fotografía, escribir, viajar, practicar artes marciales como tai chi y aikido, todo ha enriquecido mi vida de muchas maneras. Encuentre lo que le entusiasma y vaya tras eso como un método para equilibrar sus prioridades, al margen de una dedicación excesiva al trabajo.

Consejos para la vida y el liderazgo

El trabajo puede y debe ser divertido. Como mi amigo Steve Kemp ha mencionado (en el capítulo 18 sobre "Ética y Valores"), si no le gusta lo que está haciendo en el trabajo, si no es un apasionado de su rol y contribuciones profesionales, entonces, haga un cambio. Vuelva a evaluar sus fortalezas y pasiones, adquiera las habilidades que necesita para sobresalir en su campo preferido, a partir de las oportunidades de voluntariado, si es necesario, y haga una diferencia en su vida y las vidas de otros. Recuerde a mi amigo en Nueva Zelandia, en el Capítulo 7, "Aprendizaje Continuo", que se sentía un poco estancado en el trabajo, y estaba evaluando importantes cambios en su vida. Luego hablamos de cómo podría empezar a explorar nuevas oportunidades de crecimiento en el trabajo, en preparación para lo que él pudiera optar por hacer a continuación. Esto se convirtió en su propio MBA (My Business Advancement o Mis Avances en los Negocios) programa de aprendizaje auto-dirigido. Mejoró su actitud hacia el trabajo mientras que, al mismo tiempo, le ayudó a estar listo para las oportunidades internas o externas. Si no se está divirtiendo, piense en los cambios que necesita hacer.

La vida no es un ensayo general. Usted sólo tiene esta única oportunidad para contribuir y disfrutar. Si quiere ser un líder en el trabajo o en su comunidad, o progresar dentro de su profesión como un miembro excepcional, la mejor forma de hacerlo es ser apasionado en lo que hace. Para tener éxito, es necesario perfeccionar las habilidades fundamentales. Sin embargo, no lo sentirá como trabajo si disfruta de la búsqueda de esas habilidades a través del estudio, la práctica y un esfuerzo especial.

Y la vida no es sólo trabajo. La vida es la familia, los amigos, la fe, el apoyo a los demás y una serie de otros temas que tienen significado para usted. A medida que marca una diferencia en las vidas de los demás, marca una diferencia en su propia vida.

Mi esperanza es que los consejos que le dimos en este libro le proporcionen una base para evaluar cómo lo está haciendo en ciertas cuestiones que pueden facilitar el logro del trabajo y las metas de la vida. Administre mejor su tiempo y podrá utilizarlo en nuevos pasatiempos y oportunidades para aprender cosas nuevas, al mismo tiempo que mejora su rendimiento en el trabajo. Conviértase en un agente de cambio con su propia vida primero, y ayude a otros a cambiar las suyas. Ayude a los demás y eventualmente se ayudará a sí mismo. Sea ético en todo lo que haga, y serán muchas las recompensas. Aborde los temas esenciales con un sentido de urgencia. Y para el muy difícil acto de cambiar asuntos en su vida, recuerde morder pedazos uno a uno, para que no se ahogue. Corte el salame, y diviértase con todo lo que haga.

Apéndice
Otra Rebanada para Usted

Resumen de una hoja de referencia

Aquí hay un último trozo del salame. Considere esto una merienda rápida. Utilice esta revisión rápida como una referencia útil para los puntos clave de cada capítulo.

Capítulo 1: Corte el Salame

- Haga el cambio de una rebanada cada vez.
- Mejor un lento "sí" que un rápido "no".

Capítulo 2: Vea las Llamas, Huela el Humo

- A veces no hay tiempo para un cambio lento, y debe crear un sentido de urgencia.
- Entienda los conceptos básicos de Señal, Canal, Filtros, Receptor y Retroalimentación.
- Anticípese a los filtros (idioma, credibilidad, distracciones, etc.), y tome medidas para mejorar

la calidad de la recepción de su mensaje por la persona que escucha.

- Involucre a la persona que escucha para aumentar la retención y aceptarlo.

- Hágalo personal.

Capítulo 3: Si Sólo Tuviera el Tiempo

- Manejo del Tiempo = Planificación y toma de decisiones.

- Vincule los planes diarios a una imagen más grande (metas y planes de vida).

- Tenga un sistema, y apéguese fielmente a él.

- Revise el estado durante el día y ajústelo según sea necesario.

- Use el plan de contingencia de las 3 Ds: Delegar, Demorar and Descartar.

- Distinga entre urgente versus importante.

- Recuerde la rueda gigante y los deflectores– reconozca las distracciones y tome acciones en consecuencia.

- Mantenga el rumbo: Analice, organice, potencie, controle, re-evalúe, re-agrupe, concéntrese, equi- libre, y luego repita el ciclo.

- Benefíciese de los sistemas de aprendizaje que funcionan para otro. Obtenga aportes de aquellos que usted ve que manejan bien el tiempo.

- Labre su tiempo a solas, al menos una vez por semana.

Capítulo 4: No Usan Zapatos

- Conozca su actitud:
  - o Si es optimista, vuelva a comprobar los riesgos potenciales y las desventajas.
  - o Si es pesimista, busque oportunidades.
- No "Trate de hacerlo". Solo "¡Hágalo!"
- Su actitud impacta a otros.

Capítulo 5: Sea un Agente del Cambio

- Los líderes son agentes del cambio.
- Empiece por usted mismo.
- Aproveche el liderazgo para ampliar el impacto.
- La gente no quiere *ser cambiada* pero puede, en verdad, querer cambiar para su propio mejoramiento.

Capítulo 6: El poder del Reforzamiento Positivo

- Las consecuencias conducen el comportamiento.
- El reforzamiento negativo estimula un comportamiento suficiente para parar el castigo.
- Con reforzamiento positivo, el esfuerzo voluntario es ilimitado.
- El reforzamiento positivo o negativo está en los ojos del destinatario.
- Entrene para el éxito con *la modelación* del comportamiento.
- Refuerce el comportamiento deseado para evitar la *extinción*.

Capítulo 7: Aprendizaje Continuo

- Ofrézcase como voluntario: es gratis, práctico, bajo riesgo y auto dirigido.

- El voluntariado puede ser formal (con metas de la compañía) o informal, y puede ser dentro o fuera de su empresa.

- Cree su propio Programa MBA: (My Business Advancement - Mi avance en negocios).

- Para aprender mejor, aprenda haciendo (actividad en lugar de pasividad).

Capítulo 8: Trabajo en equipo

- Las partes del cuerpo: incluso los jugadores de menor importancia pueden tener un papel importante; valorice todos los miembros del equipo.

- La participación estimula el progreso: involucre a los miembros del equipo.

- Caminata en la luna: para mejores resultados, tormenta de ideas y compartir perspectivas.

Capítulo 9: La Regla Del Cuatro a Uno

- Ayude a otros cuatro veces antes de pedir ayuda.

- Tenga una constante *orientación al servicio.*

- Piense en 360° (arriba, abajo y a los costados).

- El jefe ideal: el entrenador de atletismo y vallas altas.

Capítulo 10: Visibilidad

- Marque una diferencia, cara a cara.

- Haga un balance (análisis de la brecha), establezca su visión y tenga un mensaje claro.

- Conozca a su gente: la diferencia entre hablar del tiempo y debatir la realidad toma una inversión en tiempo, pero ¡bien vale la pena!

- Captúrelos en el acto (de hacer las cosas correctamente), y modele el comportamiento con reforzamiento positivo.

Capítulo 11: Cruce el Umbral

- El jefe no muerde.

- "Todo lo que alguna vez ha querido, está al otro lado del miedo" (George Addair).

- Ubicación geográfica: cerca, lejos, cerca – use lo que funcione mejor.

- Sea una caja de resonancia para otros, y use la caja de resonancia para ayudarse en sus propias decisiones también.

Capítulo 12: ¡No Olvide!

- Mi palabra es mi fianza.

- Haga su proceso (a prueba de fallas de seguimiento) y dele prioridad (compromiso diario, actualizado durante el día).

- "¿Voy a tratar....?" ¡No! "Lo haré".

- Contratos verbales: cuando vea la posibilidad de no cumplir con una fecha, avise con anticipación para permitir el ajuste de recursos y prioridades.

- Pregunte por una fecha en lugar de imponer una (cuando sea posible), mediante el proceso de dos pasos si es necesario (pregunte por una fecha para fijar una fecha).

Capítulo 13: Tiempo Facultativo

- Se trata de usted.

- Corte el Salame: elija un tiempo (15 minutos) una vez por semana y apéguese a él.

- Establezca sus prioridades: las pelotas de golf, las piedrecillas, la arena y los dos vasos de vino.

- Mantenga un diario de éxitos, para metas personales y para su propio reforzamiento positivo personal.

Capítulo 14: Los Tres Ojos (I's)

- Involucramiento: conozca los detalles y las personas, logre las metas, pero tenga cuidado de ser solo un burócrata.

- Imaginación: tenga una visión de futuro y haga sus planes, pero tenga cuidado de seguir siendo un soñador.

- Iniciativa: tome medidas para el mejoramiento continuo para ser un agente del cambio y un líder verdadero.

Capítulo 15: Como Prepararse para una Entrevista (Parte I)

- Tres conceptos básicos:

  o Cada trabajo tiene competencias fundamentales para el éxito.

- o El mejor indicador de un desempeño es el comportamiento pasado.
- o Comuníquese por medio de STAR: Situación, Tarea, Acción, Resultado.
- Los 2-minutos y los 15-minutos de ejercitación:
  - o Use la hoja de preparación (ayuda memoria).
  - o Mínimo 3 ejemplos para cada competencia.
  - o Agregue situaciones especiales para la preparación, tales como "Su peor error y lo que ha aprendido".

Capítulo 16: Como Prepararse Para una Entrevista (Parte II)

- Superar el miedo por medio de la conciencia (saber que esperar), la preparación y el control.

- Primera impresión (segundos), hablar de sí mismo (niñez, educación, experiencia, y luego conectarlo con "Por eso estoy hoy aquí".).

- Reconocimiento: sintonice con el estilo de comportamiento del entrevistador y ajuste sus comentarios de acuerdo a ello.

- Conteste las preguntas utilizando STAR.

- Esté preparado para hacer preguntas al entrevistador. Incluya básicas como "¿Cuáles son las aptitudes necesarias para ser exitoso?"

- Observe su tiempo, estando alerta a la atmósfera de compra-venta.

- Cierre agradeciendo, refuerce su interés y su aptitud (conozca el "estilo" de su mensaje y el discurso de ascensor).

- Entregue una nota personal de agradecimiento dentro de las 24 horas.

Capítulo 17: Como Mejorar su Currículo

- Piense en los titulares y los anzuelos para captar el interés de conocerle en una entrevista.
- Centrarse en los resultados y las contribuciones en lugar de títulos y descripciones de trabajo.
- Compruebe tres veces si hay errores.

Capítulo 18: Ética y Valores

- Se trata de respeto.
- "Nunca puede no liderar". Kenneth y Linda Schatz.
- La ética es la base del liderazgo.
- Momentos de Verdad: ¿Se mantiene firme a sus valores o están en peligro debido a la presión? ¿Esconde un problema o lo revela? ¿Divulga la información o la encubre?
- Las apariencias también cuentan.
- Use el "Test Sí-No" y el "Test de la vergüenza" cuando necesite un camino a seguir y cuando enfrente un dilema ético.
- La ética se basa en el respeto en que se basa el liderazgo.

Capítulo 19: ¡Sea Feliz!

- El equilibrio Trabajo-vida se deriva de una visión clara de las prioridades.

- Genere nuevas perspectivas con el uso del descanso y el tiempo facultativo.

- Busque sus pasiones. Si no es divertido ¡cambie!

Algunos buenos libros para disfrutar y estudiar:

"Other People's Habits – How to use positive reinforcement to bring out the best in people around you" ("Los Hábitos de otras Personas - Cómo utilizar el reforzamiento positivo para sacar lo mejor de la gente que le rodea") por Aubrey C. Daniels, ISBN 0-07-135915-X, cubre el poder del reforzamiento positivo para la modificación del comportamiento.

"Managing by Influence" ("Gestión por Influencia") por Kenneth y Linda Schatz, ISBN 0-9641364-0-6, incluye la cita "Nunca se puede no liderar", y discute el liderazgo sin el simple ejercicio de autoridad o posición. Para obtener una copia de MBI (GPI), por favor use la siguiente dirección: managingbyinfluence@gmail.com.

"Embracing Your Potential", ("Aprovechando su Potencial") por Terry Orlick, ISBN 0-8801-831-8, es una idea inspiradora sobre la actitud y el desempeño.

"The One-Second Personality" ("La Personalidad en un Segundo"), por Dean Bellavia, publicada por The Bio-Engineering Company, ofrece detalladas herramientas para rápidas y eficicaces evaluaciones de la personalidad, y una orientación sobre cómo mejorar las relaciones interpersonales.

"Are Your Lights On? – How to figure out what the problem really is" ("¿Tiene las Luces Encendidas? Cómo descifrar cuál es *realmente* el problema"), por Donald Gause y Gerald Weinberg, ISBN 0-87626-047-4, es una exploración entretenida en la resolución de problemas.

"Teaching the Elephant to Dance – Empowering Change in Your Organization" ("Enseñando a Bailar al Elefante. Potencial el Cambio en su Organización"), por James A. Belasco, ISBN 0-517-57478-0, Crown Publishers, Inc., es un excelente recurso sobre cómo ser un agente de cambio organizacional.

"Don't Be Such A Scientist" ("No Sea Tal Científico"), por Randy Olson, ISBN 13:978-1-59726-563-8, proporciona una visión de la comunicación efectiva de información técnica a un público no técnico.

Agradecimientos

Expreso mi gratitud con sinceros agradecimientos por todo lo que han hecho, a tantas personas que me ayudaron a crear este libro.

En primer lugar, a mis padres ya difuntos, por su amor, sacrificios y los valores que inculcaron a sus tres hijos, y por su reforzamiento positivo para nosotros a lo largo de sus vidas, lo que nos animó a ir por todo lo que queríamos (es decir, cruzar al otro lado del miedo). Y por enseñarnos que podíamos ser lo que quisiéramos ser.

A mi querida esposa, Margy, a quien está dedicado este libro.

A mis hermanos mayores, Larry y Ray, por su orientación de valores adicionales durante su niñez, y por ser modelos de inspiración a seguir de cómo perseguir los intereses con pasión y dedicación. Además, por su generosa disponibilidad para leer, editar y proporcionar información mientras escribía este libro.

A los editores y autores cuyas obras se citan en este libro, y que me han autorizado para compartir sus singulares contribuciones en los campos de liderazgo, comunicaciones y comportamiento humano.

A Steve Kemp, vicepresidente de seguridad, salud y medio ambiente de Occidental Chemical Corporation, además de su ejemplo como líder destacado y ético, apasionado y dedicado a su trabajo, también por solicitarme hace años que hiciera una presentación sobre liderazgo corporativo. Esa iniciativa y muchos de los temas en aquella presentación se convirtieron en la base para este libro.

A John Guy LaPlante, el más anciano voluntario del mundo del Cuerpo de Paz en 2009 (a los 80 años), autor de "Around the World at 75. Alone, Dammit!" ("La vuelta al mundo a los 75. Solo, ¡Maldita Sea!") (ISBN-13: 978 a 0741423641), y otros libros sobre experiencias de vida, por guiarme e inspirarme a "sólo escribir". Sin su orientación y aliento, redacción y consejo, esta experiencia, placer y el libro no habría tenido lugar.

A mi cuñada Bibba Spencer, por su edición meticulosa y constructiva, prueba de lectura y retroalimentación sincera cuando este libro estaba en sus etapas de desarrollo y final. Además, por su recomendación para contratar a su sobrina, Kate Johnson, para ser mi diseñadora gráfica.

A Kate Johnson por el maravilloso trabajo que hizo para captar lo divertido de las ideas a través de sus bien dibujadas imágenes, mientras trabajaba estrechamente con mi esposa, Margy y conmigo en los conceptos y detalles (Referencia: Kate Johnson Diseño, Binghamton, NY).

A Dennis Beuerle, por su detallada revisión editorial y las recomendaciones que han mejorado el libro, además de sus décadas de amistad, incluyendo nuestros años de universidad, cuando su espíritu y su apoyo me ayudaron a superarme.

A los miembros de nuestras amadas familias que han enriquecido mi vida con alegría, orientación y apoyo.

A mis jefes, a menudo mis mentores, que han establecido ejemplos de cómo debe actuar un líder, y cómo un mentor debe ayudar a los demás. Jack Richards, mi primer jefe después de la universidad, fue el modelo perfecto como gerente preocupado y apoyador. Como un maestro paciente y servicial, se tomó el tiempo para explicar *por qué* hacemos las cosas de cierta manera, y me dejó desplegar las alas en nuevos roles. Paul Yoon, ingeniero senior, por su instrucción técnica uno-a-uno y lecciones de filosofía. George Kinder, por su enfoque en planificación. Gil Parton, quien dio una oportunidad a un joven ingeniero, y dejó que me convirtiera en un superintendente a cargo de docenas de endurecidos obreros del sindicato de artesanos, y sus supervisores. Jim Schutt, quien mostró cómo dar plena confianza (y responsabilidad) a través de la cadena de mando, trabajando directamente con su personal y esperando que hicieran el trabajo. Don Daley, quien inspiró con su liderazgo, carisma y energía, y me dejó trabajar con él para aprender acerca de estrategia y planificación. Me trasladó a nuevas áreas en dos ocasiones durante mi carrera, ampliando mis horizontes y conocimientos. Hank Antonini y Jack McIntyre, por su nutriente liderazgo de ingeniero eléctrico en un entorno de ingeniería química. Howard Collingwood, por su enfoque entusiasta y riesgoso "vaya por ello" para hacer del trabajo algo divertido y altamente competitivo, al mismo tiempo. Pat MacArthur y Hudson Smith, por su confianza en mis iniciativas y la búsqueda de retos. Pete Piekenbrock, Joe Carona y Bob Roberson, por su experiencia en la fabricación y atención al detalle. Les Story, por lanzarme a la responsabilidad global y altas negociaciones comerciales que en última instancia, cambiaron mi carrera para siempre. Ron Schuh, por permitirme aprender acerca de la toma de decisiones difíciles de forma constructiva. Julio Nápoles, Mike Hassett y Dennis Blake, por compartir su experiencia en asuntos internacionales y las empresas para desarrollar mi negocio y habilidades de liderazgo.

A los especiales gerentes de recursos humanos de la planta de producción, Susan Schanz, Paul Bowman, Mike Fatheree y Larry Ogden, por sus extraordinarias dotes de saber lo que mueve a las personas, cómo formar un equipo para lograr un éxito increíble, y cómo guiarme hacia el éxito. Asimismo, para especiales asistentes de gerentes de plantas, Roger Haley, Bert Rabbé, Bob

Moore y Dave Dorko por su constante apoyo inquebrantable que permitió un sólido esfuerzo del equipo de liderazgo. Y para los gerentes de recursos humanos de empresas gestoras internacionales, Ron Hamel, Chris Corwin, Geoff Seaman y Angie Thiele por su sabiduría de cómo funciona la oficina ejecutiva, y cómo tener éxito en el entorno corporativo. Los empleados del Sindicato Frank Marrone y Mike Rizzo por su esfuerzo para lograr con éxito el trabajo en equipo en medio de desafíos únicos.

A mi personal a través de los años, por su espíritu y el apoyo que nos permitió marcar una diferencia en todo lo que hicimos, ayudando a nuestra empresa, clientes, comunidad y empleados. A las secretarias, asistentes administrativos y personal de apoyo por su dedicación a los detalles. Para los distintos clientes que han apoyado nuestros negocios y proporcionaron otro campo de experiencias en relaciones humanas. En última instancia, a todos los empleados que se comprometieron a hacer realidad el cambio, estableciendo registros sobresalientes para seguridad, calidad y rentabilidad. A menudo, ellos me proporcionaron el campo de aprendizaje, ayudándome a ver qué funciona y qué no lo hace, por lo tanto la base de todo lo que está escrito aquí.

Al equipo de OxyChile, en Santiago de Chile, y Talcahuano, Chile, por su paciencia con otro gerente general de América del Norte que tuvo que ser capacitado en el idioma y la cultura del país, y por su inagotable espíritu de superación, a pesar de algunos de los retos más difíciles que enfrentó nuestra empresa de América del Sur en sus 40 años de historia. Principales contribuyentes fueron Fernando Rubio, Carlos Muñoz, Carlos Briceño, Dave Logan, Mauricio Bruna, Manuel Castillo, y Mario Coddou. (El primer gerente general chileno que reemplazó a un gerente extranjero, y un sucesor muy exitoso cuando jubilé), Alejandra Valenzuela, Verena Moller, además de toda la organización chilena que llenó de orgullo y éxito a la corporación.

A Mónica Santander Cruz, la profesora chilena que nos enseñó español a Margy y a mí, y a su familia inmediata, que se convirtieron rápidamente en queridos amigos y "familia". Vinimos a Chile como sordos, mudos y ciegos. Sin ningún conocimiento del español, no podíamos entender ni una palabra, no hablábamos el idioma, ni éramos capaces de leer. Mónica nos trajo la vista, el sonido y el habla, y por lo tanto la capacidad de funcionar como individuos y, para mí, la oportunidad de dirigir un grupo maravilloso de personas altamente motivadas en el trabajo.

A Cristian Gutiérrez, nuestro "hijo", el hijo que nunca tuvimos, por su forma de ser amable, dulce y amorosa, y la alegría que trajo a Margy y a mí a través de su música, sinceridad e inteligencia. Estamos muy orgullosos de él y de su dedicación, pasión y éxito en el campo que eligió.

Por último, a sabiendas de que corro el riesgo de omitir algunos contribuyentes clave para mi experiencia de vida, quiero dar las gracias a una larga lista de individuos específicos que han desempeñado un papel en la formación de la dirección de mi propia vida y liderazgo. Prefiero el riesgo de olvidarme de algunas personas especiales por descuido (ofrezco mis disculpas a ustedes ahora), que omitir intencionadamente mencionar la gran cantidad de personas maravillosas que han cambiado mi vida para mejor.

Al momento de escribir cada nombre que sigue, tengo una razón clara y convincente para considerarlos dignos de ser incluídos en la compilación final de las influencias importantes en mi vida: Sid Glassman, Steve Schwartz, Steve Kaplan, David Gruber, Myron Taranow, Ken Pierce, Dan Drogichen, Don Mannes, Jack Moskowitz, Steve Horlitz, Chris Prestopino, Rene Kern, Roger Maher, Roy Ratcliffe, Walt and Bethyl Dodge, Paul

Romeo, Dean Bellavia, Terry Orlick, Ernie Santangelo, Ted Edwards, Phillip Silverstein, John and Lori Salvo, Sherry and Stewart Hesch, Charlie Huntoon, Bill Kramer, Alex Almaral, Lee Lamond, Don "Tree" Shaver, Dom Conte, Fran DiOrio, Alan Brock, Alan Levit, George Spira, Greg Lowe, Gaylon and Dorothy Hoke, John Famula, Fred Kranz, Tom Silverio, Hal Wright, Dennis Guth, Vince Lawrence, Stan Wilson, Bill Decker, Charlie Carbery, Rich Palmiere, Ariff Mehter, Nev Sachs, Ed Pluciniak, Wally Edwards, Bhaskar Bandyopadhyay, Bob Evans, Mike Puerner, Bill Baker, Marvin Miller, Gene McNeill, Ray Kirkland, Al Ford, Jim Thomson, Tom Sawyer, Stan Posey, Jim Self, Gail Hackle, Ruth Self, Anne Smith, Tom Mier, Trevor Bradbourne, Glenn Gilmer, A.J. Harrington, Bo Davis, Frank Olmstead, Rob Wolf, Jim Heppel, José Tepedino, Vern Lloyd, Clayton Jones, David Manning, Richard Lowery, David Hill, Eileen and Eddie Brunner, Norm Christensen, Robert Running, Richard Panko, Riley West, Curt and Susan Vardaro, Andy Wood, Jule Adcock, Fred Hagan, Dwight Howell, Bob Dismukes, Sam Talarico, Candace Jaunzemis, Tom Feeney, Bob LeFevre, Bob Donahue, Bernie Carreno, Gerry Nardelli, Dave Anderson, Bill Behrendt, John Stuart, Gina Corio, Mark Rohr, Roger Corwin, Dave Bognar, Dick Maglisceau, John Maitland, Herm Harrington, Larry Fetterman, Humberto Terran, Jordan Morgan, Bill Bazell, Murray Culp, Ad Dankers, Ken Uchimura, Hiro Kamai, Shun Obokata, Charles Clark, Rob Peterson, Don Dew, Chuck Rader, Chris Beasley, Claudia Sprowso, Marta Lopez, Fred Lietert, Michele Jacobsen, Judy Alaimo, Stacy Palmatary, Paul Williams, John Westendorf, Bill Carroll, Bob Luss, Tom Jennings, Marc Kennedy, Ken Barnhouse, Irv Kowenski, Lynn Sontag, Theresa Draper, Pat Pape, Cathy Pasquino, Elsie Chapa, Stella Lee, Gislene Martins, Fernanda Poloni, Steve Fitzgerald, Harry Schmidt, Vic Piscani, Chuck Anderson, Michael Keough, Scott King, Sergio Klaveren, Eduardo

Nuñes, Helmut Metzler, Joe Hellmann, Kristin Famula, Antonia Sánchez, Roberto Smiraglia, Franziskus Horn and María Elena, Francisco Muñoz and Evelyn, Antonio Yazigi, Pablo Ayala and Gina, Boris Preusser, Cristián Alvarez, Manfred Brauchle, Manuel Alvarez, Jaime Bazán, Fred Schiller, David Silver, Diane Greenstein, Erhard Andronoff, Cathy Casanga, Jim and Kathy Brand, Stephen Buchanan, Gonzalo Parra, Katy Cossio, Carlos Atala and Germán Senn.

Por último, deseo expresar mi sincero agradecimiento por la dedicación y el gran esfuerzo de mi querida amiga y profesora de español, Mónica Santander, por su destacado trabajo al traducir al español, las más de 84.000 palabras del libro original en inglés. Además, quiero agradecer a Felipe Salas, por su ayuda al leer el borrador de todo el libro y darme consejos. Finalmene a Alejandro Bruna y su padre, Mauricio Bruna, Isabel Salinas de Henríquez, Mario Coddou y Eduardo Muñoz por su ayuda, apoyo e inspiración con el proyecto. Cualquier error, por supuesto, es de mi exclusiva responsabilidad, y espero que no haya muchos.

Cualquier comentario es bienvenido y le ofrezco mi ayuda como mentor y guía. Por favor, póngase en contacto conmigo a través de mi página web, http://artie.lynnworth.com/

Artie Lynnworth

Made in the USA
Coppell, TX
19 November 2021

66020810R00186